U0348913

The Relaxation and
Stress Reduction Workbook
{ 7th Edition }

放松学会

▶ 原书 ◀
[第 **7** 版]

［美］玛莎·戴维斯（Martha Davis）
［美］伊丽莎白·罗宾斯·埃谢尔曼（Elizabeth Robbins Eshelman）
［美］马修·麦凯（Matthew McKay）＿＿＿＿著

李瑞鹏 孙瑜＿＿＿＿译

机械工业出版社
CHINA MACHINE PRESS

图书在版编目（CIP）数据

学会放松：原书第 7 版 /（美）玛莎·戴维斯
(Martha Davis)，（美）伊丽莎白·罗宾斯·埃谢尔曼
(Elizabeth Robbins Eshelman)，（美）马修·麦凯
(Matthew McKay) 著；李瑞鹏，孙瑜译 . -- 北京：机械工业出版社，2024. 8. -- ISBN 978-7-111-76258-4

Ⅰ. G444

中国国家版本馆 CIP 数据核字第 2024YR5366 号

机械工业出版社（北京市百万庄大街 22 号　邮政编码 100037）
策划编辑：邹慧颖　　　　　　　　责任编辑：邹慧颖
责任校对：李可意　杨　霞　景　飞　责任印制：任维东
北京瑞禾彩色印刷有限公司印刷
2025 年 3 月第 1 版第 1 次印刷
147mm × 210mm · 12.25 印张 · 1 插页 · 293 千字
标准书号：ISBN 978-7-111-76258-4
定价：85.00 元

电话服务　　　　　　　　　　网络服务
客服电话：010-88361066　　　机 工 官 网：www.cmpbook.com
　　　　　010-88379833　　　机 工 官 博：weibo.com/cmp1952
　　　　　010-68326294　　　金 书 网：www.golden-book.com
封底无防伪标均为盗版　　　　机工教育服务网：www.cmpedu.com

《学会放松（原书第 7 版）》既经典又现代，它不仅经受住了时间的考验，还通过加入最新的研究成果和已验证的最佳练习来跟上时代的变化。

——帕特里克·范宁（Patrick Fanning），
《每日放松者》(*The Daily Relaxer*) 和
《心智与情绪》(*Mind and Emotions*) 的合著者

经过 7 个版本的更新，这本工作手册仍是我最喜欢的应对压力的图书之一。我仍然参考 1980 年出版的原版，也很喜欢这个新版本的一切，从它广泛的参考文献、扎实的理论框架到它实用、易用的自助练习技巧。对于任何对压力管理感兴趣的人来说，它都是必备品。

——理查德·布隆纳（Richard Blonna），
新泽西州威廉·佩特森大学（William Paterson University of New Jersey）退休名誉教授，《减压多，生活更多》(*Stress Less, Live More*) 和《多变世界中的压力应对》(*Coping with Stress in a Changing World*) 的作者

《学会放松（原书第 7 版）》是一本经典之作，它的成绩证明了它自身的价值。这本书现在已经更新至第 7 版，销量超过一百万册。这是减轻压力的"必备"工作手册，它提供了全面的策略和实用的练习，能够让人们更好地应对压力和焦虑。

——鲍勃·斯塔尔（Bob Stahl），

《正念减压工作手册》(*A Mindfulness-Based Stress Reduction Workbook*)、

《只想静下来》(*Living with Your Heart Wide Open*)、

《平息恐慌的冲动》(*Calming the Rush of Panic*)、

《正念生活，减压之道：正念减压工作手册》

(*A Mindfulness-Based Stress Reduction Workbook for Anxiety*)

和《每日正念》(*MBSR Every Day*) 的合著者

《学会放松（原书第 7 版）》是一本经典之作，已经帮助数百万人管理压力，过上更幸福、更放松的生活。这一最新版包含了基于科学研究的最新方法，并提供了新的工具和练习，帮助你学习自我关怀、减少回避行为、减轻消极想法所带来的影响。无论你正面临艰难的生活上的转变或是长期的工作、健康或人际关系方面的压力，还是日常的交通和文书工作等让你筋疲力尽的琐事，这本书都将帮助你以健康积极的方式应对它们。

——梅拉妮·格林伯格（Melanie Greenberg），

临床心理学家，《抗压大脑》(*The Stress-Proof Brain*) 的作者

这本精彩的工作手册将帮助人们减轻压力，它同时也是治疗师的强大工具。练习内容安排得非常好，易于理解，同时又有深度，能够改变一个人的生活。戴维斯、埃谢尔曼和麦凯提供了一份宝贵的资源。我

对本书非常有信心，向任何想要减轻压力、改善心理健康状况的人推荐这本书。

——乔纳森·巴尔金（Jonathan Barkin），

临床心理学家，旧金山湾区认知治疗中心合作伙伴，

加利福尼亚大学伯克利分校助理临床教授，

《青少年放松减压工作手册》(*The Relaxation and Stress Reduction Workbook for Teens*) 的合著者

我对《学会放松（原书第 7 版）》的全面性印象非常深刻。它对个人和从业者来说都是一份极好的资源。

——米歇尔·哈尼（Michele Haney），

科罗拉多州丹佛市红石社区学院的心理学博士，

《压力管理手册》(*Stress Owners' Manual*) 的合著者

第 7 版序言

○ ○ ○
The Relaxation & Stress
Reduction Workbook
○ ○ ○

如今我们淹没在各类信息之中，其中有许多关于压力和压力管理的信息。这本书的独特之处在于，它聚焦于对你有意义的事情，即你生活中具体的压力源以及如何应对它们的方法。一旦你留意到了你的压力源、最令你不安的症状以及你是如何应对它们的，你就会获得帮助自己应对这些特定情况的技巧。简单来说，你不必浪费时间阅读与你的特定需求无关的材料，而可以专注于简单的、分步骤的指导说明，学会如何让自己立即感觉更好。

本书基于我们超过 35 年的与拥有压力相关症状的客户合作的临床经验，他们的症状包括失眠、焦虑、高血压、头痛、消化不良、慢性疼痛、抑郁和路怒症。在这些客户寻求帮助时，许多人表示他们正在经历某些过渡时期，例如经历丧失、晋升或搬迁。其实这不足为奇，因为压力可以定义为你必须适应的任何变化。

大多数客户被日常琐事搞得疲惫不堪，比如要面对小心眼或粗鲁的人、长途通勤、照顾儿童和老年亲戚，以及处理大量的文书工作。一位客户称这个疲惫的过程为"千刀万剐的死亡"。确实，未被处理的压力具有累积效应，可能会导致重大的心理和身体疾病。客户还告诉我们一些他们所使用的不太成功的压力管理策略，比如更努力、更快速地工作，用药物、酒精和食物麻醉自己以缓解疼痛和安抚自己，担心自己的问题，拖延，把他们的情绪发泄到他人身上等。

迄今为止，已有超过一百万人购买了本书，以学习如何放松身体、平静心灵、改变自我毁灭性的行为，并掌控自己忙碌的生活。我们定期更新这本工作手册，在新版本中加入最新研究成果和在临床中所验证的有效策略。为了节省你的时间，我们排除了一些我们了解到可能帮助较少的技巧，同时简化了一些技巧。因此，这本工作手册是一本与时俱进的、适用于专业人士的图书；对于想要学习应对压力的方法的个体来说，它是一个可靠的信息来源；同时，本书也是在压力管理和放松课程以及研讨会中受欢迎的教科书。

最近的研究支持的常识性观点是直面困境要比回避它们更好。虽然回避焦虑、抑郁和愤怒等痛苦情绪可能会在短期内让你感觉好些，但从长远来看，"回避"本身阻止了你获得直面这些痛苦情绪可能带来的"矫正性积极体验"。例如，因为担心在陌生人面前演讲时失言，所以放弃演讲。这可能会立即缓解你的焦虑，但你无法获得完成演讲所带来的体验和自信，哪怕演讲过程并不完美。相反，你将继续活在对公众演讲的恐惧之中，下次在面对公众演讲时仍然会感到恐惧。

考虑到这一点，我们在书中添加了一些技巧，用来增强你忍受痛苦情绪的能力，并通过提升你的自信来帮助你更有效地实现目标。我们在"对身体的觉知"一章中增加了一些新的方法，并将该章的名字改为"身体扫描"。我们用一章关于"自我关怀"的内容取代了"专注"那一章的内容，新的一章整合了无条件的自我尊重、自我关爱和接纳等内容。我们修订了"面对担忧和焦虑"章节（现在称为"缓解担忧和焦虑"），去除了"风险评估"和"意象暴露"等内容，并添加了新的应对策略——认知解离。我们用新的一章"直面恐惧和回避"替换了"对抗恐惧的技巧训练"这一章。以行为为基础的暴露治疗项目邀请读者在暴露练习中通过实际体验来否定他们对恐惧的预期。我们更新了"营养与压力"和"锻炼"等章节，让当前的"指南"与时俱进。

无论你是想在生活方式上做一些小改变，还是需要进行重大的人生转变，这本工作手册都会让你明白如何开始并坚持一个适合你的计划。根据我们从客户和读者那里收到的反馈来看，在你使用这些技巧后，你的努力将得到丰厚的回报。

如何充分利用这本工作手册

这本工作手册教授经过临床验证的压力管理和放松技巧。每种技巧都以简明的背景信息为基础，紧接着是分步骤的操作练习。通过实践这些技巧，你将对个人的应激反应有新的认识，并学会在生活中重新建立平衡和获得幸福感。

你可以将这本工作手册作为指南来使用。请首先阅读第 1 章和第 2 章，它们是其他所有章节的基础。这样，你将会对压力和你个人对压力的反应有足够的了解，从而判断接下来阅读哪些章节对你最有帮助。

从第 3 章到第 10 章教授放松的技巧。从第 11 章到第 15 章帮助你处理让你有压力的想法和情绪。第 16 章帮助你更有效地进行时间管理，以便你能够有更多时间放松以及做更重要的事情。从第 17 章开始，你可以学习更加自信地沟通，第 18 章为你提供了多种选择来处理工作中的环境和人际压力。第 19 章和第 20 章教授营养和锻炼的基础知识。第 21 章为你提供一些建议，比如如何增加动力、处理意外情况并坚持你的计划。

压力和紧张感每天都存在于你的生活之中。只有将压力管理和放松作为你日常生活的一部分，它们才会对你有帮助。当你学习本书中与你相关的技巧时，要反复练习它们，确保你能够在需要时随时运用它们，而无须参考书面材料。定期有意识地练习可以使放松和减压成为无意识层面上的习惯。

以下是一些有助于你定期放松的建议。

- 与自己达成约定，每天抽出特定的时间专门用于放松。如果没有足够的时间进行本书中的练习，可以阅读第 16 章关于时间管理的内容。

- 练习本书中的放松技巧所需的时间因人而异。你可以先迈一小步，每天定期进行 5 分钟的放松练习要比一段时间里只做一次 1 小时的练习要好。如果可以，最好每天进行一到两次 20 到 30 分钟的放松。注意，有些人更喜欢更频繁、时间更短的放松。

- 你可以根据自己的日程安排决定什么时候是你的最佳放松时间，可以问问自己下面两个问题：你什么时候最需要放松？你在什么时候能够合理地摆脱外界的要求，为自己腾出一些时间？以下是在我们的压力管理和放松课程中客户发现最有帮助并最可行的一些例子。

  ○ 以放松练习开启新的一天，这会使你在应对一天中令人有压力的要求时更加专注和主动。

  ○ 在白天进行放松休息可以缓解你不断增强的紧张感，否则可能会导致头痛或消化不良等症状。

  ○ 在离开工作场所之前或在回到家时进行放松，可以让你从繁忙的一天中解放出来，变得平静并重新焕发活力，从而更好地享受家庭时光。

  ○ 使用放松练习快速入睡并拥有高品质的睡眠，可以让你在醒来时感觉精神焕发。

- 选择一个安静的地方,在那里你学习这些技巧时不会被打扰。一旦掌握了这本工作手册中介绍的许多放松技巧,你就可以在有压力的情况下使用它们。

- 由于这对你来说是一项新活动,你最好让周围的人知道你在做什么。请他们帮忙,不要分散你的注意力。一旦他们了解你在做什么及其原因,你的家庭成员、同事和朋友通常都会非常支持这些练习。

- 最好不要在大餐后或在非常疲劳时进行放松练习,除非你的目的是入睡。

- 如果你在温度适宜的地方选择一个让你觉得舒服的位置,穿着宽松的衣服,并取下(隐形眼镜或)眼镜,你会更享受这一体验。

如果你符合以下任何情况,请在开始使用本书前咨询专业医生。

- 你已经超过 30 岁,或者你对压力的反应包括躯体症状,如频繁头痛、有胃部问题或高血压。你的医生应该对你进行身体检查,以排除可能需要治疗的潜在身体问题。

- 在开始压力管理计划后,出现了任何持续的负面身体反应。

- 如果你一直在服用药物,一旦通过定期练习后你的与压力相关的症状消失了,你可能就不再需要这些药物。

你的医生可以成为你努力过上更健康生活的支持伙伴。

The
Relaxation
& Stress
Reduction
Workbook

1

第 1 章

如何应对压力

压力是日常生活的一部分，不可避免。压力来源于你不得不适应的任何变化，从身体层面面临极端威胁、热恋时变得兴奋，到获得长期以来所渴望的成功。即使你的生活井然有序，你也要面对源源不断的潜在压力。不过，并非所有的压力都是坏事。事实上，压力不仅是有用的，而且是生活所必需的。无论你所经历的压力是来自生活中的重大事件，还是来自日常琐事的积累，关键在于你如何应对这些事件，这将决定压力对你的生活有怎样的影响。

压力源

人们所体验到的压力主要有四个来源。

（1）第一个压力源是必须适应环境发生的改变，忍受坏天气、花粉、噪声、堵车和空气污染。

（2）第二个压力源是必须应对来自社会的压力，比如那些需要投入时间和注意力的事情、工作面试、截止时间、相互冲突的优先事项、工作报告、人际冲突、财务问题，甚至失去亲人。你每天需要处理大量电子邮件和消息，在社交媒体和互联网上与他人进行互动。

（3）第三个压力源是生理性的。青春期的快速成长、女性更年期的变化、缺乏运动、营养不良和睡眠不足，以及疾病、受伤和衰老，都会给身体带来压力。你对来自环境和社会的威胁、变化所产生的生理反应（如肌肉紧张、头痛、胃部不适、焦虑和抑郁）也会导致压力。

（4）第四个压力源是你的想法。大脑一直在解析环境和身体中所产生的复杂变化，并决定何时启动压力响应系统。你对所经历事情的判断、理解以及对未来的预测，可能会让你放松或者感到有压力。比如，如果你把自己老板不悦的表情解释为他不喜欢你，你可能会感到不安、更有压力；而如果将其解释为他今天有点儿累或者由于个人原因心情不好，你可能会放松一些、减轻压力。

压力研究者拉扎勒斯和福尔克曼（Lazarus & Folkman，1984）认为，压力源于你对情境的评估。你首先会问自己这种情境有多危险或多困难，以及你有哪些资源来帮助自己应对它。容易焦虑和容易感到有压力的人通常会认为某个事情是危险、困难或令人痛苦的，并且觉得自己没有足够的资源来应对它。

“战斗或逃跑”反应

20 世纪初，生理学家沃尔特·B. 坎农（Walter B. Cannon）在哈佛奠定了现代压力研究的基础。他第一个将“战斗或逃跑”反应描述为一系列的生理化学变化，并指出这些变化可以帮助我们应对威胁或危险。原始社会的人们需要迅速爆发能量来对抗或逃避像剑齿虎这样的掠食动物。你得感谢这种反应，它使你的祖先能够存活得足够久，并最终将他们的基因遗传给了你。回想一下生活中那些“战斗或逃跑”反应帮助到你的情况，比如在高速公路上有汽车突然冲到你面前时，或者在不得不面对气势汹汹的乞讨者的时候，你都会迅速做出反应。然而，现在的社会习俗不再允许你进行战斗或逃跑，这种应激反应便很少用得上了。

汉斯·谢耶（Hans Selye，1978）是首位主要研究压力的学者，他试图研究在"战斗或逃跑"反应过程中身体内发生的变化。他发现，无论是真实的还是想象的压力源，都可能使大脑向下丘脑（位于中脑，是应激反应的主要开关）发送警报。下丘脑刺激交感神经系统以及肾上腺和垂体，这些器官分泌主要的压力激素，如肾上腺素、去甲肾上腺素和皮质醇。接着，引发身体的一系列变化，比如心率、呼吸速率、肌肉紧张度、新陈代谢率和血压的升高。手脚因为血液从末梢和消化系统流向可以帮助"战斗或逃跑"的大肌肉群而变得冰冷，血糖被释放到血液中以支持能量爆发。一些人会感到胃部紧张，膈肌和肛门会收紧。瞳孔扩大以提高视力，听觉也变得更灵敏。非"战斗或逃跑"反应所必需的生理过程（比如消化、生殖、生长、组织修复）被暂停，免疫和炎症系统的反应也会被抑制。

幸运的是，我们可以将启动"应激反应"系统的机制关闭，并启动"放松反应"系统。一旦你认为情况不再危险，大脑就会停止向脑干发送紧急信号，脑干也就停止向神经系统发送令人恐慌的信息。在关闭危险信号3分钟后，"战斗或逃跑"反应就会停止。你的新陈代谢率、心率、呼吸速率、肌肉紧张度和血压都会恢复到正常水平。赫伯特·本森（Herbert Benson，2000）认为，你可以利用自己的想法来改善自己的生理机能，提高健康水平，甚至可能减少对药物的需求。他创造了"放松反应"一词来指代这种自然的恢复性反应。

慢性压力和疾病

如果生活中有持续的压力源，就会导致慢性压力，例如工作中有重大组织调整或裁员等情况，要面对混乱复杂的离婚过程、慢性疼痛或危及生命的疾病。如果小的压力因素不断累积，你无法从中恢复，这也会引发慢性压力。只要大脑感知到威胁，身体就会保持兴奋状态。如果你的应激反应一直处于开启状态，你患上与压力相关疾病的可能性就会增加。

研究人员探究压力和疾病之间的关系已经超过了 100 年的时间。他们观察到，患有与压力相关疾病的人的特定生理系统（例如骨骼肌肉、心血管或肠道系统）往往会过度活跃。长期的压力可能会使某些人肌肉紧张和疲劳，也可能使某些人患上高血压、偏头痛、溃疡或慢性腹泻等疾病。

几乎人体的每个系统都可能被压力所损害。皮质激素增加会抑制生殖系统，这可能会导致女性停经和无法排卵，导致男性阳痿，两性都会因此而丧失性欲。由压力引起的肺部变化会加重哮喘、支气管炎和其他呼吸系统疾病的症状。在应激反应下，胰岛素会下降，这可能会成为成人糖尿病发病的因素。压力会暂停组织修复和重建，进而导致骨质疏松症并且让人们容易骨折。压力对免疫和炎症系统的抑制会使你更容易患上感冒，还可能使某些特定疾病的病情加重，如癌症和艾滋病。此外，长期的应激反应可能会使关节炎、慢性疼痛和糖尿病等疾病进一步恶化。还有一些迹象表明，在慢性压力状态下持续释放和消耗去甲肾上腺素可能会导致抑郁和焦虑。

慢性压力、疾病和衰老之间的关系属于另外的研究领域。研究老龄化的专家正在研究疾病模式的变化和退行性疾病的出现。在短短几代人的时间里，伤寒、肺炎和小儿麻痹症等传染病的威胁已被心血管疾病、癌症、关节炎、哮喘和肺气肿等"现代瘟疫"所取代，这个时代抑郁症也比较普遍。我们都知道，随着年龄的增长，身体的功能会自然退化。但是，许多中老年疾病都是压力诱发型疾病。目前研究人员和临床医生正在探究压力如何加速衰老过程，以及人们如何对抗这个过程。

最近经历的影响

华盛顿大学的托马斯·H.霍姆斯博士（Thomas H. Holmes，MD）及其研究合作者发现，在经历了一段需要适应频繁生活变化的时间之后，人们更容易患病或出现临床症状。

霍姆斯医生及其合作者开发了"最近经历表"，它可以帮助你量化过去一年中经历了多少变化，并考虑这些压力事件如何增加你患病的可能性。这个量表的主要目的是增强你对压力事件及其对健康潜在影响的觉知，以便你可以采取措施来降低生活中的压力水平。

最近经历表

说明：请思考下面列出的每个可能的生活事件，如果发生过的话，请确认在过去一年中该事件发生了多少次。将对应数字（从 0 到 4）填写到"次数"一栏中。（请注意，如果某个事件发生超过四次，仍然在该列中填写 4。）

事件	次数	×	权重	=	得分
1. 和老板之间发生的大大小小的摩擦		×	23	=	
2. 睡眠习惯发生重大改变（睡得更多或更少，或者改变睡觉的时间）		×	16	=	

（续）

事件	次数	×	权重	=	得分
3. 饮食习惯发生重大改变（食量增加或减少，或者饮食时间或环境发生很大变化）		×	15	=	
4. 个人习惯的改变（穿着、礼仪、交际等）		×	24	=	
5. 娱乐方式或娱乐时间发生重大改变		×	19	=	
6. 社交活动发生了重大改变（例如，俱乐部活动、跳舞、电影、拜访等）		×	18	=	
7. 文化活动发生了重大改变		×	19	=	
8. 与家人聚会的次数发生了重大改变（比平常多或少很多）		×	15	=	
9. 财务状况发生了重大改变（变得更糟或更好）		×	38	=	
10. 与姻亲产生了矛盾		×	29	=	
11. 与配偶争吵的次数发生了重大改变（比平常多很多或少很多，涉及子女养育、个人习惯等方面）		×	35	=	
12. 有性困扰		×	39	=	
13. 有受伤或疾病困扰		×	53	=	
14. 亲密家人（除配偶外）死亡		×	63	=	
15. 配偶死亡		×	100	=	
16. 好朋友死亡		×	37	=	
17. 获得一个新的家庭成员（新生儿、领养、老年人搬入等）		×	39	=	
18. 家庭成员健康状况或行为发生重大改变		×	44	=	
19. 搬家		×	20	=	
20. 被监狱或其他机构拘留		×	63	=	

（续）

事件	次数	×	权重	=	得分
21. 较轻的违法行为（交通违章、横穿马路、扰乱治安等）		×	11	=	
22. 重大商业调整（合并、重组、破产等）		×	39	=	
23. 结婚		×	50	=	
24. 离婚		×	73	=	
25. 与配偶分居		×	65	=	
26. 杰出的个人成就		×	28	=	
27. 子女离家（结婚、上大学等）		×	29	=	
28. 退休		×	45	=	
29. 工作时间或环境发生重大改变		×	20	=	
30. 工作发生重大改变（晋升、降职、调动）		×	29	=	
31. 被裁员		×	47	=	
32. 生活环境发生重大改变（建造新房或翻修、家居或社区环境恶化）		×	25	=	
33. 配偶开始或停止在外工作		×	26	=	
34. 申请按揭贷款或贷款购买重要物品（如购买房屋或创业等）		×	31	=	
35. 申请贷款购买物品（如汽车、电视、冰柜等）		×	17	=	
36. 房屋抵押贷款或贷款被取消		×	30	=	
37. 度假		×	13	=	
38. 转学		×	20	=	
39. 转行从事不同的职业		×	36	=	
40. 开始或结束学业		×	26	=	
41. 与配偶实现婚姻和解		×	45	=	

（续）

事件	次数	×	权重	=	得分
42. 怀孕		×	40	=	
总分					

计分：

- 将权重与事件发生的次数相乘，并将结果填写到"得分"一栏中。

- 将"得分"栏分数相加得到你的总分，并将其填写在表格底部。

- 为了准确计分，请记住"次数"一栏最多填"4"。

根据霍姆斯博士及其合作者的研究，你的总分越高，你患有与压力相关的症状或疾病的风险就越大。在过去一年中得分超过 300 分的人，有近 80% 的人在不久的将来会生病；得分在 200 分到 299 分之间的人，约有 50% 的人在不久的将来会生病；而得分在 150 分到 199 分之间的人，此概率会降低到 30%。得分低于 150 分则表示你患病的概率很低。因此，你的得分越高，就应该越努力保持健康。

由于人们对特定生活事件的感知以及适应变化的能力因人而异，我们建议你将这个标准化测试作为粗略预测"风险增加"的工具。

压力可以累积，两年前的事件可能仍在对你产生影响。如果你认为之前一年的事件可能依然是一个影响因素，请针对该事件重复进行这个测试并进行分数对比。

预防措施

以下是你可以使用最近经历表来维持健康和预防疾病的一些方法，包括：

（1）提醒自己所经历的变化，将最近经历表贴在方便查看的位置，让你和你的家人都能看到。

（2）思考每个变化对你个人的意义，并试着觉察你的感受。

（3）思考适应每个变化最合适的方式。

（4）在做决定时给自己足够的时间。

（5）尽量预见生活中的变化，并做好相应的计划。

（6）保持适度的节奏，不要着急，事情会有所进展。

（7）花时间享受你的成功，适当放松一下。

（8）要对自己充满关怀和耐心。人们在生活中的各种压力下常常会感到不堪重负，需要一段时间来实施应对压力的策略。

（9）接受你能够控制和不能控制的事物，并在可能的情况下选择要面对和承担哪些变化。

（10）尝试本书介绍的应对压力和放松的技巧，并将最适合你的技巧纳入你制订的压力管理计划中。

缓解症状

本工作手册的主要目标是通过放松和减压技巧帮助你缓解症状。完成以下清单，确定你想要缓解的具体症状。

症状清单

使用这个清单记录下你现在想要处理的症状。在使用本工作手册掌握了最有效的减压技巧之后，你可以回到这个清单，用它来评估症状缓解的程度。

说明：使用以下的 10 分制量表来评估因压力相关症状引起的不适程度。

轻微不适			中度不适				极度不适		
1	2	3	4	5	6	7	8	9	10

症状（忽略那些你没有经历过的症状）	当下的不适程度（1～10）	在掌握放松和减压技巧后的不适程度（1～10）
特定情境中的焦虑		
考试	--------------------	--------------------
截止日期	--------------------	--------------------
相互冲突的优先事项	--------------------	--------------------
面试	--------------------	--------------------
公开演讲	--------------------	--------------------
其他	--------------------	--------------------
人际关系中的焦虑		
配偶	--------------------	--------------------
父母	--------------------	--------------------
孩子	--------------------	--------------------
其他人	--------------------	--------------------
忧虑		
抑郁		
焦虑		
愤怒		
易怒		
怨恨		

（续）

症状（忽略那些你没有经历过的症状）	当下的不适程度（1～10）	在掌握放松和减压技巧后的不适程度（1～10）
恐惧症		
恐惧		
肌肉紧张		
高血压		
头痛		
颈痛		
背痛		
消化不良		
痉挛		
失眠		
睡眠困难		
工作压力		
其他		

重要提示： 身体症状可能由纯粹的生理原因引起。你在假设自己的症状完全由压力引起之前，应该先咨询医生，排除任何可能的生理问题。

应对压力的策略

作为现代社会的一员，你有很多种方法可以应对压力带来的负面影响。医生可以治疗与压力相关的症状和疾病；非处方药可以减轻你的疼痛，帮助你入睡，让你保持清醒，让你放松下来，并缓解胃酸过多和肠道紧张；你可以通过进食等来抵抗不适感；你可能会有一些消遣活动，比如看电视、看电影、上网、发展兴趣爱好和运动；你可以把自己封闭在家里，除了与外界最必要的接触之外，不与周围的压力世界接触。

　　有些人通过努力工作和提高工作效率，在短时间内有更多产出，以此来应对压力。我们快节奏的文化是奖励这些人的，他们是被称为 A 型人格的人，他们在这种环境下能够蓬勃发展。A 型人格是在 20 世纪 70 年代出现的一个术语，用来描述那些有很强的时间紧迫感、无法放松、对自身地位觉得不安全、有高度竞争性，并在自己没有达到目标时容易发怒的人。关于 A 型人格的经典研究是弗里德曼（Friedman）和罗森曼（Rosenman）在 1974 年对超过 3500 名健康中年男性进行的为期 12 年的纵向研究，该研究预估 A 型人格的行为会导致患冠心病的风险翻倍。尽管这个概念在健康心理学领域引起了人们很大的兴趣，但威廉斯（Williams，2001）最近的研究表明，A 型人格中只有"敌意特质"是一个显著的健康风险因素。

　　《美国心脏病学杂志》（*American Journal of Cardiology*）（Denollet et al.，2006）刊登了一篇文章，讨论了某些个人特征如何损害心脏健康，并提出了一种新的人格类型，称为 D 型或困扰型人格。D 型人格的行为特点是倾向于更多地体验消极情绪（愤怒和敌意）并压抑这些情绪，且避免与他人社交。消极情绪和社交退缩都与更高的皮质醇（一种在生理效应上与皮质酮密切相关的激素）水平、对压力的反应增加以及患冠心病和其他压力相关疾病的风险有关。然而，目前还无法确定 D 型标签是否能像 A 型标签一样经久不衰。

　　芝加哥大学的心理学家苏珊·科巴萨（Suzanne Kobasa）和她的同事们的研究（1985）表明，与焦虑、长期压力大的人相比，某些人不太容易受到压力的影响。这些抗压能力强的个体的患病率和工作缺勤率都较低。他们将压力源视为挑战、新机遇以及个人成长的机会，而不是威胁。他们感到能够控制自己的生活环境，并认为自己有资源可以做出选择和做出改变。他们还对家庭、家人和工作有责任感，这使得他们更容易融入他人和环境。赫伯特·本森和艾琳·斯图尔特（Eileen Stuart）所著的《健康幸福之书》（*The Wellness Book*）（1993）显示，具备这些抗压特质、拥有良好的社会支持体系、定期锻炼和保持健康饮食的人群，患病率最低。

在畅销书《情商》（*Emotional Intelligence*）（2005）中，丹尼尔·戈尔曼（Daniel Goleman）将情绪健康的人称为拥有自我觉知、自律和有同理心的个体。戈尔曼在书里强调了情商对于应对压力的重要性。心理学家谢利·E.泰勒（Shelley E. Taylor）在她的书《趋于本能》（*The Tending Instinct*）（2002）中讨论了我们如何在生物学上被设计成互相关心的物种。在研究中，泰勒发现涉及"战斗或逃跑反应"的研究仅涵盖男性受试者。她着手探究男性和女性在应对压力方面是否有所不同，以及有何不同。她发现，在压力较大的时期，与逃避或对抗的人相比，倾向于依赖社会支持群体和接受支持的人（尤其是女性），很少会经历长时间的应激反应。她的理论被称为"互助友好"理论。泰勒说，"社会纽带是我们拥有的最便宜的药物"（165）。

应对压力的策略清单

在开始改变之前，重要的是认识到你目前是如何管理压力的。

说明： 下面列出了一些常见的应对压力事件的方法。请标记那些符合你行为特点或你经常使用的方法。

_____ 1. 我会忽视自己的需求，只是更加努力和快速地工作。

_____ 2. 我会找朋友聊天和寻求支持。

_____ 3. 我比平常吃得更多。

_____ 4. 我会参与某种形式的体育锻炼。

_____ 5. 我会变得易怒，并将情绪发泄到身边的人身上。

_____ 6. 我会花一点儿时间放松、呼吸。

_____ 7. 我会抽根烟或喝一杯含咖啡因的饮料。

_____ 8. 我会直面我的压力源，并努力改变它。

_____ 9. 我会在情感上逃避，只是按部就班地度过我的一天。

_____ 10. 我会改变对问题的看法，并试图从更积极的角度思考。

_____ 11. 我会睡得比实际需要的时间更长。

_____ 12. 我会休息一段时间，远离我的工作。

_____ 13. 我会外出购物，买一些东西让自己开心。

_____ 14. 我会和朋友开玩笑，用幽默来缓解紧张情绪。

_____ 15. 我会比平常喝更多的酒。

_____ 16. 我会发展一项兴趣爱好，帮助我放松和保持愉悦。

_____ 17. 我会服用药物来帮助自己放松或睡得更好。

_____ 18. 我会保持健康的饮食。

_____ 19. 我只是忽视问题，希望它自己消失。

_____ 20. 我会祷告、冥想或进行深入的内在探索。

_____ 21. 我会焦虑，并害怕采取行动。

_____ 22. 我会试图专注于我能控制的事情，并接受我无法控制的
事情。

Adapted from the _Coping Styles Questionnaire_. © 1999 by Jim Boyers, PhD, Kaiser-Permanente Medical Center and Health Styles, Santa Clara, CA.

评估结果： 偶数项属于更具建设性的应对压力策略，而奇数项则不太建议使用。如果你勾选了偶数项，向自己表示祝贺。如果你勾选

了任何奇数项，请思考一下你是否需要在思维方式或行为上做出一些改变。考虑尝试一些你之前未尝试过的偶数项，本工作手册将帮助你做出这些改变。

了解你的目标

应对压力的目标不仅仅是减少压力。毕竟如果没有压力，生活难道不会很无聊吗？正如前面提到的，人们有一种倾向是只把压力事件或压力源看作是负面的（比如爱人的伤亡），但实际上压力源往往是积极的。例如买房或在工作中晋升会带来身份的变化和新的责任；进行一次艰苦的锻炼、第一次尝试具有挑战性的事情或在假期的最后一天欣赏美丽的日落所带来的愉悦，这些都是积极压力的例子。

当你感觉到面对的挑战是危险的、困难的、让你感到痛苦的或不公平的，并且担心自己可能没有足够的能力来应对时，就会出现压力过大或负面压力的情况。实际上，你可以通过将积极的活动融入日常生活中来增强应对负面压力的能力，比如解决具有挑战性的问题、定期进行锻炼和使用放松技巧、保持愉快的社交、遵循合理的饮食习惯，以及采取乐观和理性的想法、保持幽默和经常游戏等。

事实上，随着压力的增加，你的表现和效率会提高，直到压力达到极限，你的表现又会开始下降。压力管理涉及根据你个人的个性、优先事项和生活情况，找到适合你的压力类型和程度，这样你就可以最大限度地提高你的表现和满足感。

通过使用本手册提供的工具，你可以学会更有效地应对负面压力，并学会在生活中增加更多积极的压力、充满刺激的挑战、快乐和激情。

症状缓解效果

现在你已经知道了你的主要压力来源、与压力相关的症状以及你目前应对压力的策略，是时候选择一个或两个最让你困扰的症状，并用合适的方法来缓解它们了。设定并实现一个具体的目标会让你有成就感，激励你继续使用那些能带给你积极变化的工具和想法。因为每个人对压力的反应都不同，我们无法告诉你哪些方法对你最有效。但是，下面这个表格会给你提供一个大致的指导，告诉你从哪些方法开始尝试，并且如何继续选择下一个。

减压方法列在了表格的最上面一行，常见的与压力相关的症状则列在了表格最左侧。正如你看到的，对于大多数症状，可以用多种减压技巧来进行有效缓解。对于特定的症状来说，最有效的技巧会用粗体的 X 来标记，而较小且颜色较浅的 x 则表示其他有帮助的技巧。

这些技巧大致可以分为两类：一是放松技巧，侧重于放松身体；二是减压技巧，通过训练心态来有效处理压力。你的想法、身体和情绪是相互关联的。在寻求缓解压力时，最好从这两个大类中至少选择一种技巧。例如，如果你最为困扰的压力症状是焦虑，你可以通过练习渐进式放松法和呼吸来平静身体，并且参考第 12 章中反驳不合理观念和第 13 章中有关缓解担忧和焦虑的练习来减少你的心理和情绪压力。如果在应对压力的策略清单上你的测试结果显示你没有定期进行体育锻炼，饮食习惯也不好，你还应参考第 19 章关于营养和第 20 章关于体育锻炼的内容，了解如何改善这些策略以减轻你的焦虑。

在继续阅读其他章节之前请先阅读第 2 章。对身体的觉知是本工作手册中的关键，如果没有对身体的觉知，你将无法有效地运用任何技巧。

症状缓解

症状	身体扫描	呼吸	渐进式放松法	冥想	视觉化	应用松弛练习
						方
特定情境中的焦虑（考试、截止日期、面试、演讲）		X	X	x	x	X
人际关系中的焦虑（配偶、孩子、老板）		X	x			
一般焦虑和担忧		X	X	X	x	X
抑郁		X		X		
敌对、愤怒、易怒、怨恨		X	x	x		X
恐惧症、恐惧		X	X		x	X
肌肉紧张	X	X	X		x	x
高血压		x	X	X		
头痛、脖子痛、背痛		x	X	X	X	X
消化不良		x	X	x		
失眠，睡眠困难		x	X			X
工作压力		X	X			X
慢性疼痛		X	x	X	X	x

效果表

法												
自我催眠	自生训练	简单组合练习	自我关怀	反驳不合理观念	缓解担忧和焦虑	直面恐惧和回避	愤怒免疫	目标设定与时间管理	自信训练	工作压力管理	营养与压力	锻炼
x		x		x	X	X		X	x			
x		x		x	X	x			X			
	x	x	X	X	X	x		X	x		x	X
			X	X		x		x	X		x	X
	x		x	X			X	X	X		x	X
			x	X	X			x	x		x	x
x	X	x					x	x				X
	X	x					x	x			X	X
X	x							X			x	X
X	X	x						X	x		X	x
X	x										x	X
			X				x	x	x	X		
X	X			x				X	x		x	X

第 2 章

身体扫描

The
Relaxation
& Stress
Reduction
Workbook

2

在本章中，你将学会

- 如何识别身体里的紧张感
- 肌肉紧张和情绪反应之间的关系
- 帮助你认识和放松身体紧张感的练习

背　景

　　近年来，科技增加了我们与他人、与外界信息之间的联结，也使我们的生活节奏加快。我们很容易受到外界信息的干扰，而忽略了自己身体内部的紧张感，直到这份感觉变得非常强烈、让我们痛苦时，我们才会留意到它。

　　识别身体对生活中压力源的反应是一项强大的技能。比起关注自己身体的紧张程度，大多数人可能更关注天气、时间或者银行卡余额。在很多情况下，你的身体层面会比你的意识层面更早感受到压力。例如，在工作日里，你肩颈部的肌肉可能会紧张，而直到一天结束时你才会注意到它们在多么痛苦地紧绷着。身体通过肌肉紧张让你知道自己有压力了，对身体的觉知是认识和缓解紧张、避免痛苦的第一步。

　　你可以通过本章中的练习来学习向内观察，关注此刻身体的感受。你会观察到身体的紧张感不仅与外部压力有关，还与你的情绪、想法和行为相关。有了这些认知，你可以开始放下这种紧张感，做出更明智的选择，在充满压力的一天中照顾好自己。

　　将"对外在的觉知"和"对内在的觉知"区分开来，以便你可以将外部世界与你的身体反应分开，这是很重要的。"对外在的觉知"

包括外部世界对五种感官的所有刺激。"对内在的觉知"指的是你身体内的任何感觉、情绪上的不适或身体内的舒适等。你感觉不到身体中的很多紧张感，因为你的大部分觉知都在关注外部世界。下面，你将学会一些用来定位和探索你身体紧张感的练习。

几个世纪以来，许多东方哲学流派都强调身体状态的重要性、其对意识的影响及其与压力之间的关系。在 20 世纪，威廉·赖克（Wilhelm Reich，最初为弗洛伊德的学生）的工作引起了西方精神病学界对身体与情绪状态之间相互作用的兴趣。另外两种专注于身体及其与情绪压力关系的疗法是弗里茨·珀尔斯（Fritz Perls）的格式塔疗法和亚历山大·洛温（Alexander Lowen）的生物能量疗法。这两种疗法都与身心关系密切相关。觉察你的身体对压力的反应，这会为你提供一些重要信息，让你知道自己对压力的反应是怎样的，然后你可以来制订压力管理计划。

1979 年，分子生物学家乔恩·卡巴金（Jon Kabat-Zinn）在马萨诸塞大学医学院创立了正念减压（MBSR）课程。正念减压结合了正念冥想、对身体的觉知和瑜伽，以帮助人们变得更加正念，更有觉知。卡巴金的研究表明，正念减压显著改善了焦虑症患者和慢性疼痛患者的症状。大量的研究证明了正念对于应对压力、焦虑、抑郁、疼痛和疾病等问题的益处。

"盘点"身体

以下练习可以帮助你增强对身体的觉知，识别身体紧张的部位。身体有自己的智慧，如果你花时间去倾听，就可以更好地理解外部压力与你的想法、感受、紧张之间是如何相互作用的。

内外交替练习

此练习帮助你区分内在和外在体验，增强觉知，以识别你自己的应激反应。

（1）首先，请将注意力集中在外部世界上。以"我注意到"作为开头来叙述。（例如，我注意到窗外的汽车、正在冲泡的咖啡、蓝色的地毯，纸张在移动，微风在吹动。）

（2）当你已经注意到周围发生的一切后，将注意力转移到你的身体和身体的感觉（即你的内部世界）上。（例如，我感觉到温暖，我的肚子咕噜作响，我的颈部有些紧张，我的鼻子发痒，我的脚在抽筋。）

（3）在对内部世界和外部世界的觉知之间来回穿梭。（例如，我觉察到臀部和椅子之间的压力感，看到台灯散发出黄色光晕，我的肩膀紧缩，我闻到熏肉的气味。）

如果你在一天的空闲时间里进行这个练习，就可以区分并欣赏内部和外部世界之间的真正区别。

身体扫描

这个练习可以帮助你觉察身体哪些部位的肌肉有紧张的感觉。

请闭上眼睛，从脚趾开始，向上扫描你的身体，问自己："哪里有紧张感？"每当你发现一个感到紧张的区域时，就在这个区域多停留一会儿，以便能够更多地觉知到它。注意身体中哪些肌肉是紧张的。

放松你的身体

这个练习可以增强你对肌肉紧张感的觉知并减少肌肉紧张感的累积。

请躺在毯子上或床上，找到一个舒服的姿势。将双腿伸直，平放在地板上（或床上）。闭上眼睛，检查一下你是否舒适（可以调整你的身体）。觉察你的呼吸，感受空气经过你的鼻子、嘴巴、喉咙，进入你的肺部。关注你的身体，让身体所有部位自然地进入你的觉知之中。身体的哪些部位最先进入你的觉知？你对哪些部位的觉知很少？觉察哪些部位你可以轻易地感觉到，哪些部位感觉不明显。你是否注意到身体的左右两侧有什么不同？

现在，觉察身体上是否有些不适。觉察这种不适的感觉，直到你能够详细地描述它。专注于这种感觉，觉察它是否在变化……现在，扫描你的身体，留意是否依然有一些紧张感或不适的感觉，每次呼气都放松。继续放松 5 到 10 分钟，允许身体自己照顾自己。

压力觉知日记

人们在一天中的某些时段比在其他时段更有压力，某些压力事件更有可能引起身体和情绪方面的症状。某些特定类型的压力事件常常会引起与其对应的特定症状。因此，记录压力事件及其相关症状（可能是应激反应）是有帮助的。

请坚持记录压力觉知日记（请扫二维码下载表格）一个星期，记录压力事件发生的时间和你注意到出现与压力有关的身体或情绪方面症状的时间。

　　以下是百货店店员哈里在星期一所写的压力觉知日记。

时间	压力事件	症状
8:00	闹钟没响，上班迟到，只来得及喝杯咖啡	轻微的头痛，紧张不安
9:30	老板责备我迟到了	
9:50		担忧，抑郁，呼吸较浅
11:00	顾客很粗鲁，对我无礼	
11:15		愤怒，胃痛
12:20	只有 10 分钟吃午餐，吃了一些薯条	
14:30		轻微头痛
15:00	给高级经理做报告	紧张，出汗
17:00	堵车，去参加与家人一起的晚餐时迟到	
18:00	和儿子吵架	愤怒，剧烈头痛
18:35	妻子为儿子辩护	愤怒，颈部、背部和胃部疼痛
22:00		焦虑，无法入睡

　　正如你所看到的，这个日记展示出特定压力源如何导致与其对应的症状。哈里在早上只喝了咖啡，之后和人发生冲突，随之而来的是胃痛。匆忙可能会导致血管收缩，而整天几乎没有进食可能会导致低血糖，不出所料，哈里在回家后面对更多冲突时，感到愤怒并出现了各种身体症状。

　　需要注意：你的情绪反应（如担忧、焦虑或愤怒）持续多长时间？这会对你身体肌肉的紧张感产生什么影响？你可以使用压力觉知日记来发现和记录自己的压力事件及其对应的特定反应。

释放身体的紧张感

接下来的练习将帮助你打开身体的每个部分，觉知身体的任何感觉，并释放身体的紧张感。你可以在任何感到有压力的时候进行这个练习来释放紧张感。

向内探索和身体扫描

让自己体会一下身体和心灵的感受，简单地让任何想法、情绪和身体感觉自由流动。

（1）先感受一下你的胸腔和腹部随着呼吸的起伏。你可以随着呼吸的波动，让它把你带回当下的时刻。

（2）把注意力放在你的脚底，感受一下那里的感觉。不要评判或试图改变它，只是纯粹地感受这种感觉。过一会儿，想象你的呼吸流入你的脚底。当你呼气和吸气时，你可能会感到放松以及紧张感得到舒缓，只是简单地观察即可。

（3）现在，让注意力逐渐转移到脚的其他部分，一直到脚踝。意识到这些身体部位的感觉。过一会儿，想象你的呼吸不仅停在膈肌那里，而是顺着身体流到你的脚底。深呼吸，只是简单地感受这些感觉。

（4）以同样的方式，逐步觉察你身体的其他部位——小腿、膝盖、大腿、臀部、腰背、上背、胸腔、腹部、肩膀、颈部、头部和面部。充分觉察每个身体部位，注意其中的感觉，不要强迫或试图改变它们，然后通过深呼吸来释放紧张感，继续前进到下一个身体部位。

（5）让注意力回到你的脖子和肩膀，或者身体上任何感到疼痛、紧绷或不舒服的部位。只需以一种不加评判的方式感受这些感觉。当你吸气时，想象你的呼吸打开紧绷的肌肉或痛处，创造更多空间。当你呼气时，想象紧张感或疼痛从身体的那个部位流走。

（6）让注意力回到头顶，最后再次检查身体是否还有紧张或不舒服的地方。然后想象你头顶有一个呼吸孔，就像鲸鱼或海豚呼吸时使用的喷气孔。从头顶吸气，让呼吸贯穿整个身体，一直到脚底，然后再通过全身返回。让你的呼吸冲走任何紧张或不舒服的感觉。

完成整个身体扫描可能需要几分钟到半个小时不等。最好每天留出 20 到 30 分钟的时间来进行一次身体扫描。

为了方便记录你在进行本章身体扫描练习前后的感受，请使用紧张程度记录表（请扫描二维码下载表格）。

以下是顾客服务代表玛丽记录的情况。

第__周	练习	练习前	练习后	记录
星期一	身体扫描	10	7	忙碌的一天，感到焦虑
星期二	内外交替练习	9	6	同事生病，工作量增加，感到愤怒
星期三	身体扫描	9	5	工作负荷仍然很大，感到焦虑
星期四	放松你的身体	8	4	同事回来了，感到宽慰
星期五	向内探索和身体扫描	9	4	又是忙碌的一天，感觉压力没有那么大了
星期六	放松你的身体	6	3	在家里度过了忙碌的一天，感觉没有那么担心了
星期日	向内探索和身体扫描	5	2	愉快的一天，和朋友一起散步了很久

随着你使用这些身体扫描练习，你会开始意识到你的身体哪些地方肌肉紧绷，以及是什么因素导致了这种紧张感。随着意识的增强，你可以找到每天释放这种紧张感的方法。当你释放身体的紧张感时，你会感到能量增加，身心愉悦。当你对身体紧张的细微症状更加敏感时，你可以进行短暂的放松，避免出现令你更痛苦的症状，比如头痛或爆发愤怒。这一章是观察和减轻应激反应的基础。

The
Relaxation
& Stress
Reduction
Workbook

3

第 3 章

呼吸

在本章中，你将学会

- 使用呼吸增强对内在的觉知
- 使用呼吸解放紧张感和进行放松
- 使用呼吸减少或消除压力症状

背　景

呼吸是我们在生活中最基本的需求，但很多人往往忽视了它的重要性。每一次呼吸，我们都吸入氧气，释放废气二氧化碳。然而，不良的呼吸习惯会影响气体在我们体内的流动，使我们更难应对有压力和紧张的情况。某些呼吸模式甚至可能导致焦虑、惊恐发作、抑郁、肌肉紧张、头痛和疲劳等一系列问题。当我们学会觉察呼吸，并放慢和调整呼吸节奏时，我们的想法会变得平静，身体也会得到放松。无论是单独练习还是结合其他放松技巧，正确的呼吸习惯和呼吸意识都能增进我们的心理和身体健康。

我们来仔细看一下呼吸过程。当我们吸气时，空气通过鼻子进入我们的体内，在鼻腔中被加热至与身体的温度一致、被湿润并被部分净化。膈肌是一块类似薄片的肌肉，它位于肺部和腹部之间，通过收缩和放松帮助我们进行呼吸。

人体的肺部就像一棵有很多分支的树，这些分支被称为支气管，它们将空气输送到充满弹性的气囊状结构——肺泡。当我们吸入空气时，肺泡会膨胀，当我们呼气时，肺泡则会收缩。肺泡周围有许多微小的血管，被称为毛细血管，它们接收氧气并将其输送到我们的心脏。

我们的心脏会把充满氧气的血液泵送到全身各个部位。在这个过程中，血液细胞会吸收氧气，同时释放出废气二氧化碳，然后二氧化碳被带回心脏和肺部，最终通过呼气排出体外。这种有效的氧气和二氧化碳的传输和交换对于维持生命至关重要。

在你呼吸的时候，通常会有两种模式：一种是胸式或胸腔式呼吸，另一种是腹式或膈肌呼吸。

胸式或胸腔式呼吸是现代生活中常见的问题，往往与生活方式、压力、焦虑或其他情绪困扰有关。这种呼吸方式浅而不深，往往不规律且快速。当你吸气时，胸部会膨胀，肩膀会上升以便吸入空气。长期进行浅表胸式呼吸或频繁屏住呼吸可能与持续的压力、紧张、姿势不良、穿着紧身衣物、故意收紧腹部、挺胸、久坐不动的生活方式、身体感受到的痛苦，或长时间专注而忘记规律地呼吸有关。

如果你的呼吸过浅、不够深入，或者经常屏住呼吸，就会导致身体缺氧和体内二氧化碳积聚，这可能会让你感到疲劳和沮丧。而快速、浅表的胸式呼吸通常与压力和焦虑有关，会引发头晕、心悸、虚弱、麻木、刺痛、焦躁和呼吸困难等症状。我们会呼出过多的二氧化碳，而由于血液中氧气和二氧化碳比例失衡，脑部和身体其他部位会得到较少的氧气。在极端情况下，快速的胸式呼吸很容易被识别为过度通气，但较为缓慢的胸式呼吸可能多年来都被忽视了。

相比之下，腹式或膈肌呼吸是婴儿和熟睡的成年人自然的呼吸方式。当你吸气时，空气深入肺部，同时腹部膨胀，给膈肌向下收缩提供空间。当你呼气时，腹部和膈肌放松。腹式呼吸比浅表胸式呼吸更深、更慢、更有节奏，也更令人放松。呼吸系统能够利用氧气产生能量，排除废物。

通过增强对呼吸模式的了解，并更多地转向腹式呼吸，你可以平衡体内氧气和二氧化碳的水平，调节心率，减少因压力相关症状或想法而引起的肌肉紧张和焦虑感。膈肌呼吸是最简单的用来诱发身心放松反应的方法。

症状缓解效果

呼吸练习已被证实在缓解广泛性焦虑障碍、惊恐发作和广场恐惧症、抑郁、易怒、肌肉紧张、头痛和疲劳方面非常有效。它们被广泛用于治疗和预防屏气、过度通气、浅呼吸以及手脚冰凉等问题。

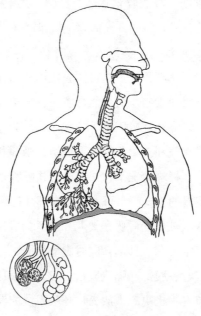

Adapted from W. Kapit and L. M. Elson (1977), *The Anatomy Coloring Book*, New York: Harper & Row.

掌握所需时间

学习一个呼吸练习只需几分钟，而且你可能会立刻感受到其带来的好处。但如果你定期练习，几周甚至几天内就能看到深远的效果。在尝试本章介绍的练习后，制订一个呼吸计划，选择对你最有帮助的练习并坚持每天练习，这样效果会更好。

操作说明

这一章分为四个部分：（1）准备好进行呼吸练习，（2）基本的呼吸知识，（3）通过呼吸释放紧张感和增强意识，以及（4）通过呼吸控制或缓解症状。

准备好进行呼吸练习

（1）选择一个你不会被打扰的时间和地点来学习呼吸练习。在学习过程中，尽量每天在同一个地方和同一时间进行练习。不过，一旦你掌握了方法，就可以在任何压力环境下进行练习。

（2）如果没有特殊情况，最好通过鼻子来呼吸。如果需要的话，你可以在进行呼吸练习前清理鼻腔。如果无法清理，你也可以通过嘴巴来呼吸。

（3）想一下哪种姿势对你而言最合适。如果你进行呼吸练习的目标是放松身心，以保持对体验的最佳感知，最好选择坐着的姿势。如果你的目标是放松甚至入睡，可以躺下来进行练习。如果你选择坐姿进行练习，记得保持良好的姿势，让头部舒适地在脊柱上保持平衡，不要交叉双臂和双腿，双脚要稳稳地放在地板上。对初学者来说，躺着学习腹式呼吸会更容易一些。以下是两个躺着的姿势。

如果你有背部问题，抬膝的姿势是最好的选择。弯曲膝盖，将双脚分开约 8 英寸（约 20 厘米），脚趾稍微向外转。同时要确保你的脊柱保持挺直。

如果你选择使用平躺的姿势，就仰卧在地上，双腿伸直并稍微分开，脚趾自然向外，双臂放在身体两侧，不要碰到身体，掌心向上，闭上眼睛。

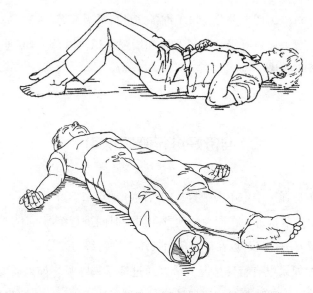

（4）无论你选择哪种姿势，开始呼吸练习前先花点儿时间检查自己。扫描全身，放松明显感到紧张的部位；如果需要的话，可以调整一下姿势，让自己更加舒适。

基本的呼吸知识

　　在学习如何运用呼吸作为一种放松技巧之前，观察一下你现在的呼吸方式会很有帮助。

你目前是怎么呼吸的呢？

　　（1）要回答这个问题，请先闭上眼睛，把右手放在腰际处的腹部，左手放在胸部中央。

　　（2）不用刻意改变你的呼吸，只须觉察当凉爽的新鲜空气进入鼻子、穿过鼻毛，到达喉咙，最后进入肺部时的感觉。

　　（3）注意当新鲜空气进入肺部时会发生什么。呼气时有什么感觉？只需观察你的呼吸，不做任何努力去改变它，慢慢来。

　　（4）当你吸气时，哪只手移动的幅度更大——放在胸部的手还是放在腹部的手？如果你吸气时腹部膨胀且鼓起得更多，那就是腹式呼吸。如果你的腹部没有动或者动得比胸部少，那就是胸式呼吸。

特别注意事项

　　（1）一旦你能轻松地进行腹式呼吸，请时不时检查一下自己的呼吸方式。你是怎样呼吸的？是用腹部呼吸还是进行浅浅的胸式呼吸？你有没有屏住呼吸？试着进行几次腹式呼吸。专注于感受你的腹部的上下运动，空气进入和离开肺部的感觉，以及深呼吸带给你的放松感。然后继续你的正常活动。

（2）如果你在一天中很难时刻关注自己的呼吸，可以选择一个外部提示来提醒自己留意呼吸。这个外部提示可以是你每天都会注意到几次的任何东西，比如汽车的方向盘、办公室的时钟，或者门上贴着的写着"呼吸"一词的便签。

（3）当你学会使用腹式呼吸来放松时，你可以在预计会遇到紧张情况的时候使用它来减轻紧张感，不论是在情况发生时还是在发生后。虽然腹式呼吸不是万能的解决方案，但大多数人都说腹式呼吸可以帮助他们更轻松地度过困境。

（4）起初，腹式呼吸可能会让你感觉有些别扭，尤其是对于那些习惯胸式呼吸的人来说。作为初学者，你可以放大一些腹部的运动，来体验一下这种感觉。等你掌握了这种运动后，就不需要再放大了，你可以把双手放在身体两侧。通过练习，你的腹式呼吸会变得更加自然。

（5）腹式呼吸是大多数呼吸练习的重要组成部分，也是本教程中其他放松技巧的一部分，所以确保你在继续学习后面章节的内容之前已经掌握了腹式呼吸。

腹式或膈肌呼吸

（1）让背部躺平，轻轻地把一只手放在腹部，另一只手放在胸部，觉察你的呼吸。留意你的腹部在每次吸气时的鼓起和在每次呼气时的回缩。或者，你可以在腹部放一本书，把双手放在身体两侧，跟随呼吸的节奏。

（2）如果你在进行腹式呼吸时感到困难，可以尝试以下方法。

1）用力呼气，把肺彻底排空。这样会形成一个负压，将深呼吸引入腹部。你如果感觉回到了浅表胸式呼吸，可能需要多次重复这个过程。

2）在呼气时用手按住腹部，然后在深呼吸时让腹部推动手向前。

3）想象你的腹部像一个气球，当你吸气时，像把它充满空气一样。

4）俯卧着，头放在叠起的双手上。深呼吸，感受腹部推向地板的感觉。

（3）你的胸部是否会与腹部协调运动，还是感到僵硬？尽管腹式呼吸主要发生在腹部，但胸部也会略微运动。当你吸气时，首先是腹部，然后是中胸部，最后是上胸部，一起顺畅地上升。你可以想象在吸气时像倒水一样从杯底向杯口进行填充。

（4）一旦你熟悉腹式呼吸的感觉，就可以用它来进一步加深和减慢呼吸。微笑一下，通过鼻子吸气，通过嘴巴呼气，就像通过吸管将气呼出一样。深长而缓慢地呼吸，使腹部上下起伏。专注于呼吸的声音和感觉，你会逐渐变得放松。

（5）当你的注意力被想法、情绪和感觉吸引时，只需觉察到它们，然后回到呼吸上。

（6）建议每次腹式呼吸练习持续 5 到 10 分钟，一天练习一到两次。随着时间的推移，逐渐延长练习的时长，目标是每次练习的时长达到 20 分钟。

（7）每次结束腹式呼吸练习时，花一点时间觉察自己的感觉，并享受练习带来的好处。

（8）可选步骤：你可以选择在每次呼吸练习开始和结束时扫描一下身体是否有紧张感。对比练习结束时和开始时的紧张程度。可以使用第 2 章的紧张程度记录表来追踪你的进展情况。

通过呼吸释放紧张感和增强意识

释放身体的紧张感

（1）在进行腹部呼吸时，请对自己说："深呼吸。"

（2）屏住呼吸片刻，稍作停顿。

（3）在缓慢而深深地呼气时，请对自己说："放松。"

（4）暂时屏住呼吸，然后等待你下一次的自然呼吸。

（5）在你缓慢地吸气并暂时地屏住呼吸时，请留意身体哪些部位感到紧绷。

（6）随着呼气，感受紧张感自然地离开身体。每次呼气，你都会释放更多的紧张感，并感到越来越放松。

（7）当想法、情绪和感觉抓住你的注意力时，只需觉察它们，然后回到呼吸上。

（8）每次练习持续 5 到 20 分钟。

（9）掌握了这个练习后，可以在安静的环境中多次练习，并逐渐将它应用到紧张的情境中来缓解你的紧张感。只需进行几次腹式呼吸，对自己说"深呼吸放松"，然后在呼气时释放紧张感。让自己专注于放松的感觉。

（10）记住，在深呼吸之前，可能需要先呼气。

正念呼吸

在前面的练习中，你可能注意到自己的想法常常会游离在各种身体感受、噪声、白日梦、计划、担忧、判断之间。这是很正常的，但它可能会阻碍你释放生活中的压力，从而影响你放松。正念呼吸为你提供了一种觉察体验的方式，帮助你平复心境并放松身体。

正念意味着以一个客观友好的观察者身份觉察你此刻的体验，但不陷入其中。就像科学家在实验中退后一步，以不带评判和期望的态度观察所发生的事情，保持开放的心态，愿意获得新知。友好的观察者是充满关怀的，但他不会被当前的情况冲昏头脑。当然，这说起来容易做起来难。幸运的是，你越是练习这种正念的心态，就越容易做到。而且，每当你的注意力偏离焦点（在这种情况下是指你呼吸和数呼吸的过程），你将其重新带回来时，你就在增强自己的专注能力。

正念呼吸计数

（1）坐在一个舒适的位置上进行这个练习，可以增强你对呼吸的觉知。如果你愿意，晚上睡觉前也可以使用这个技巧来帮助入睡。

（2）采用缓慢、深沉的腹式呼吸。

（3）默数每次呼气。当你数到第四个呼气时，重新从"一"开始计数。具体方法是：吸气……呼气（"一"）……吸气……呼气（"二"）……吸气……呼气（"三"）……吸气……呼气（"四"）……吸气……呼气（"一"）……以此类推。

（4）当其他想法闯入你的意识或你的大脑变得空白时，只需观察这些想法或空白，不要去评判或期待，然后回到数呼吸的过程中。

（5）如果你忘记数到哪里了，只需重新从"一"开始。

（6）可选步骤：如果你愿意，你可以给每个想法、情绪和感觉加上标签。对自己说一声"想法""情绪"或"感觉"，然后回到数呼吸的过程中。你可以使用简单明了的标签，使用标签的目的是增加你对可能充满情绪的内容的客观性和情感距离。

（7）持续以每组四次呼气进行计数，进行 10 分钟的练习，逐渐将练习时长增加到 20 分钟。

下面是一个初学者在专注正念呼吸计数中的几个瞬间的实际例子。

吸气……别忘了往肚子里吸气……这是个想法……呼气（"一"）……吸气……呼气（"二"）……吸气……呼气（"三"）……我的肩膀好紧啊……有点儿感觉……又是个想法……吸气……呼气（"四"）……吸气……哦，释放那种紧张感真舒服……感觉、情绪、想法……呼气（"一"）……吸气……呼气（"二"）……我回家的时候是不是锁上前门了？胸口有点儿紧，屏住呼吸……是的，放心了……想法、感觉、情绪……我不行啊……想法，记得要呼吸……我刚才在哪来着？……更多的想法……吸气……呼气（"一"）……

想要了解更多关于正念的内容，请翻到第 5 章 "冥想"。

要注意的是，当你进行任何放松练习时，如果发现自己的想法跑偏了，可以轻轻地将注意力重新集中到原来的焦点上。在练习放松时，采用客观和带有关怀的觉知，能够帮助你在日常生活中培养和加强这些品质。一旦你学会了在注意到分心时回到呼吸和计数上来，你可以选择不再计数，而将呼吸作为冥想的焦点。

小小的紧张释放器

　　在白天，有很多时候你可以从短暂的休息中受益，比如当你发现自己叹了口气或打了个哈欠的时候。这通常表示你没有得到足够的氧气。因为叹气或打哈欠实际上能稍微释放一些紧张情绪，你可以随时练习叹气或打哈欠来放松一下。在这个过程中，请有意识地坐直或站直。

叹气

（1）深深地叹一口气，让空气从你的肺部冲出，发出一声深深的感叹。

（2）不要去考虑吸气，只是让空气自然地进入。

（3）在需要时可随时重复这个动作。

打哈欠

（1）张大嘴巴。

（2）将手臂伸展过头顶。

（3）打个哈欠（尽可能大声）。

（4）根据需要重复动作。

腹式呼吸

（1）在心理上放下你正在做的事情。

（2）觉察自己的感受。

（3）进行三次慢慢放松的深度腹式呼吸。

（4）觉察自己的感受。

（5）根据需要重复动作。

注意：有时候你可能没时间停下来关注自己的感受。但是，你仍然可以通过做几次深呼吸来稍微释放一下紧张情绪。

通过呼吸控制或缓解症状

下面的练习结合了腹式呼吸的放松效果和积极暗示的治疗作用，积极暗示是一种影响着你主观体验的想法或画面。

腹式呼吸与想象

（1）轻轻地把双手放在你的胸腹交界处（就在肚脐上方，肋骨开始分开的地方）。找个舒服的姿势，开始放松，然后进行几分钟的腹式呼吸。

（2）想象每一次吸气都带来能量涌入你的肺里，然后迅速储存在你的胸腹交界处。想象每一次呼气时，这股能量随着气息流向身体的每个角落。在脑海中形成这个充满活力的过程的画面。

（3）每天坚持进行这个练习，至少5到10分钟。

替代步骤2的选项：

（1）把一只手放在你的胸腹交界处，另一只手移动到你身体上感到疼痛的地方。当你吸气时，想象着能量进入并储存在那里。当你呼气时，想象着能量流向疼痛的地方并刺激它。请继续吸入更多能量，想象随着你每次呼气，这股能量都在驱散疼痛。在你的脑海中想象这个画面。

（2）把一只手放在你的胸腹交界处，另一只手移动到你身体上受伤或感染的地方。当你吸气时，想象着能量进入并储存在那里。当你呼气时，想象着你将能量引导到受影响的地方，刺激它，消除感染或促进愈合。

大多数人都会发现下面的放松练习很有用，且那些患有紧张性或窦性头痛的人通常会觉得特别有益。

交替鼻腔呼吸

在开始时进行 5 组练习，然后逐渐增加到 10 到 25 组。

（1）以舒适的姿势坐下，保持良好的姿势。

（2）将右手的食指和中指放在额头上。

（3）用拇指堵住右鼻孔。

（4）通过左鼻孔缓慢、无声地吸气。

（5）用无名指堵住左鼻孔，同时移开拇指打开右鼻孔。

（6）尽可能充分地通过右鼻孔缓慢、无声地呼气。

（7）通过右鼻孔吸气。

（8）用拇指堵住右鼻孔，打开左鼻孔。

（9）通过左鼻孔呼气。

（10）通过左鼻孔吸气，开始下一个循环。

　　下面这个呼吸训练练习，改编自马西（Masi，1993）的方法，也被称为呼吸再训练。那些患有惊恐障碍或广场恐怖症的人会发现这个方法特别有帮助。当大多数人感到惊恐时，他们往往会突然吸气并屏住呼吸。这会使肺部产生胀满和无法获得足够的空气的感觉，从而导致快速、浅表的胸式呼吸或过度通气，而过度通气可能会导致惊恐发作。呼吸训练提供了一个呼吸计数方法来抵御这一过程。下面是具体的步骤。

呼吸训练

　　（1）先呼气。当你感到紧张或惊慌时，要做的第一件事就是先呼气。这样做可以打开你的肺部，让你觉得有足够的空间来进行深呼吸，不会感到窒息。

　　（2）通过鼻子吸气和呼气。通过鼻子呼气可以放慢呼吸速度，避免过度通气。如果不能通过鼻子来呼吸，那么可以通过嘴巴来呼吸，并在呼气时稍微收紧嘴唇，像是通过吸管慢慢吹气。

　　（3）在学习这个技巧时，背部躺平，一只手放在腹部，另一只手放在胸部。先呼气，然后通过鼻子缓慢、无声地吸气，数"一"……"二"……"三"。稍作停顿，然后通过嘴巴呼气，数"一"……"二"……"三"……"四"。要确保呼气的时间比吸气的时间长。这样可以避免急促、惊慌的呼吸。

　　（4）当你感到步骤3很舒适时，可以进一步放慢呼吸速度。吸气时数"一"……"二"……"三"……"四"；稍作停顿后，通过嘴巴呼气，数"一"……"二"……"三"……"四"……"五"。继续练习这种缓慢、深沉的呼吸，让腹部的手向外推动，而胸部的手几乎没有运动。当你的想法开始游离时，重新将注意力集中在呼吸上。

替换姿势

趴在地上，双手叠放在头下。当你吸气时，继续数"一"……"二"……"三"，当你呼气时，数"一"……"二"……"三"……"四"。就像上面的步骤4一样，通过吸气数到四和呼气数到五的方式来进一步放慢呼吸速度。

你也可以在站立、行走或坐着时进行步骤4。调整你的步伐，使其与缓慢的呼吸速度相匹配。

当有规律的呼吸让你感到舒适和自然时，你可以用"吸气"来代替计数，用"放松"来代替呼气。保持相同的速度，让每次呼气比吸气的时间稍微长一点儿。通过鼻子吸气，通过嘴巴呼气。记得始终先呼气再吸气。

最后的思考

当你每天至少花上20分钟进行一两次呼吸放松练习时，你会发现放松身体、平复心境和应对生活中的压力变得更容易。现在就制订一个计划，在每天的日程中留出时间来做这个练习。此外，记得不时地检查一下自己的呼吸，特别是在感到有压力的时候。如果你发现自己屏住呼吸、呼吸浅或呼吸急促，就有意识地进行几次腹式呼吸。不断地练习，你会发现它对你的身心健康有着积极的影响。

第 4 章

渐进式放松法

The
Relaxation
& Stress
Reduction
Workbook

4

在本章中，你将学会

- 区分紧张的肌肉和放松的肌肉
- 逐步放松全身的肌肉
- 在感到紧张的情况下快速放松身体

背　景

你知道你不可能在压力环境下同时感觉到身体温暖舒适。逐步放松肌肉可以降低脉搏速率、血压，减轻惊吓反应，还能减少出汗和降低呼吸频率。一旦掌握了深层肌肉放松技巧，它就像抗焦虑的药一样好用。

1929年，芝加哥的一位医生埃德蒙·雅各布森（Edmund Jacobson）出版了一本名为《渐进式放松》（*Progressive Relaxation*）的书。他在书中详细介绍了他的深层肌肉放松法，他坚称这种方法无须依赖想象力和意志力。他的方法基于这样一个理论，即因焦虑产生的想法和事件会让身体肌肉紧张，而这种生理上的紧张又进一步加剧了焦虑的感受。深层肌肉放松可以缓解生理紧张，与焦虑相互排斥：如果你习惯了某种反应，就会阻碍另一种反应的形成。

雅各布森最初的渐进式放松法可能需要花费很长时间才能掌握，甚至要花上几年时间，但后来约瑟夫·沃尔普（Joseph Wolpe，1958）对这些步骤进行了简化，引入了一些口头的放松建议。这种简化的学习过程可以在几天或几周内完成。沃尔普将这个简化版的渐进式放松法纳入了他的系统脱敏疗法中，用于治疗恐惧症。他发现，一旦患者能够放松下来，就更能够承受和适应他们害怕的情境并做出积极的应对。

症状缓解效果

渐进式放松法在缓解肌肉紧张、焦虑、抑郁、疲劳、失眠、颈背疼痛、高血压、轻度恐惧症和口吃等方面取得了出色的效果。

掌握所需时间

每天进行两次 15 分钟的练习，通常需要一到两周的时间。

操作说明

很多人都不知道自己的哪些肌肉经常处于紧张状态。当你进行渐进式放松练习时，要把注意力集中在一个具体的肌肉群上，感受那个部位的紧张感。在释放紧张感后，要专注于同一组肌肉中的放松感。你要一步一步地在全身的肌肉群之间移动，不断重复这个过程。通过使用渐进式放松技巧，你会学会识别特定的肌肉群，区分紧张和深度放松的感觉。

你可以躺着或坐在椅子上进行渐进式放松。每个肌肉群要紧绷大约 5 到 7 秒钟，然后放松 20 到 30 秒钟。这些时长只是大致的建议，并不需要严格遵守，至少要重复这个过程一次。如果有某个位置的肌肉难以放松，你可以尝试紧绷和放松它 5 次左右。

当你对这个过程足够熟悉后，闭上眼睛，将注意力集中在一个肌肉群上。

渐进式放松法的操作说明分为两个部分：第一部分介绍了基本的步骤，你可以将其录制下来，在练习时反复听。这样可以让你熟悉哪些肌肉经常感到紧张。如果你录制了这些说明，请确保在紧绷和放松肌肉的时候有足够的时间。第二部分简化了步骤，通过同时紧绷和放松多个肌肉群，让你在很短的时间内达到深层肌肉放松的效果。

肌肉紧张感的三个层次

在进行渐进式放松练习时，肌肉紧张感有三个基本的层次，你可以根据经验选择最令你感到舒适和有效的层次。

（1）主动紧张：主动紧张就是尽可能地紧绷一个特定的肌肉群，但不要弄伤自己。感受一下紧张的感觉，然后松开肌肉，体会同样的部位放松时的感觉。当你紧绷身体的某个部分时，其他部分会相对放松。别忘了做腹式呼吸（在紧绷的时候很容易忘记这个，尤其是在紧绷阶段）。主动紧张是基本放松练习中的一部分；通过夸张地感受紧张感，你可能会发现自己身体中长期感到紧张的地方，那个地方可能会有些酸痛。对于没有受伤并且不是特别紧张的人来说，建议至少在第一次练习渐进式放松法时尝试主动紧张。有些人每次练习渐进式放松法时都喜欢使用这个层次，因为紧绷肌肉会使肌纤维疲劳，释放紧张感后它会感到非常放松和舒适。就像你在排长队时一直拿着沉重的包，当你放下它们后感觉很轻松一样。（注意：最后一句中的"包"是一种比喻，不是字面意思。）

（2）阈值紧张：阈值紧张与主动紧张类似，唯一的区别是它只稍微紧绷特定的肌肉群（仅仅让你能感觉到紧张，肉眼几乎察觉不到）。阈值紧张用于避免身体受伤或感到紧张的区域出现疼痛或损伤。许多人在通过主动紧张熟悉了基本肌肉群后更喜欢使用阈值紧张，因为它需要较少的努力，感觉上也不那么刺激。有些人由于健康问题或极度紧张，在一开始就选择使用阈值紧张。

（3）被动紧张：被动紧张与主动紧张类似，唯一的区别是在紧张阶段，你只需觉察特定肌肉群中存在的任何紧张感。你可以使用本章介绍的基本步骤，并在指令要求"紧绷肌肉"时替换为"觉察你肌肉中的紧张感"。如果你在特定肌肉群中感受不到紧张感，可以使用阈值紧张或简单地觉察那里的感觉。一旦你熟悉了主动紧张和阈值紧张，你可能会倾向于定期使用被动紧张。你会发现，在使用一轮主动紧张或阈值紧张后，使用被动紧张进行渐进式放松可以让你更放松。

语言建议

当你释放紧张感时，对自己说以下的句子可能会有帮助。

- 释放那份紧张感。
- 保持冷静和放松。
- 放松并舒展肌肉。
- 让紧张感消散。
- 越来越放松。
- 越来越深入。

基本步骤

选一个安静的房间，找一个舒服的姿势，确保不会被打扰。你可以松开衣服，脱掉鞋子。先慢慢地深呼吸，放松一下。现在，在身体的其他部分放松的同时，握紧拳头，手腕往后弯曲，越来越紧……感受一下拳头和前臂的紧张感……好，松开……感受一下手和前臂的放松感……对比一下紧张和放松的感觉……（如果时间允许，将这个步骤和接下来的步骤至少重复一次。）现在，弯曲肘关节，紧绷肱二头肌……尽全力紧绷，感受一下紧绷的感觉……然后让手放松下来……感受一下差别……现在，注意你的头部，尽可能紧地皱起额头……感受一下额头和头皮的紧张感……好，然后放松，把它们抚平……想象一下整个额头和头皮变得平滑、休息一下……现在，皱起眉头，感受一下紧张感在额头扩散……然后放松，让眉毛再次舒展……紧闭双眼……越来越紧……然后放松眼睛，让它们轻轻、舒适地闭合……现在，张开嘴巴，感受一下下颌的紧张感……然后放松下颌……放松下颌后，嘴唇会微微张开……感受一下紧张和放松之间的对比……现在，用舌头顶住口腔的上壁，感受一下嘴后部的紧张感……然后放松……现在，把嘴唇紧闭成"O"形……然后放松嘴唇……感受一下额头、头皮、眼睛、下颌、舌头和嘴唇的放松感……越来越放松……

现在慢慢地转头，感受着紧绷的地方随着头的动作而变化……然后慢慢地往另一个方向转动头部。放松，让你的头回到一个舒适的位置并保持直立……现在耸耸肩，把肩膀向上提起……保持住……然后放下肩膀，感受松弛感传遍颈部、喉咙和肩膀……纯粹地放松，越来越深……

现在深吸一口气，把你的肺充满。屏住呼吸，感受那种紧绷的感觉……现在呼气，让你的胸腔放松……继续放松，让呼吸自然流畅而柔和……随着每次呼气，感受紧绷的肌肉逐渐松弛……

接下来，紧绷你的腹部并保持住。感受那种紧绷的感觉……然后放松……现在把手放在你的肚子上。深吸气，感受你的肚子随着空气充盈而推起你的手……保持住……然后放松。感受随着气息流出而带来的放松感……

现在往后挺起你的背，不要用力。尽量让身体的其他部分保持放松。将注意力集中在你腰部的紧张感上……好，现在放松……让紧绷的感觉逐渐退去。

收紧你的臀部和大腿……然后放松，感受其中的区别……很好，伸直并用力收紧你的腿，将脚趾朝下蜷曲。感受那股紧张感……然后放松……再次伸直并用力收紧你的腿，将脚趾朝脸部方向弯曲和放松。

随着你持续缓慢而深长地呼吸，感受舒适的温暖和深度放松带给整个身体的沉重感……你可以通过逐渐放松身体来进一步放松，摆脱最后一丝紧张感。放松你的双脚……放松你的脚踝……放松你的小腿……放松你的胫骨……放松你的膝盖……放松你的大腿……放松你的臀部……让放松感扩散到你的腹部……腰部……胸部……放松更多……感受松弛感在肩膀……胳膊……手中加深。更加深入。注意你的颈部……下颌……脸部……头皮中的松弛感。继续缓慢而深长地呼吸。你的整个身体感到舒适地放松下来，感到平静并得到充分休息。

简化步骤

当你掌握了基本步骤后，可以使用以下简化步骤快速放松肌肉。在这个过程中，整个肌肉群会同时紧绷然后放松。记得每个步骤至少重复一次，紧绷每个肌肉群 5 到 7 秒，然后放松 15 到 30 秒。别忘了觉察、对比紧张和放松的感觉。

（1）握紧双拳，紧绷肱二头肌和前臂肌肉，然后放松。

（2）慢慢将头部转一圈，先顺时针然后逆时针，然后放松。

（3）把脸部的肌肉皱起来，就像个核桃一样——皱起额头，眯起眼睛，张开嘴巴，耸起肩膀，然后放松。

（4）挺起肩膀，深吸一口气，让空气充满胸腔，保持然后放松；再深吸一口气，推出腹部，保持然后放松。

（5）伸直双腿，把脚趾朝脸部弯曲，收紧胫骨肌肉，保持然后放松。伸直双腿，弯曲脚趾，同时收紧小腿、大腿和臀部，然后放松。

特别注意事项

（1）如果你录制了基本步骤来帮助你进行放松练习，请记得在每次紧绷和放松每个肌肉群之前暂停足够长的时间，然后再进行下一个肌肉群的练习。

（2）像所有的放松技巧一样，定期练习渐进式放松法会提高你放松的速度和深度。

（3）当你紧绷颈部和背部时要特别小心，因为过度紧张可能导致肌肉或脊椎损伤。同样地，过度紧绷脚趾或脚部可能导致痉挛。

（4）初次尝试这个技巧的人有时会犯一个错误，那就是缓慢地释放紧张感。这种缓慢的释放压力的动作看起来可能是放松的，但实际上需要保持一定的紧张感。当你放松特定的肌肉时，要立刻放松，让你的肌肉突然变得松弛。

（5）虽然最初你会在一个安静的地方学习渐进式放松法，但最终，你将能够在一天中任何感到紧张的时候使用简化步骤。

第 5 章

冥 想

5

● 冥想的基本技巧

在本章中，你将学会

背　景

　　冥想是有意识地把注意力集中在一件事上的练习。具体是什么事情其实不太重要，不同传统的练习内容不太一样。有些人会反复念一个音节、一个词，或是一组词，可以大声念或默默地念。这就是所谓的念诵冥想。还可以专注于一个固定的物体，比如蜡烛的火焰或一朵花。很多人发现，自己的呼吸的起伏是一个让人觉得放松和合适的焦点。其实你可以将任何东西作为冥想的对象：桌子上的日历，鼻尖，甚至是玛丽姨妈的娘家姓。

　　重要的是要明白，冥想的关键不是简单地把注意力完全集中在一个对象上并清除其他想法，而是试图达到专注的状态。因为我们的头脑在本质上是不愿意保持专注的。各种各样的想法都会出现，它们会干扰冥想的过程。一个典型的冥想过程可能会像下面这样（在这个例子中，冥想者选择了不停地数到三）：

　　　一……二……这还挺简单的……一……二……三……一……我竟然没什么杂念……哦，我又有个念头了……又来了一个……二……我的鼻子痒了……一……我在想，能挠一下吗……唉，又冒出个念头。我要更努力一点……

一……二……三……一……二……我刚才对自己太苛刻了。
其实不该这样……一……二……三……一……我饿了……
不知道晚上要做什么吃……一……二……三……我的想法
太多了……我永远都做不好……一……二……现在别评判
了……一……二……三……一……

　　每次这位冥想者意识到自己的注意力跑到其他想法上了，他就选
择重新把注意力拉回到最初的观察对象上。通过不断重复这个瞬间，
也就是觉察到注意力不集中并把注意力拉回的瞬间，随着时间的推
移，你会有一些惊人的发现。

- 当你的心在专注于其他对象[⊖]而非担忧、恐惧或憎恨等情绪
  时，你就不会体验到这些情绪。
- 不是脑海中冒出的所有想法都值得思考，你可以选择你想要
  思考哪些想法。
- 你大脑中看似杂乱无章的内容实际上可以归纳为几个简单的
  类别：抱怨、恐惧、愤怒、渴望、计划、回忆等。
- 你的某些特定行为方式是因为多年来你的某些特定想法形成
  了惯性。一旦你意识到了它们，这些习惯性的想法和认知模
  式对你的影响会逐渐减弱。
- 除了你脑海中的思维和图像外，情绪实际上完全是你身体里
  的生理感觉。
- 在面对情绪时，如果你把注意力放在身体的感觉上而不是因
  情绪而产生的想法上，哪怕最强烈的情绪也会变得可控。

　⊖　此处指上文提到的呼吸、念诵的词或者数字等对象。——译者注

- 想法和情绪都不是永恒存在的，它们会进入和离开你的身心，不留下任何痕迹。

- 当你清晰地觉察到现在正在发生的事情并如其所是地对其保持开放时，你在生活中的情绪起伏就不会那么极端了。你会以平和的心态来过日子。

1968 年，哈佛大学医学院的赫伯特·本森博士和他的同事决定对冥想进行实验。他们测试了一些参加超觉静坐冥想的志愿者，想看看冥想是否真的可以减少压力带来的生理影响。本森博士经过科学验证，证实在冥想过程中观察到了以下生理效应。

（1）心跳和呼吸速率变慢。

（2）氧气消耗量减少了 20%。

（3）血乳酸水平下降（该水平会在压力大和疲劳时上升）。

（4）皮肤对电流的电阻（一种放松的迹象）增加了四倍。

（5）脑电图记录的脑电波模式显示 α 波活动增加，这也是放松的一个迹象。

本森（1997）继续证明，只要具备以下四个因素，任何冥想练习都可以产生这些生理变化。

（1）相对安静的环境。

（2）提供持续刺激的心理工具。

（3）舒适的姿势。

（4）放松的心态。

规律地进行冥想后，你会感到更加专注和平静，能更好地在当下做出新的选择，而不容易陷入挣扎和自动化的反应之中。

症状缓解效果

冥想在治疗和预防高血压、心脏病、偏头痛以及糖尿病和关节炎等自身免疫性疾病方面取得了成功。它在减少强迫思维、焦虑、抑郁和敌意方面也被证明是有帮助的。

日积月累

你练习冥想越多，收获就会越大。你的放松程度会加深，注意力会更加集中。你会变得更擅长活在当下。所以，规律地冥想是非常重要的。

操作说明

下面的内容涉及冥想的一些重要方面：正确的姿势很重要，要让自己集中注意力，并且安排一定的冥想时间。

调整你的姿势

（1）从下面选一个你感觉舒服的姿势：

● 坐在椅子上，膝盖自然分开，双腿不交叉，双手放在膝盖上。
● 在地板上盘腿坐着。如果在臀部下面放个垫子，就让两个膝盖接触地面，这样会更舒适和稳定。

● 跪在地上，大脚趾相碰，脚后跟向外，臀部靠在脚掌上。如果在双脚和臀部之间放个坐垫，让臀部在坐垫上休息，你就可以保持这个姿势更长的时间（日本式）。

（2）背部挺直（但不要太僵硬），让头部的重量自然地落在脊柱上，微收下巴，腰背部保持自然的生理曲度。

（3）轻轻地左右晃动一下，然后前后晃动一下，让上半身找到平衡。

（4）闭上嘴巴，用鼻子呼吸，舌抵口腔的上壁。

调整你的姿势

裁缝式坐姿　　　　　日本式坐姿（跪坐）

守住核心

"守住核心"意味着无论你有多么强烈的情绪，都要有意识地保持内心的平静，就像风暴眼一样。下面这三个步骤可以帮你"守住核心"。

扎根

闭上眼睛，专注于你的身体与垫子或椅子接触的地方，觉察那里的感觉。然后，觉察你的身体各个部位之间的接触：你的手交叉了吗？腿交叉了吗？觉察那些接触面的感觉。最后，留意你的身体是如何填充周围的空间的。它占据了很大的空间还是很小的空间？能感受到身体和空间之间的边界吗？觉察那里的感觉。

呼吸

闭上眼睛，深吸几口气，留意你的呼吸是什么样子的：是快还是慢？深还是浅？觉察你的呼吸停在身体的哪里。是在胸部上方吗？还是在腹部中间？还是在下腹部？试着让呼吸在不同的区域之间流动。先往胸部上方吸气，然后到上腹部，最后到下腹部。感受下腹部在随着吸气而膨胀，随着呼气而收缩。留意胸部上方和上腹部看起来几乎是静止的。这种放松的呼吸方式是进行冥想最舒适的姿势。不过，如果你发现很难做腹式深呼吸，别担心，随着你越来越多地练习冥想，呼吸会自然而然地放松下来。

保持"轻松无为"的态度

在冥想过程中保持一种"轻松无为"的态度可能是让人们能够放松下来的最重要因素。要意识到，特别是作为初学者，你会有很多想法，而专注的时刻相对较少。这是很自然的，也是可以预料的。要明白你的想法并不是"干扰"，而是冥想的一个组成部分。如果没有想法产生，你就无法培养放下它们的能力。

"轻松无为"的态度包括不过分关注是否在正确地做事情，是否实现了任何目标，以及这种冥想是否适合你。请以这样的态度坐着：我要花时间安住于此，只是静静地坐着，不管发生什么，都是应该发生的。

关于时间的一点说明

总的来说，无论冥想的时间有多长，都比不冥想的时候要更放松。在你刚开始练习时，只要感觉舒适，就可以继续冥想，即使每天只冥想 5 分钟。如果感觉你在强迫自己坐着，你可能会对冥想练习产生厌恶。随着你在练习中不断进步，冥想会变得更容易，你会发现自己想要延长冥想的时间。就放松而言，每天进行一两次 20 到 30 分钟的冥想就足够了。

练习

下面的冥想练习可以分成四种类型：

- 第一类是三种基础冥想。每一种你都可以尝试练习几次，然后选你最喜欢的。规律地进行该练习，至少每天一次。
- 第二类包括几个正念练习。你并不是非得独自坐在安静的地方去集中注意力和培育正念。这些练习可以在任何地方进行，它们有助于你在一天中应对压力时让身体放松。
- 第三类是帮助你学会应对疼痛或不适的正念技巧。在现实生活中，你经常会遇到一些轻微的疼痛、烦恼或失望，这些都可能让你变得紧张。通过在冥想时练习对这些小烦恼保持放松，在你有更大的烦恼时，你就能更好地处理了。

- 第四类教你如何放下让你难以放松的令人困扰的想法和感受，因为你的心总是执着于之前的想法或情绪。

类型一：三种基础冥想

念诵冥想

念诵冥想是世界各地最常见的冥想形式之一。在开始冥想之前，选择一个你喜欢的字、词或音节：可以是一个对你来说有特殊意义的词，或者是一个让你感到愉悦的无意义音节。本森推荐使用单词"one"，而许多冥想者更喜欢使用"om"。

（1）找到一个舒适的姿势，"守住核心"，深呼吸几次。

（2）在心中反复默念你选择的这个字、词或音节。当你的注意力不集中时，觉察到它，然后将注意力带回到你念诵的字、词或音节上。如果你觉察到身体有任何感觉，留意它们，然后回来继续重复念诵。不要强迫自己，在反复念诵的过程中让你念诵的字、词或音节找到它自己的节奏。

（3）如果有机会，你可以尝试大声念诵。让声音充满你的身体，同时放松自己。觉察一下，此时你感受到的身体感觉是否与默念时不同。哪种方式更令你放松？

（4）记住，练习冥想要保持觉知。你可能会发现，重复念诵很容易变得机械化，尤其在默念时更是如此。在这种情况下，你可能会感觉内心有一个声音在反复念诵，而你实际上已经迷失在想法之中或即将进入睡眠状态。试着对每个音节的每次重复都保持觉知。

坐姿冥想

开始冥想最简单的方法就是专注于你的呼吸。

（1）选个舒服的坐姿。

（2）把注意力放在呼吸的起伏上。就像海浪一样，呼吸总是存在的。你可以关注吸气和呼气，感受气息进入你的鼻子或嘴巴，或者感受气息充满你的肺部和膈肌。

（3）当注意力不集中时，温柔地将注意力拉回到呼吸上。让呼吸成为你和当下的纽带。

（4）如果你的注意力被想法拉走了，简单地留意并承认想法的存在。

（5）处理想法的一种方法是给它们起个名字。比如，如果你发现自己在担心，就默默地对自己说："担心，担心，有担心的想法。"你可以给任何想法（比如规划、回忆、渴望、思考等）命名。以同样的方式处理各种想法：给它们命名，然后放下它们。这样做可以帮助你停止将自己"认同为想法"⊖，学会放下，创造更多空间与平和感。

这种冥想过程通常需要 20 到 30 分钟的时间。随着练习的深入，你会发现自己能更轻松地专注于呼吸，并更容易放下想法。

呼吸计数冥想

还有一种坐姿冥想方法，就是数呼吸。随着呼吸的轻柔进出，你会感受到平和与宁静。

⊖ 此处意为经由为想法命名，可以发现"自己"是主体，"想法"是客体，自己和想法之间是分开的、相互独立的，这本身对于练习者意义重大。——译者注

（1）找到一个舒适的坐姿，"守住核心"。进行几次深呼吸。你可以闭上眼睛，也可以盯着地板前方约四英尺（约 1.2 米）远的某个点，眼神可以涣散或者聚焦。

（2）尝试用腹部进行深呼吸，不过不要强迫自己。在这个过程中，专注于呼吸的每个阶段：吸气、转折点（从吸气转为呼气的时刻）、呼气、停顿（呼气和吸气之间的间歇）、转折点（开始吸气的时刻）、吸气等。特别留意停顿时身体的感受，觉察呼吸之间的间隙身体有什么感觉。

（3）呼气时，数"一"。继续数每次呼气："二……三……四。"然后再从一开始。如果忘记数或者数乱了，就重新开始。

（4）如果你发现自己的注意力跑到了想法上，注意到这点，然后轻轻地把注意力重新集中在数呼吸上。

（5）如果身体上的某个感觉吸引了你的注意，专注于这个感觉直到它减弱。然后再把注意力拉回到吸气、呼气和数呼吸上。

类型二：正念和当下的觉知

很多压力都是因为我们总是思考过去或担忧未来。当你活在当下，全神贯注地专注于眼前正在做的事情时，根本没有精力去想其他事情，比如后悔、担心被拒绝、失败，或者其他可能让你感到有压力的事情。

在冥想的时候，你的注意力要集中在冥想的对象上，可以是呼吸时的吸气、呼气，或者是用来平复心境的口头禅。如果有关于过去或未来的想法、渴望或厌恶等浮现出来，你只需要觉察到它们，然后轻轻地将注意力拉回到当下。这种专注于此时此刻的练习可以让你的身心进入一种放松的状态。

正念冥想是一种可以带来深度放松和洞见的冥想形式。它可以让你培养一种与眼前所发生的一切保持和谐的方式，不管它们是纠缠不休的想法、令你不舒服的情绪、外界的压力还是身体上的不适。通过对当下内在体验的完全敞开，而不是抗拒或避开它们，你可以培养一种深度接纳的态度，并且更加彻底地休憩于当下。在正念练习的初期，通常可以通过专注于呼吸来培养当下的觉知。初始练习也可以包括专注于声音、感受或身体感觉。第 2 章的身体扫描练习，或者像瑜伽或太极这样的正念运动，也能帮助你培育正念。

无论你的注意力集中在什么上面，在冥想过程中都要用一种温和、不带评判、接纳的态度去面对所发生的一切。你对你留意到的事物所编织的故事以及对事物真实样子的反应会给你带来痛苦或不适。简单地觉察你在冥想时注意力的去向，不带评判地放下让你走神的想法，并让注意力回到你选择的关注对象上。如果你发现自己编了一个故事，比如，"哦，我的左膝真的很痛，它永远不会停止，会越来越糟……"，只需觉察到这个想法或故事，然后回到呼吸上，不要被想法的内容所困扰，整个冥想期间都要持续这个过程。这种冥想方式实际上是在训练你以类似的方式面对生活中的压力源，无论是内在的还是外在的。当你遇到压力源时，在陷入导致痛苦的习惯性反应之前，你要守住自己的核心，呼吸，暂停，并对如何回应做出新的选择，比如那些能让你更加积极地思考、更放松、有更多洞见、更加健康、与他人有更多联结、更加有爱的选择。

正念进食冥想

你每天都吃饭，但你在吃的时候有多少次真正地注意到了自己正在吃什么呢？通常你是和别人一起吃饭吗？还是在电视前，或者在看书的时候吃饭？你通常能在 10 分钟甚至更短的时间内吃完一顿三菜一汤的饭吗？

下面是有意识的进食冥想。请在一个不太可能有人过来和你一起吃饭的地方尝试一下。我们以一块奶酪三明治为例。

（1）坐下来，面对着食物，深呼吸几次。注意食物的颜色、形状和质地。它对你有吸引力吗？你是不是忍不住想要狼吞虎咽？无论你有何感受，都觉察到它。

（2）觉察你要开始吃的意图，用手慢慢地拿起三明治。在这个过程中，可以在心里默默地说："伸手……伸手……伸手。"通过给自己的行动贴上标签，你更有可能保持觉知。在拿起三明治时，注意到你正在"拿……拿……拿"。

（3）观察你的手将三明治靠近嘴巴的过程。当它靠近嘴巴时，停下来闻一闻食物的气味。你能辨认出哪些气味？能闻到蛋黄酱的气味吗？你的身体对这个气味有何反应？有没有分泌口水？觉察身体对食物的渴望。

（4）在咬下第一口时，感受牙齿切入面包的感觉。当第一口食物进入嘴巴后，食物最早在嘴巴里哪个位置？舌头是如何把食物放在牙齿中间的？慢慢开始咀嚼。你的牙齿有什么感觉？舌头有什么感觉？咀嚼时舌头是怎么动的？你尝到了什么味道？是番茄味还是奶酪味？你的舌头的哪个部位感受到了味道？你的手在哪儿？你把手放回到桌子上了吗？如果是的话，你有觉察到这一动作吗？

（5）在吞咽时，留意食道肌肉收缩、放松并将食物推到胃里的感觉。在你吞咽后，食物在哪儿？你能感受到胃部的感觉吗？你的胃在哪儿？它是空的、饱的还是处于半饥半饱的状态？

（6）继续吃三明治，尽可能觉察更多的感受。如果有帮助的话，可以默默给每个动作贴上标签。试着用平时不常用的手来吃，因为不熟练的感觉可能可以提醒你保持专注。就像基础冥想一样，当有想法冒出来时，觉察到它们，然后让注意力回到食物上。

行走冥想

在日常生活中，大多数人每天都会行走数英里[⊖]，这使得行走成为练习正念的好机会。与坐姿冥想专注于呼吸的方式类似，行走冥想需要将注意力集中在行走的动作上。你可以在室内或室外进行行走冥想。

（1）站起来，放松腹部肌肉。进行几次深呼吸，感受每次呼吸时腹部的膨胀和收缩。开始行走。在练习中，试着保持放松的姿势继续留意呼吸。在行走时，心里默念"吸气"和"呼气"。

（2）在每次吸气和呼气时，尽量安排一只脚着地，不过不要强求。现在看看在每次吸气和呼气时，走多少步对你来说更自然。

（3）像所有的冥想一样，当大脑中的想法或画面打扰你的专注时，在心里标记一下，然后让注意力回到行走和呼吸上。

（4）注意行走的感觉。专注于你的脚和小腿。当你抬起和放下腿时，请觉察哪些肌肉会收缩，哪些会放松。你的脚的哪个部位先触地？请觉察你身体的重心是如何从一只脚转移到另

　⊖　1英里≈1.6千米。

一只脚上的。你的膝盖在弯曲和伸直时有什么感觉？顺便说一下，请留意地面。它的质地如何？是硬的还是软的？注意任何裂缝或石头。在草地上行走的感觉与在人行道上行走的感觉有何不同？留意你的想法，放下它们，回到你对当下的细节的觉知中。

另一种练习行走冥想的方式是在走路时按照呼吸节奏数步数。如果你在每次吸气和呼气时走三步，请在心里默念"吸气……二……三。呼气……二……三。吸气……二……三……"等。你的吸气和呼气可能会有长短不一的情况，所以可能需要配合更多或更少的步数。或者你的步数可能会在每次呼吸间有所变化。专注观察，在需要时根据呼吸的进程调整走路的步伐即可。

观察冥想

你可以在开会、坐公交车或在等待时偷偷进行一种冥想练习——凝视某个东西。这个练习非常隐秘，可以在任何地方进行。

（1）请找一个你视线范围内的物体，做几次深呼吸，同时专注地盯着它。让它吸引你的注意力，就像周围只有这一个物体一样。尽量不要评判你所看到的，也不需要对其有任何想法。试着只是纯粹地观察。当有想法冒出来时，觉察到它们，然后重新把注意力拉回到物体上。

（2）试着用不同类型的物体来练习这个方法。以下是一些建议。

● 具体物体——有具体的大小和形状的物体，它通常是静止的。

- 自然物体——比如云、沙子、一堆干树叶、大海等。
- 大型物体——任何大而平整的表面，比如墙壁或者有精细图案的地毯。
- 移动的物体——人群、繁忙街道上的车辆等。对于这类物体，不需要跟随个别物体移动你的目光，只需要将目光集中在某一个地方，让移动的物体在你的视野中经过。

当你试着持续专注于某个简单的活动时，这就可以成为一种冥想练习。另一个很好的正念练习是选择一个你每天都做的活动，最好是一个简短的活动，然后专注于你在该活动中的每一个动作和感觉。如果有帮助的话，可以使用之前在正念进食冥想中讨论过的心理标记方法。

你可以在刮胡子、刷牙、洗碗、叠衣服或除草时练习专注。当有想法出现时，觉察到它们，然后重新把注意力拉回到你正在做的事情上。在进行这项活动时，使用你不常用的那只手（不过在刮胡子时你可能不想这样做）往往是有帮助的。由此产生的不便会不断提醒你要专注于自己正在做的事情。

类型三：应对身体疼痛或不适的正念技巧

大家都知道，当我们感到疼痛、烦躁或身体不舒服时，我们常常会试图抵抗、回避这种感觉，就像在身边筑起一道坚固的墙壁。然而，你越是抵抗疼痛，它就会越痛；而它越痛，你就越会试图抵抗它。这种恶性循环只会让我们越陷越深，很难从中脱身。

其实，我们可以用另一种方式来处理疼痛，那就是学会"软化"它。首先，我们要承认疼痛的存在，并试着全心全意地去感受它，无论是身体上还是心理上的感受。在体验不适的身体感觉时，你可以像一位照顾自己的友好的护士一样，握紧自己的手，告诉自己没事，然后充满关怀地与自己安坐在一起。

在面对疼痛时，试着有意识地放松紧绷的肌肉，专注于疼痛本身，不要给它加上更多的紧绷感。

"软化"还意味着我们要学会忽略那些关于疼痛有多可怕，我们必须移动、想要挠痒、无法忍受等的想法。"软化"就像你在一块泥土中找到一颗小珍珠；就像移开蜡烛火焰前的屏障，这样你就能看得更清楚；就像给大块冻肉解冻，这样你就能取出骨头；就像清除窗户外面的污垢，这样你就能更清楚地看到里面的东西。

现在，我将介绍一个小练习，你可以在基本的冥想练习中加入一些小小的不适感。通过在一个安全的环境中体验小小的不适感，你能够开始理解"软化"的过程。

不要动

（1）先找个舒服的姿势，"守住核心"。深呼吸几次。

（2）然后跟自己约定，在接下来的一段时间里不要动。开始基础的冥想练习。

（3）片刻之后，你可能会发现自己在不知不觉地转动头或在座位上晃来晃去。没关系，觉察到这些动作，继续冥想。慢慢地你就能觉察到你想要活动某个部位的意图。

（4）一旦你能够觉察到自己想要动的意图，试着集中注意力，看看你具体想做什么动作。是想在椅子上扭来扭去吗？还是伸展一下背部肌肉？也许你有点痒，或者有只蚂蚁爬过你的脚。试着准确地辨认出那种不舒服的感觉。记住，不要动。

（5）当你专注于不适感时，试着"软化"这种感觉。如果肌肉收紧了，试着放松它们。经常检查一下这些肌肉，因为它们不会一直保持放松的状态。你的呼吸在哪里？是在胸部吗？如果是的话，试着让它下沉到腹部。专注于那种不舒服的感觉。那里的感觉是什么样的？与那种感觉在一起待一会儿。

（6）时间到了，根据你的意愿慢慢地调整坐姿。专注于感觉。你立刻感到轻松了吗？还是缓慢地感到轻松？你的身体感觉变好的方式是怎样的？有没有紧绷感？如果有的话，释放掉它。

任何令人不适的声音或感觉都可以成为冥想的焦点。专注于身体的轻微疼痛或是割草机的声音、狗叫声，可以教会你如何应对生活中的不适。一旦意识到这一点，你就可以开始学习如何"软化"这种不适。

类型四：放下想法

这个练习在许多文化中以不同的形式广泛地存在着。在这个练习中，你只是作为旁观者一个接一个地观察你的想法、感受、看法，不必过多地关注它们的意义或彼此之间的关系。这样可以让你看清自己的内心世界，然后放下它们。

顺其自然

（1）找个舒适的姿势，"守住核心"。深呼吸几次。

（2）闭上眼睛，想象自己坐在一个深水池的底部。每当你有想法、感受或看法时，把它看作一个气泡，让它冒出水面然后消失。在它消失后，等待下一个出现，然后重复这个过程。不要去思考气泡里的内容，只是观察它。有时同一个气泡可能会冒出多次，几个气泡之间可能有关联，或者有的气泡可能是空的。没关系，不要纠结于这些想法。只是看着它们从你的"内心之眼"前面经过。

（3）如果你对想象自己在水下感到不舒服，可以想象自己坐在河边，看着一片叶子缓缓漂过。把你的想法、感受或看法想象成这片叶子，然后让它漂走，任其离开你的视线范围。继续注视河流，等待下一片叶子漂过。或者，如果你喜欢，可以想象你的想法像从篝火中冒出的烟雾一样升腾。

特别注意事项

（1）并不是在冥想过程中感觉到放松才能获得真正的放松。在冥想时，你的脑海中可能会涌现出许多的想法，让你非常不安宁。但当你结束冥想睁开眼睛时，你会发现自己比冥想前更放松。

（2）随着冥想的深入，过去隐藏的痛苦可能从潜意识中涌现出来。如果你发现在冥想时突然感到愤怒、沮丧或害怕，试着温柔地让自己去体验这些感受，不要抗拒，并放下试图理解这些感受的冲动。如果需要，你可以与朋友、咨询师或冥想导师交谈。

（3）你可能听到过或读到过进行冥想的理想条件，比如只在安静的地方冥想，只在用餐后 2 个小时进行冥想，或者只采取可以让你舒舒服服地坚持 20 分钟的冥想姿势等。是的，这些是理想的条件，但生活很少是完全理想的。如果周围并不是绝对安静，或者你唯一可以冥想的时间是刚用完午餐时，不要因为这些小障碍而放弃冥想。如果吃饱后的打嗝声或其他噪声让你感到特别困扰，只需把这些烦人的感觉当成冥想对象即可。

（4）如果你每天都坚持冥想，你可能会发现在某些时候自己并不想冥想。别期望随着练习的进行，你对冥想的渴望会持续增强。如果你感到灰心，就对自己温柔一点，尝试寻找创造性的方式让冥想更舒适。相信这些沮丧期会随着时间自然而然地消散。以下两个方法可以帮助你保持冥想的习惯：选择一个固定的时间进行冥想，并像对待其他约会一样认真对待冥想练习；找一个冥想小组一起冥想，其价值非常大。

（5）冥想练习可以让你在生活中更加专注、更有洞察力，并拥有焕然一新的感觉。请将冥想及它带来的所有好处作为礼物送给自己。

The
Relaxation
& Stress
Reduction
Workbook

6

第 6 章

视觉化

在本章中，你将学会

- 用你的想象力来让自己放松
- 应对与压力相关的问题
- 在你的脑海中创造一个安全和放松的场所

背　景

你可以通过一种极其强大的力量——你的想象力，来显著减轻压力。在 19 世纪末，法国药剂师埃米尔·库埃（Emil Coué）推广了将积极思维用于治疗身体疾病的方法。他相信想象力的力量远远超过意志力。意志力很难使自己进入放松状态，但你可以想象放松状态在身体中扩散，可以在脑海中想象自己置身于一个安全而美丽的庇护所中。库埃断言：你的所有想法都会成为现实——你就是你认为的模样。例如，如果你有悲伤的想法，你就会感到不快乐；如果你有焦虑的想法，你就会变得紧张。

为了克服不快乐或紧张的感觉，你可以将注意力转移到积极有益的形象上。当你预感自己将变得孤独和悲惨时，你的预感很可能会成真，因为你的消极想法会反映在你的孤立行为中。如果一个女人预感自己在老板对她大喊时会胃痛，她的想法就很可能会以生理症状的形式出现。库埃发现，当你把注意力集中在这些问题上时，纤维瘤、结核病、出血和便秘等器质性疾病往往会恶化。他建议他的患者在每天早上醒来时至少大声说 20 遍著名的谚语"每一天，在各方面我都变得越来越好"。

库埃还鼓励他的患者在睡前采取一个舒适、放松的姿势，然后闭上眼睛，放松全身的肌肉。当他们在半睡半醒的状态中开始打盹时，他建议他们在脑海中加入期望，例如"明天我会放松"。库埃认为这是一种联结你的意识和无意识的方式，可以让你的无意识的愿望成真。

在 20 世纪，卡尔·荣格（Carl Jung）使用了一种他称之为"主动想象"的疗愈方式。他告诉患者们在冥想时不要有具体的目标或计划，只需观察和体验脑海中出现的形象，不加其他干扰。后来，如果愿意的话，患者甚至可以与这些形象进行对话。荣格利用主动想象帮助人们发现内心世界的丰富性，并学会在感到有压力时从中获得疗愈的力量。之后，一些荣格派和格式塔派的心理治疗师们开发出了一些利用直觉和想象力减轻压力的技巧。

如今，在美国的癌症和疼痛中心，视觉化已经成为一种研究方法。斯蒂芬妮·马修斯（Stephanie Matthews）和 O. 卡尔·西蒙顿（O. Carl Simonton）是最早在癌症患者中使用视觉化的先驱。他们在 1978 年出版了一本名为《再次康复》（*Getting Well Again*）的书。另外还有两位应用视觉化的科学家、治疗师和作家，他们是珍妮·阿赫特贝格（Jeanne Achterberg）（1985 年出版了《疗愈中的意象》（*Imagery in Healing*））和康涅狄格州的外科医生、耶鲁大学教授伯尼·S. 西格尔（Bernie S. Siegel）（1986 年出版了《关爱·治疗·奇迹》（*Love, Medicine, and Miracles*））。

症状缓解效果

视觉化在治疗许多与压力相关的身体疾病和症状方面非常有效，

比如头痛、痉挛、长期疼痛，以及普通的焦虑或特定情况下的紧张感。视觉化还可以帮助患者进行术前准备，提高化疗效果，增强运动员比赛时的专注力，还能提升人们整体的幸福感。

掌握所需时间

用视觉化缓解症状可以立竿见影，也可能需要坚持练习几周才能看到效果。

操作说明

视觉化的类型

其实每个人都会进行视觉化，比如幻想、回忆和自我对话，都是视觉化的方式。你可以有意识地运用这种能力，让它对自己和生活产生积极的影响。视觉化就是你有意识地创造一种心理感知形象，目的是让身体得到放松，缓解压力。有三种类型的视觉化：接受性视觉化、预设视觉化和引导视觉化。

1. 接受性视觉化

使用这种类型的视觉化，你会放松身心，清空想法，先描绘出一个场景，然后提出一个问题，并等待回应。例如，你可以想象自己在海滩上，海风轻抚着你的皮肤，你能听到海浪的声音，闻到海水的味道。然后你可以问自己：为什么我不能放松？答案可能会在你的意识中浮现，比如，"因为我不能对别人说不"，或者"因为我不能摆脱丈夫的抑郁情绪"。

2. 预设视觉化

创造一个画面，其中包括视觉、味觉、听觉和嗅觉等各种感官体验。然后，想象一个你想实现的目标或加速康复的愈合过程。比如，哈丽特在开始跑步时使用了预设视觉化，在她的第一场比赛中，她每天都会想象自己在赛道上比赛。她能感受到爬坡时的压力、跑了几英里[○]后的疲惫感以及冲刺到终点的那一刻的感受。最终，她在那场比赛中创造了她所在年龄组的州纪录，至今仍是纪录保持者。

3. 引导视觉化

同样地，详细地想象你所处的情境，但省略掉一些关键元素，然后等待你的潜意识或内在向导提供拼图中缺失的部分。简想象自己到了一个她喜欢的且令她放松的特别场所，她构建了与那个地方相关的气味、味道、声音、触感和景象。那是一片她曾经与女童子军一起参观过的森林空地。她看到自己黄昏时分在篝火上烤棉花糖（那里没有蚊子）。她想象了她喜欢的女童子军领袖，并询问她如何放松。有时候，女童子军领袖会提起她以前喜欢的歌曲，并告诉简在感到紧张时唱这些歌。有时她会提起简以前开过的玩笑和曾经开心的时光，告诉简要多笑一笑。女童子军领袖经常给简一个拥抱，提醒简她被爱着，并告诉她要去寻找这种爱的肯定。

　○　1 英里≈1.6 千米。

有效视觉化的规则

（1）松开衣服，找个安静的地方躺下，慢慢闭上眼睛。

（2）扫描身体，看看哪些地方有紧绷的肌肉，尽量放松那些肌肉。

（3）开始创造画面，让所有感官体验都参与进来，包括视觉、听觉、嗅觉、触觉和味觉。比如，想象自己置身于一片翠绿的森林中，有美丽的树木、明亮的蓝天和蓬松的白云；然后在画面中加入声音：树叶在风中沙沙作响，潺潺的水流声、鸟儿的叫声等；想象自己可以听到脚下松针被踩踏的声音；还要感受脚底踩在地面上的感觉，闻一闻松树的香气，尝一尝青草的味道或者山泉水的味道。

（4）使用肯定语句来肯定自己能够放松。重复一些简短、积极的陈述，肯定你现在能够放松。使用现在时态，并避免使用否定词，比如不要用"我不紧张"，而是使用积极的陈述，比如"我正在释放紧张感"。以下是一些肯定语句的例子："紧张感正在从我的身体中流走。我可以随意放松。我的生活很和谐。我的内心很平和。"

（5）每天进行三次视觉化练习。视觉化练习在早上和晚上躺在床上时最容易进行。经过一些练习后，你将能够在等待就医的时候、在加油站、在开始家长会之前，甚至在税务局的审计期间进行视觉化。

基本的紧张和放松练习

眼部放松（掌心遮眼法）

将手掌直接放在闭着的眼睛上方，遮住所有的光线，但不要给眼睑带来过多的压力。试着只让自己看到黑色，你可能会看到其他颜色或图像，但只专注于黑色。使用一个具体的形象来记住黑色（如黑色毛发、房间里的黑色物体）。

以这种方式继续练习两到三分钟，思考并专注于黑色。放下双手，缓慢地睁开眼睛，逐渐适应光线。感受控制眼睛开闭的肌肉的放松感。

隐喻画面

躺下，闭上眼睛，放松身体。想象一个让人紧张的画面，然后用一个令人放松的形象取而代之。最好使用自己想象的形象，但为了帮助你入门，以下是一些可供参考的例子。

- 红色
- 粉笔在黑板上发出的尖锐的摩擦声
- 一根绷紧的电缆
- 夜晚警报器的尖叫声
- 探照灯的刺眼光芒
- 氨水刺鼻的气味
- 黑暗隧道的封闭感
- 手持钻孔机的轰鸣声

在视觉化过程中，这些让人紧张的画面可以变得柔和、扩展和消退，创造出放松和和谐的感觉。

- 红色可以褪变为淡蓝色。
- 粉笔可以碎成粉末。
- 电缆可以变松。
- 警报声可能会变成一记轻柔的长笛声。
- 探照灯的光可能会渐渐暗淡，变成柔和的玫瑰色光芒。
- 氨水的气味可能会变柔和，变成像柠檬或玫瑰的香味。

- 黑暗的隧道可能会通向一个明亮、空气清新的海滩。
- 轰鸣的钻孔机可以变成按摩师，正在按摩、揉捏你的肌肉。

当你扫描身体时，将紧张的形象应用于紧张的肌肉，再把它转化成放松的画面。例如，如果你的颈部感到紧张，你可以想象一个紧固的虎钳。想象着虎钳打开，同时说出一句肯定的话，比如"放松"或者"我可以随意放松"。

最后通过重复肯定语句来结束练习。针对具体的紧张感说出你的肯定话语，观察你的紧张感发生了什么变化。

打造你的特别场所

在打造你的特别场所时，你将为自己创造一个放松和安全的避风港，这个地方可以在室内也可以在室外。在设计你的场所时，请遵循以下几个原则。

- 拥有进入场所的私人通道。
- 让它宁静、舒适和充满安全感。
- 让它充满感官的细节，创建一个中间区域、前景和背景。
- 留出足够的空间，以便内在向导或其他人可以与你舒适地待在一起。
- 这个特别场所可以位于通向池塘的小径的尽头。你的脚边长满了青草，池塘距特别场所大约 30 米远，远处是山脉。在这个阴凉的地方，你能感受到空气的凉爽；一只知更鸟在歌唱，阳光照亮了池塘；金银花的馥郁气味吸引着蜜蜂在甘甜的花蜜上飞舞。

你的特别场所也可能是一个清洁明亮的厨房，烤箱里正在烘烤肉桂面包卷。透过厨房的窗户，你可以看到一片黄色的麦田，窗口的风铃在微风中轻轻摇动；桌子上放着一杯茶，这是给你的客人准备的。

尝试录制这个练习并播放录音，或者请一位朋友为你慢慢地朗读。

去你的特别场所，躺下来，让自己完全放松。闭上眼睛……慢慢地在你的脑海中走向一个宁静的地方……这个地方可以在室内也可以在室外……它必须是宁静和安全的……想象自己把焦虑和担心都卸了下来……留意远处的景色……你闻到了什么？你听到了什么？注意眼前的事物……伸手去触摸它……感受一下它的触感……闻一闻它……听一听它……调整温度，让自己感到舒适……在这里是安全的……四处看看，找一个特别的地方，一个只属于你的地方……找到通往这个地方的路径……用脚感受着地面……抬头看上方……你看到了什么？你听到了什么？你闻到了什么？沿着这条路走下去，直到你能进入你自己的宁静、舒适、安全的地方。

你已经来到了你的特别场所……你脚下是什么？感觉如何？走几步……你在头顶上方看到了什么？你听到了什么？还有其他声音吗？伸手去触摸一样东西……它的质感如何？附近有钢笔、纸张或绘画用的颜料吗？还是有沙子可以用来画画，有黏土可以用来创作？去那些东西面前，摸摸它们，闻一闻它们。这些是你的特殊工具，或者是你的内在向导向你展示思想或感情的工具……尽可能往远处看……你看到了什么？你听到了什么？你闻到了什么香味？在你的特别场所坐下或躺下……留意它的气味、声音、景象……这是你的地方，没有任何事物能够伤害你……如果有危险存在，把它赶走……花 3 到 5 分钟让自己意识到你是放松的、安全的和舒适的。

记住这个地方的气味、味道、景象、声音……你可以随时回到这里来进行放松……通过同样的路径或入口离开……留意地面，触摸附近的物体……往远处看，并欣赏美景……提醒自己你可以随时进入这个你创造的特别场所。说出肯定的话语，比如"我可以在这里放松"或"这是我的特别场所，我可以随时来这里"。

现在睁开眼睛，花几秒钟享受你的放松状态。

找到你的内在向导

你的内在向导就像是一个虚构的人或动物，可以给你指导和建议。它是你与内在智慧和潜意识沟通的桥梁，你可以在需要的时候随时在你的特别场所与它相会。

也许你已经有了一个内在向导，可能是你已故的父母或其他精神寄托。如果是这样，邀请他进入你的特别场所，让他向你展示如何放松。

在开始练习之前，先把整段话读一遍，或者把它录下来，或者让朋友慢慢地朗读给你听。

放松下来，沿着路径前往你的特别场所，就像你之前一直做的那样。邀请一个内在向导来到你的场所。等待。观察向导来时的路径。注意到远处的一个小点。等待。观察你的向导的接近。倾听脚步声。你能闻到向导的香气吗？当你的向导逐渐形成和清晰起来时，如果你感到不安全，就将其送走。等待其他向导，直到找到一个你喜欢的，即使他的出现可能让你感到惊讶或奇怪。

当你的向导感到舒适时，开始向其提问。等待回答。你的向导的回答可以是笑声、格言、感觉、梦境、皱眉或轻声咕噜。询问你的向导："我如何能够放松？是什么导致了我的紧张？"当你的向导回答时，你可能会对其简单而清晰的答案感到惊讶。

在你的向导离开你之前或者之后，立刻对自己说出肯定的话语。用简单的肯定话语"我可以在这里放松"或"我可以随意放松"来肯定你自己进行放松的能力。

每天进行这个练习，至少持续七天。到了第七天，你可能就能找到一个向导并得到一些答复。

有一个学生失去了母亲和家园，父亲无法照顾他，他将他的母亲作为内心的向导。当来自生活中的和来自同龄人的压力让他感到不堪重负时，他会去找她来让自己放松和寻求指导。母亲话不多，但仅仅是她的存在，不管她的表情是赞许的还是不赞许的，通常都足以使他平静下来。

另一个人的向导可以通过清空她当下的想法而让她产生放松的效果。这个向导很少说话，但她的行动和沉默指引着对方。

每个人的内在向导都是不一样的，并会以其独特的方式给予指导。

聆听音乐

聆听音乐是最常见的放松方式之一。然而，每个人对音乐都有自己的理解和感受。因此，当你想通过聆听音乐来放松时，选择那些让你感到平静和舒缓的音乐非常重要。如果可能的话，制作或购买一段持续半小时的放松音乐，你可以每天播放它，或在决定使用音乐来放松时播放它。请注意，重复播放那些在过去帮助你放松的音乐，会给你带来积极的联想，未来可能会对你有益处。

为了充分享受音乐时光，请找到半小时的独处时间。播放你选择的音乐，找一个舒适的姿势，闭上眼睛。用心扫描你的身体，注意那些感到紧张、疼痛和放松的区域。在专注于音乐时，注意你的情绪。每当一个无关的想法进入你的脑海时，觉察到它，然后将其丢弃，记住你专注于音乐和放松的目标。说出一句肯定的话语，比如"放松"或"音乐使我放松"。当音乐结束时，让你的想法再次扫描你的身体，并觉察它的感觉。在你开始听音乐之前和之后，你的身体的感觉有所不同吗？你的情绪有任何变化吗？

特别注意事项

（1）如果你在感官接收方面有困难，可以先从你最敏感的感官开始练习，其他感官会随着时间的推移变得更灵敏。

（2）经常练习，每天至少三次。要有耐心，这需要时间。

（3）如果自己录音不起作用，可以使用随书附赠的录音。

（4）别忘了笑。笑声通过内部按摩来减轻你的情绪紧张和身体紧张。笑声可以刺激身体的循环系统、呼吸系统、心血管系统和神经系统。当由笑声产生的内部痉挛消退时，压力的释放可以减少肌肉的紧张感并给人一种幸福感。在诺曼·卡曾斯（Norman Cousins）的《疾病解剖》（*Anatomy of an Illness*）（2005）一书中，他描述了如何通过笑声克服一种罕见而痛苦的疾病。笑声可以让你将注意力从对自己和对眼前的情况的关注中转移出来，为你提供必要的距离，帮助你对那些你可能过于认真对待的情况有更全面的看法。

视觉化可以帮助你放松，帮助你专注于当下和清晰地认识生活。经常练习它将增加你的幸福感。

第 7 章

应用松弛练习

The
Relaxation
& Stress
Reduction
Workbook

7

在本章中，你将学会

- 在紧张的情况下快速放松

背　景

应用松弛练习结合了多种经过验证的放松技巧，包括本书中介绍过的一些技巧。这种方法见效快且效果强大，能在不到 1 分钟的时间帮你消除压力带来的影响。由于这个训练是渐进的，你会在几个星期的时间里逐渐增加新的练习要点，同时逐渐摒弃已经成为习惯的练习要点。最终，你将能够在 20 到 30 秒的时间内得到深度放松，迅速平复身心，应对压力。

这个方法是瑞典医生奥斯特（L.G. Öst）在 20 世纪 80 年代末开发的。奥斯特与恐惧症患者合作，这些患者需要迅速可靠的方法来克服恐惧情境下的焦虑。除了发现这种技巧可以治疗患有重度恐惧症的患者外，奥斯特还意识到应用松弛练习在各种生活情境下都对人们有帮助，无论是日常的争吵和挫折，还是夜晚的失眠。

总体上，这个训练先通过教你一种身体放松过程来进行放松，然后你会逐步进入一种条件反射式的放松反应，最后学会按指令放松。你会逐渐从在放松的环境中练习过渡到在真实的生活情境中应用这种技巧。

症状缓解效果

虽然应用松弛练习最初用于治疗恐惧症患者，但它在其他领域也有广泛的应用，这些领域包括惊恐障碍、广泛性焦虑障碍、头痛（紧张型、偏头痛和混合型）、背部和关节疼痛、儿童和成人的癫痫以及耳鸣等。在临床实践中，应用松弛练习还被证实对入睡障碍、心脏神经症（过度担心可能发生心脏病并通常需要医生的多次保证）以及因接受化疗而引起恶心的癌症患者有益（Öst, 1987）。奥斯特发现几乎每个人都可以学会应用松弛练习，并且在他的研究中有90%至95%的患者从练习中受益。

掌握所需时间

在完成应用松弛练习的一两次练习后，你会注意到一些放松效果。请记住这是一个循序渐进的过程。练习的每个新阶段都将帮助你更快、更深层次地进行放松，直到你能在不到1分钟的时间内自由地放松，切记不要急于求成。在进行下一步之前，你需要掌握此前的练习的每个步骤。给自己1到2周的时间，每天进行两次练习，以便学会每个步骤。

如果这听起来很耗费时间，要记住，你的练习可以成为一天中最令你神清气爽的部分。

从为耳鸣患者提供为期2周的快速课程，到为惊恐障碍患者提供为期14周的住院计划，应用松弛练习的临床应用范围广泛（Öst, 1987）。在通常情况下，中等时长的练习更为常见；预计花费5到8

周的时间你就可以完成整个练习。

操作说明

应用松弛练习的学习包括五个独立的阶段。每个阶段都是基于前一个阶段构建起来的，所以请确保按照下文中列出的顺序完成所有五个阶段的练习。

1. 渐进性肌肉放松

渐进性肌肉放松练习将帮助你认识到主要肌肉群紧张和放松之间的区别。尽管听起来不可思议，但这些区别很容易被忽视。一旦你真正感受到紧张肌肉和深度放松肌肉之间的差异，你就能够识别出你长期存在问题的部位，并有意识地摆脱其中的紧张感。在你放松肌肉之后，你还能够使它们达到更深层次的放松状态，而如果你一开始没有让肌肉紧绷，就无法达到这个效果。请按照第 4 章的"基本步骤"中的指示进行操作。给自己一到两周的时间来掌握这个技巧，每天进行两次 15 分钟的练习。你的目标应该是在一个 15 到 20 分钟的练习中放松整个身体。

2. 只是放松

现在你已经感受到每个肌肉群紧张和放松的差别，已经准备好进入应用松弛练习的下一阶段了。顾名思义，只是放松阶段的练习省略了渐进性肌肉放松练习的第一步：紧绷肌肉。这意味着你可以把每个肌肉群达到深度放松所需的时间缩短一半（或更多）。

通过练习，你会发现只需集中注意力就足以让肌肉释放紧张感，无须先紧绷它们。要掌握这个技巧，就需要你能够分辨紧张肌肉和深度放松肌肉之间的区别。在开始下面的只是放松练习之前，确保你已经熟悉了渐进性肌肉放松练习。

（1）坐在一个舒适的椅子上，双臂放在身体两侧，稍微调整一下，直到你感觉舒适为止。

（2）开始专注于你的呼吸。深深地吸气，感受纯净的空气填满你的胃、下胸部和上胸部。在坐得更直挺的同时，稍微屏住呼吸片刻……然后缓慢地通过嘴巴呼气，感受所有的紧张感和烦恼随着气流飘散而去。在完全将空气呼出后，放松你的胃和胸部。继续深呼吸，保持平静，均匀地呼吸，注意到每次呼气都让你更加放松。

（3）现在放松你的额头，抚平所有的皱纹。保持深呼吸……现在放松你的眉毛。让所有的紧张感都"融化"，一直"融化"到你的下巴。让一切都离开。现在分开你的嘴唇，放松你的舌头。深呼吸，放松你的喉咙。注意到现在你的整个脸部感到多么平静和松弛。

（4）轻轻转动你的头，感受你的脖子得到放松。放松你的肩膀，让它们完全地松弛下来。你的脖子是松弛的，你的肩膀沉重而低垂。现在让放松的感觉传遍你的手臂直到指尖。你的手臂沉重而松弛。你的嘴唇仍然张开，因为你的下巴也放松了。

（5）深呼吸，感受你的胃在膨胀，然后是胸腔。稍作停顿，然后通过嘴巴缓慢、平稳地呼气。

（6）让放松的感觉传遍你的胃部。感受你腹部的所有肌肉在释放紧张感并恢复自然状态。放松你的腰部和背部。继续深呼吸。注意到上半身的松弛感和沉重感。

（7）现在放松下半身。感受臀部沉入椅子中。放松大腿，放松膝盖。感受放松的感觉通过小腿传递到脚踝、到脚底，一直延伸到脚趾尖。你的双脚放在你面前的地板上，感到温暖而沉重。每次呼吸都感到更放松。

（8）现在，在继续呼吸的同时，扫描一下身体是否有紧张感。你的腿已经放松了。你的背部已经放松了。你的肩膀和手臂已经放松了。你的脸已经放松了。只有平和、温暖和放松的感觉。

（9）如果有任何肌肉让你感到难以放松，那么现在把注意力转向它。是你的背部吗？你的肩膀？你的大腿？还是你的下颌？专注于那块肌肉，现在绷紧它。让它变得更加紧绷然后放松。感受它与你的身体一同进入深度的放松状态。

只是放松练习的步骤似乎比渐进性肌肉放松练习的更简单，但实际上它所涉及的任务要稍微复杂一些。要确保你专注于的每一部分肌肉都能彻底排除紧张感。当你把注意力转向不同的肌肉时，不要让紧张感悄然回来。在进行了一轮只是放松练习后，当你站起来时，你至少应该感到和进行一轮渐进性肌肉放松练习后一样放松。

当然，你也不希望通过一套严格的指导来强迫自己进步，从而给自己造成压力。让身体放松，而不是强迫它。如果你在某个具体步骤上遇到困难，深呼吸并再试一次，或者跳过它。让负面的、批判性的想法随着每次呼吸飘走，保持平和感。

给自己 1 到 2 个星期的时间，每天进行两次练习，来掌握只是放松技巧。当你可以在一次 5 到 7 分钟的练习中放松整个身体时，你就可以进入第三个阶段了。

3. 指令控制放松

　　指令控制放松练习将进一步减少你放松所需的时间，在大多数情况下仅需 2 到 3 分钟。在这个阶段，你将专注于呼吸，并通过告诉自己放松来建立条件反射。这些指导将帮助你在某种提示（例如"放松"这个指令）和真正的肌肉放松之间建立联系。在开始指令控制放松练习之前，请确保你已经熟悉了第二阶段的只是放松练习。

　　（1）在椅子上找到一个舒适的坐姿，双臂放在大腿上，双脚平放在地面上。深呼吸并稍作停顿。专注于将一天的烦恼远远地吹散，同时以平稳的气流从口中呼出空气。随着你感受到胃部和胸部的放松，将空气从肺中完全呼出。

　　（2）现在开始运用只是放松技巧，从额头一直放松到脚趾，使自己完全放松。看看你是否能在 30 秒内完全放松自己。如果你需要更多时间也没关系。

　　（3）现在你感到平静和自在。你的胃部和胸部随着缓慢、均匀的呼吸而起伏。随着每一次呼吸，放松的感觉逐步加深。

　　（4）继续深呼吸并保持规律。在吸气时对自己说："吸气。"在呼气时对自己说："放松。"

　　吸气……放松……

　　吸气……放松……

　　吸气……放松……

　　吸气……放松……

吸气……放松……

感受每一次呼吸带来的平静，让焦虑和紧张感随气流飘散。

（5）现在继续这样练习几分钟，当你呼吸时，对自己默念这些词语：吸气、放松。把全部注意力集中在脑海中的这些词语和呼吸过程上。随着每一次呼吸，感受肌肉越来越深度地放松了。让"放松"这个词把其他想法挤出你的脑海。如果可以的话，闭上眼睛以提高你的专注力。

（6）现在继续在呼吸时默念这些词语。

吸气……放松……

吸气……放松……

吸气……放松……

吸气……放松……

吸气……放松……

（7）继续呼吸，在内心默念这些词语，再坚持几分钟。现在，感受每一次呼吸带来的平和与宁静，让焦虑和紧张感随气流飘散。

（8）如果有时间，在休息 10 到 15 分钟后，重复整个指令控制放松练习的过程。

像之前的练习一样，每天早晚都练习指令控制放松技巧。

4. 快速放松

快速放松练习可以让你在 30 秒内达到放松的状态。能够迅速放松意味着你在紧张的情况下能真正地缓解压力。建议你在不同的情境和心境下多次练习快速放松技巧。

在进行快速放松练习时，你要选择一个特别的放松信号。选一个你每天都会看到的东西，比如手表、你常常看的时钟或者你经过走廊时所看到的照片。如果可以的话，你可以在练习这个技巧时在你的特别放松信号上贴一块彩色胶带。

当你准备好开始时，看着你的特别放松信号。深呼吸并放松。深呼吸并放松。继续看着信号并想着"放松"。深呼吸并放松。你深深而均匀地呼吸，每次呼气时都继续想着"放松"。让放松的感觉扩散到全身。扫描你的身体是否有紧张感，尽量放松当前所有不需要进行活动的紧张的肌肉。

在一天中每当看到你的特别放松信号时，请按照以下三个简单的步骤进行快速放松练习。

（1）深呼吸两到三次，通过嘴巴慢慢呼气。

（2）每次呼气时想着"放松"，同时继续深呼吸。

（3）扫描你的身体是否有任何紧张感。注意那些需要放松的肌肉，并尽量释放它们的紧张感。

每天尽量在自然的、无压力的情况下使用放松信号进行十五次快速放松。这将帮助你养成检查自己是否有紧张感，并在一天中随时重新回到深度放松状态的习惯。在练习几天后，你可以考虑改变放松信号上的彩色胶带的颜色，甚至完全换一个新的放松信号。这样可以让放松的概念在你脑海中保持新鲜。最后，试试在一两个特别紧张的时刻运用快速放松技巧来让自己冷静下来。（虽然应用松弛练习的最后阶段将帮助你进一步提升这个能力，但是尽早让自己接触到在紧急情况下进行放松的概念是个好主意。）

当你感到快速放松很舒适，并能够在一天中多次在 20 到 30 秒的时间内达到深度放松的状态时，你就准备好进入应用松弛练习的最后阶段了。

5. 应用放松

应用放松意味着在面对引发焦虑的情况时能迅速放松。你将使用在快速放松练习中学习过的技巧，在你注意到压力反应开始出现时就开始进行深呼吸。

如果你不确定自己身体的压力警告信号，比如呼吸急促、出汗或心率增加，可以参考第 2 章中的身体扫描练习。你能够越早识别出伴随压力而来的生理信号，就越能有效地在压力反应累积之前加以干预。

一旦你注意到压力的迹象，比如喘不过气、感觉心跳加速或感到一阵热流，请立即进行以下三个步骤。

（1）进行两到三次深呼吸。

（2）继续深呼吸，同时用冷静的语言对自己说：

"吸气……放松……"

"吸气……放松……"

"吸气……放松……"

如果你愿意，你只需在每次呼气时默默地对自己说"放松"即可。

（3）扫描身体是否有紧张感，集中注意力放松那些你不需要继续活动的肌肉。例如，如果你坐在电脑前，你可以有意识地放松身体的下半部分、整个腹部和头部的大部分肌肉。为了能够看屏幕和使用键盘，眼部、背部、颈部、肩部、胸部、手臂和手部的肌肉可能需要保持一定的紧张感。

在开始练习前，你可以先做一些剧烈运动，比如跑上一段楼梯或者做一些弹跳动作，来感受一下你的压力反应。当你感到自信时，试着想象一些压力情境，比如与配偶吵架或与上司发生不愉快的争吵。（第 6 章提供了一些想法和练习，以帮助你培养视觉化技巧。）当你在现实生活中遇到压力情况时，尝试运用应用放松练习的三个步骤。花一点时间整理自己的情绪，记住这三个步骤，然后立即付诸实践。只有你自己需要知道你在做什么，而你和你身边的人都会从你应对当前危机的冷静表现中受益。

对自己要有耐心。应用放松是一项技巧，通过不断地练习你会逐渐提高自己的能力。要注意，在第一次尝试使用应用放松技巧来应对极度紧张的情况时，你可能不会立即感到完全放松。要观察你所取得的进步。大多数人通过相对少量的练习就能够阻止焦虑的加剧。从那一刻开始，你只需迈出几步，就能真正减轻焦虑，取而代之的是一种平静感和掌控感。

特别注意事项

如果你按部就班地按应用放松的每个步骤练习，现在你应该掌握了将身体带入深度和完全放松状态所需的控制力。

就像学习其他技巧一样，你需要定期练习应用放松技巧来让自己保持最佳状态。至少每天扫描一次身体看它是否有紧张感，然后集中注意力使用快速放松技巧来消除那种紧张感。无论你在做什么，你都可以让自己变得平静并得到深度放松。

　　如果有时你的焦虑似乎没有得到缓解，或者你担心自己已经忘记了曾经掌握的技巧，别忘了挫折是常有的事。没有任何治疗方法能够永久消除焦虑和压力。把挫折看作是练习应用放松技巧的机会。在其他时候，享受你已经达到的深度放松的感觉。提醒自己，无论何时需要，你都可以让自己重新回到那种深度放松的状态。

　　你可能会发现制作一段录音来引导你完成本章中的练习会很有帮助。录音能帮助你集中注意力放松身体，并且可以让你在练习过程中闭上眼睛。在制作录音时，按照练习的每个步骤的说明慢慢地进行讲解，不要急匆匆地完成整个录制过程。

　　另一种学习应用放松技巧的方法是按照随书附赠的《应用松弛练习》的音频进行练习。

第 8 章

自我催眠

The
Relaxation
& Stress
Reduction
Workbook

8

在本章中，你将学会

- 使用自我暗示来实现深度放松和积极变化
- 对抗压力和与压力相关的疾病
- 缓解特定问题，例如失眠

背 景

催眠这个词源自希腊语中的"睡眠"一词。从某种程度上说，催眠和睡眠相似：意识变得模糊，伴随着怠惰和被动的状态。催眠让人感到非常放松。但与睡眠不同的是，在催眠过程中你并不会完全失去意识。在催眠状态下，你能够对周围发生的事情做出反应。虽然在催眠时通常会闭上眼睛以帮助集中注意力和提升想象力，但催眠也可以睁着眼睛进行。

催眠能够让你将想法和想象当作真实的经历。在催眠状态下，你暂时会自愿地放下怀疑，就像你沉浸在一个引人入胜的幻想中或戏剧中一样。比如说，当你观看电影中激烈的追逐场景时，你的大脑和身体会以多种方式做出反应——肌肉绷紧、胃里翻江倒海、心跳加速，你会感到兴奋或害怕，就好像你实际上参与了追逐一样。在催眠期间，脑电图（EEG）中所记录的脑电波图案与被催眠者想象实际活动（比如参与追逐、在海滩上放松、演奏乐器等）时的脑电波图案相似。

也许你认为自己从来没有经历过催眠，但事实上，你对催眠并不陌生。当你专注于某个非常吸引你的事物时，往往会在没有任何正式引导的情况下进入催眠状态。比如说，白日梦就是一种催眠状态。在长途驾车时你也很容易进入催眠状态（而且通常导致对旅程中某些部分的遗忘）。在努力记住购物清单、回忆过去的事件的顺序或者看电视时感受到强烈情绪（比如恐惧）时，你可能已经多次进入一种轻度催眠状态。

在本章中，你将学会如何运用自我催眠来体验自己选择的积极想法和想象，以达到放松和减轻压力的目的。学习自我催眠是快速又安全的，目前没有报道称自我催眠会造成任何伤害。因为催眠是你对自己的想法和想象的体验，所以只有在你积极主动且自愿参与的情况下才能进行催眠（即使是在其他人的引导下进行催眠诱导时也是如此）。你可以根据自己的特定需求来延长、缩短或修改本章中的任何催眠练习。

症状缓解效果

自我催眠在治疗失眠、轻度慢性疼痛、头痛、神经性抽动和震颤、慢性肌肉紧张以及轻度焦虑等症状方面具有临床疗效。对于慢性疲劳，自我催眠是一种被广泛认可的治疗方法。你还可以考虑在任何需要通过积极的语言和想象来改善主观体验的情况（例如，与焦虑相关的心跳加速、手心出汗、胃部绞痛等）下使用自我催眠。

禁忌证

不适合进行催眠的人群包括由于器质性脑综合征或精神病而出现定向障碍的人、严重智力低下的人以及妄想症患者或过度警觉的人。

掌握所需时间

显著的放松效果可在两天内实现。如果要精通自我催眠技巧，建议每天练习一次基本的催眠诱导，持续一周。然后根据个人目标调整基本的催眠诱导的练习内容，并添加具体的催眠暗示。练习这个修改后的催眠诱导，直到你不再需要练习，因为你已经掌握了这项技能。

操作说明

暗示的力量

进行自我催眠的第一步是认识到暗示的力量。下面是两个简单的练习，它们可以展示暗示的力量。

姿势摇摆

（1）站起来，闭上眼睛，想象你右手拿着一个行李箱。

（2）想象越来越重的行李箱压在你的右边，把你往那边拉。

（3）在两三分钟后，睁开眼睛，看看你的姿势有没有变化。

（4）再次闭上眼睛，想象北风吹向你，把你往后推，感受那阵阵狂风。注意你的重心是否因为你的想象而转移。

姿势暗示

（1）将双臂伸直，与肩膀平齐。闭上眼睛，想象一个重物被绑在你的右臂上，而你的右臂努力支撑着它。

（2）想象第二个重物，然后是第三个。感受你的臂膀随着重物的增加而变得越来越沉重，越来越沉重。

（3）现在想象一个装满氦气的巨大气球被绑在你的左臂上，它把你的左臂向上拉……越来越高……越来越高。

（4）睁开眼睛，注意你双臂的相对位置。

大多数尝试这两个练习的人都会注意到，他们的身体至少会有些微小的移动。如果你没有注意到任何移动，可以多练几次这些练习。如果你连最微小的移动都没有注意到，可能催眠并不适合你。

个性化自我诱导

进行自我催眠的第二步是学会如何写自己的催眠诱导脚本。下面的建议会给你提供一个基本的自我诱导概要，你可以根据自己的风格和目的进行调整和修改。

姿势

如果可能，坐在一个躺椅上或者一个舒适的高背椅上，要对手臂、手、颈部和头部有支撑。选择一个舒适的姿势，把脚平放在地板上，腿和手臂不要交叉，稍微松开你的衣服。如果需要的话，可以摘掉（隐形）眼镜。

时间

至少预留 30 分钟的时间来完成这个练习，确保练习过程不会被打断。

关键词或短语

选一个与你的问题相反的事物，作为你进行催眠时的目标和关键词。比如，如果你在公开演讲前感到焦虑，那么你的目标和关键短

语可以是"冷静下来"或者"现在放松"。当你闭上眼睛，想象自己
的特别场所时，可以慢慢重复这个关键短语，让它与深度放松联系起
来。在催眠过程中，当你感受到在自己的特别场所时，一个有意义的
关键词或短语可能会自然而然地浮现出来。通过足够多的练习，这个
关键词或短语就足以快速诱导催眠。

呼吸

在闭上眼睛后，深吸几口气。深深地吸气，让气息一直流到腹
部，同时感受呼气时身体逐渐放松的感觉。

肌肉放松

请按照顺序放松你的腿部、手臂、脸部、颈部、肩膀、胸部和腹
部。在放松腿部和手臂时，使用的关键短语是"越来越重、越来越松
弛"。在放松额头和脸颊时，使用的关键短语是"顺滑放松，释放紧
张感"。在放松下巴时，使用的关键短语是"松弛放松"。颈部也要
"松弛放松"。肩膀是"松弛下垂"。通过深呼吸放松胸部、腹部和背
部。在呼气时，使用关键短语"平静放松"。

通向特别场所的楼梯和路径

你将数着每一步走下去，走向那个宁静的地方，一步一步你会变
得越来越放松。从十数到零，慢慢倒数。每一个数字都代表着往下走
一步。想象着每说出一个数字、每迈出一步都会让你感到更深度的放
松。你可以从十到零倒数一次、两次，甚至三次。每一次完整的倒数
都会加深你的放松状态。

你的特别场所

你的特别场所可以是任何让你感到安全和平静的地方，比如草
地、海滩或者你的卧室。当你到达特别场所时，你会环顾四周，注意
到它的形状和颜色。你会聆听那里的声音，闻到那里的香气。你还会

注意到那里的温度以及你的身体在那里的感受。

在尝试进行第一次自我诱导之前，先进行想象自己在特别场所的练习。确保你的想象细致而生动。如果你在海滩上，确保你能听到海浪拍打的声音，听到浪花退去时的嘶嘶声。看到头顶上的海鸥，听到它们的鸣叫声。感受咸咸的海风，太阳温暖地照射在身上，以及沙子在脚底的触感。尽量让所有感官体验（包括视觉、听觉、味觉、嗅觉和触觉）都参与场景的构建。

加深催眠状态

用不同的组合方式重复以下四个关键暗示，直到你感到深度的平静和放松。

（1）飘浮得越来越深、越来越深

（2）感到越来越昏昏欲睡、平静和宁静

（3）飘浮和昏昏欲睡，昏昏欲睡和飘浮

（4）飘浮下去、下去，完全放松下去

催眠后暗示

当你在特别场所待了一段时间后，你可能希望给自己一些催眠后暗示。在本章的后面部分，"催眠暗示"和"练习编写催眠暗示的实践"中提供了一些建议，让你知道如何编写催眠后暗示。

结束催眠

当你需要结束催眠时，你可以从一数到十。在数数时，告诉自己你正在变得"越来越警觉、精神焕发和清醒"。当你数到九时，告诉自己你的眼睛正在睁开。当你说出数字十时，告诉自己你很警觉并已完全清醒。

以下是成功进行自我诱导的关键点总结。

（1）至少留出 20 分钟的时间以进入和加深催眠状态。

（2）别担心成功与否或自己的表现。随着实践的增加，催眠会变得更容易。

（3）给自己放松肌肉和深呼吸的时间。

（4）使用有说服力的指令，比如"我的手臂越来越沉重"。

（5）在自我诱导时使用形容词，如"昏昏欲睡""平静"或"舒适"。

（6）把每句话重复多次，直到暗示开始生效。

（7）使用富有创意的意象。例如，为了感受到沉重感，想象你的腿像铅管一样。为了感受到轻盈感，想象充满氦气的气球把你的手臂往上拉，或者想象自己飘浮在云上。

基础自我诱导脚本

进行自我催眠的第三步是录制基础脚本，并在进行初始诱导时播放。当你大声朗读诱导脚本时，请使用单调的语调，保持节奏缓慢而单调。请一个字接一个字地发音，保持均匀的节奏，并在每个句子之间有短暂的停顿。慢慢地、不带太多语调地讲话，可以帮助你的想法飘移，增加你的放松和暗示能力。在使用这个诱导脚本进行一些实践后，你将准备好写下你自己个性化的诱导脚本。

坐在一个舒适的地方，双臂和双腿不要交叉。让你的目光温柔地聚焦在你面前的一个点上……深深地、放松地吸一口气，一直吸到你的腹部……再慢慢地、深深地、放松地吸一口气……再来一口……虽然你的眼睛有些累了，但还是让它们睁开并保持再稍微久一点的时间，再深深地吸一口气……再来一口……你的眼睛变得越来越沉重……当你闭上眼睛时，请对自己说 [你的关键词或短语]。

现在你可以开始放松身体的肌肉。让你的腿放松下来……让你的腿感到沉重……越来越沉重，因为它们在放松。当你的腿放松下来时，它们变得越来越沉重……越来越放松。你的腿越来越沉重，它们释放了最后一点肌肉紧张感……你的腿越来越沉重、越来越放松……越来越沉重、越来越放松。你的手臂也越来越沉重……越来越沉重，因为它们释放了最后一点肌肉紧张感。你可以感觉到重力在将它们往下拉……你感觉到你的手臂变得越来越沉重，放松程度越来越深。你的手臂在放松……放松……放松的同时，变得越来越沉重……放松程度越来越深。你的手臂和腿感到沉重，沉重而放松……你的手臂和腿感到完全放松，它们释放了最后一点肌肉紧张感……越来越沉重，越来越放松。

你的面部也开始放松。你的额头变得平滑和放松。当你的额头变得越来越平滑和放松时，它释放了紧张感……你的脸颊也变得放松，平滑和放松。你的脸颊放松下来，释放了紧张感……你的额头和脸颊完全放松……平滑和放松……现在你的下巴也开始放松……感觉越来越松弛和放松。当你的下巴的放松程度越来越深时，你感受到肌肉的放松……你的嘴唇开始分开……你的下巴变得越来越松弛和放松。

现在你的颈部和肩膀可以开始放松。你的颈部松弛而放松……你的肩膀放松下垂……感受着你的颈部和肩膀的

放松程度变得越来越深……如此松弛和放松……现在，深
深地进行一次呼吸，当你呼气时，让放松感蔓延到你的胸
部、腹部和背部……再深深地进行一次呼吸，当你呼气时，
感受自己变得平静和放松……平静和放松。再深深地进行
一次呼吸……当你呼气时，感受到你的胸部、腹部和背部
变得平静和放松……平静和放松。感受着自己越来越深地
飘浮……越来越深……越来越昏昏欲睡、平静和平和。飘
浮和昏昏欲睡……昏昏欲睡和飘浮……飘浮下去，深入到
完全放松的状态……飘浮得越来越深……越来越深。

现在是时候去你的特别场所了……一个安全和平静的
地方。你可以走下楼梯到达你的特别场所，或者沿着一条
小路走下去，每走一步，你可以从十数到零……并且随着
每一步你的放松程度变得越来越深。经过十步，你就会到
达那里……当你朝着特别场所前进时，感受到平静和安全。
现在，随着每一步，你变得越来越放松。十……九……
八……七……六……五……四……三……二……一……零。

[如果你想重复这个倒数过程两次甚至三次来加深催
眠，那完全没问题。]

现在看到你的特别场所的形状和颜色……听到它的声
音……感受你的特别场所的感觉……闻到你的特别场所的
气味。看到它……听到它……感受它……闻到它……在你
的特别场所你可以感到安全和平静、安全和平静……

感受着自己越来越深地飘浮……越来越深……越来越
昏昏欲睡、平静和平和。你感到昏昏欲睡和飘浮、飘浮和
昏昏欲睡……飘浮下去，深入到完全放松的状态。你如此

放松、平静和平和。

[停顿一下，在你的特别场所放松一段时间。]

现在你知道你可以……

[在磁带上留出一个空白的位置，用于录制你想要使用的任何催眠后暗示。给自己足够的时间重复暗示至少三次。]

现在，当你准备好了，是时候回来了……回到现实，感受警觉、焕然一新和完全清醒的感觉。开始回来吧：一……二……三……四……越来越警觉和清醒……五……六……七……越来越警觉和清醒……八……九……开始睁开你的眼睛……十……警觉、焕然一新和完全清醒。警觉、焕然一新和完全清醒。

简化诱导

进行自我催眠可供选择的第四步是学习使用简化的诱导技巧。这是一些简便的技巧，可以在 30 秒到 2 分钟内诱导催眠状态。以下是一些例子。

摆锤下降法 准备一个摆锤，用一根十英寸⊖长的粗线将其与一个物体（如回形针、钢笔或戒指）系在一起。用你的主导手握住线，让摆锤悬挂在地面上方。向你的潜意识征求进入 2 分钟催眠状态的允许。如果答案是肯定的，你的眼睛会想要闭上。当你的眼睛闭上时，想象一个烛光的画面。深呼吸几次，让自己进入更深层次的放松。告诉自己，在你进入催眠状态后，你的手会放松并让摆锤下降。从十到

⊖　1 英寸≈0.3 米。

零慢慢倒数。

肯定重复法 一遍又一遍地想着"是"这个念头，同时专注于想象中的烛光。在继续想着"是"的同时，请沿着楼梯或沿着小路进入你的特别场所。

眼睛注视法 眼睛注视在稍高于正常视线的点上，随着周围视野变窄，眼睛失去焦点。闭上眼睛，并伴随着一种昏昏欲睡的感觉。为了增加昏昏欲睡的感觉，将你的眼睛朝上翻动两三次。

关键词或短语 深沉而缓慢地呼吸，重复你在自我诱导脚本中使用的关键词或短语。当你说出这个词或短语时，闭上你的眼睛并进入催眠状态。

在相对熟练地掌握了自我催眠技巧之后，这些简化方法非常有用。始终记住，在诱导结束时，暗示自己将清醒过来并感到焕然一新。

下面的练习在放松方面非常有效。请记住以下步骤。在完成这个练习后，你可以利用随之而来的宁静感进入催眠状态。

五指练习

（1）用你的大拇指触碰食指。在这个过程中，回想起一个你的身体感到疲劳的时刻，比如，游泳、打网球、慢跑或进行其他消耗体力的运动后的感觉。

（2）用你的大拇指触碰中指。在这个过程中，回想起一个你体验到爱的时刻。你可以选择回忆一个温暖的拥抱或一次亲密的对话。

（3）用你的大拇指触碰无名指。在这个过程中，回忆起你曾经收到过的最好的赞美。现在尽量真正地接受它。通过接受它，你展示了你对说这些话的人的高度敬意。当你这样做时，你真的在回赠给这个人一份赞美。

（4）用你的大拇指触碰小指。在这个过程中，回想起你曾经去过的最美丽的地方。在那里停留一会儿。

这个五指练习用时不到 10 分钟，但它会给你带来更多的活力、内心的平静和自尊。你可以在任何感到紧张的时候进行这个练习。

催眠暗示

进行自我催眠的第五个实用步骤是学习如何给自己创建积极的改变暗示。为了获得最好的效果，请在你处于放松和接纳的心态下时对自己说这些暗示，比如在基本的自我诱导过程中，当你在你的特别场所时，或者你可能发现你更喜欢在诱导过程中穿插暗示。

记住，自我暗示是影响你主观体验的想法和想象。以下是一些在创建自我暗示时要记住的规则。

自我暗示在以下情况下最有效。

（1）直截了当。告诉自己："我会感到平静、自信和有掌控感。"

（2）积极向上。避免使用消极的措辞，比如："今晚我不会感到疲倦。"

（3）宽容自己。试着说"今晚我可以感到放松和焕然一新"，而不是"我会感到放松和焕然一新"。不过，有些人对命令式的措辞反应更好。你可以尝试两种方式，看哪种方法对你最有效。

（4）关注即将到来的未来，而不是现在。比如："马上我就会产生困意。"

（5）至少重复三次。

（6）使用视觉画面。如果你试图克服疲劳的感觉，想象自己像脚下有弹簧般地蹦蹦跳跳，想象自己健康又快乐的样子。

（7）用情感或感受来强化效果。如果你想戒烟，想象一下第一支烟的味道有多糟糕，或者想想你在吸烟时肺部不舒服的灼烧感。如果你试图提高第一次约会时的自信心，想象一下你希望获得的亲密感和归属感是什么样的。

（8）不要使用"尝试"这个词。因为"尝试"暗示了怀疑和可能失败。

（9）在控制不愉快的情绪或令人痛苦的身体症状时，一开始要夸张一些。在开始时，暗示负面情绪或症状会变得更加强烈。你可以说："我的愤怒越来越大。我可以感受到血液在我的血管中涌动。我感到很热。我的肌肉开始紧绷。"让感觉达到高峰，然后告诉自己情绪或症状正在减弱："我的愤怒正在消退。我的心跳正在变缓并恢复正常。我的脸红正在消退。我的肌肉开始松弛和放松。"当不愉快的情绪或症状达到顶峰时，接下来你的状态只会变得更好。暗示可以加速恢复的过程。当你能够在催眠状态下控制自己的情绪和症状时，你将对生活拥有巨大的掌控力。

（10）提前将暗示写下来。在写下后，将其简化为一个容易记住的口号或短语，这样当你处于催眠状态时就可以轻松地记住它。

练习编写催眠暗示

一旦进入催眠状态并放松下来，你的潜意识就更容易接受你所给予的一切暗示。许多困扰你的症状以及你对压力的习惯性紧张反应都是通过暗示习得的，它们也可以通过暗示来消除。例如，如果你看到你的父亲每次被迫等待时都变得愤怒，而在你第一次让他等待时，他对你发火，你可能通过暗示学会了当你父亲完全相同的反应方式。你可以利用催眠来学习处理等待的新方法。暗示诸如"等待是放松的机会"和"我可以放慢节奏"可能会改变旧的习惯。

为了让你了解如何编写催眠暗示，请先尝试写下遇到以下问题时你会使用的催眠暗示。

（1）害怕夜晚进入黑暗的房间。

（2）慢性疲劳。

（3）对死亡的强迫性的恐惧想法。

（4）对疾病的恐惧。

（5）轻度慢性头痛或背痛。

（6）持久的愤怒和内疚。

（7）自我批评和担心犯错。

（8）自尊心低。

（9）缺乏动力。

（10）在他人面前感到不安，自我意识强。

（11）对即将到来的评估或考试感到焦虑。

（12）提高表现。

（13）疼痛或肌肉紧张。

（14）疾病和受伤。

请记住，催眠暗示的效果因人而异。建议根据个人的情况和需求进行适当的调整和制订自己的催眠暗示。

现在你已经编写了自己的暗示，请参考以下可能适用这些问题的催眠暗示脚本。

（1）害怕夜晚进入黑暗的房间。

今晚我可以放松并高兴地回到家中，感到安全和安心。

（2）慢性疲劳。

我可以神清气爽并精力充沛地醒来。我可以提前享受今天的夜晚。我可以合理安排今天的时间来完成我的首要任务。每当我感到精力不足时，我可以进行五指练习或使用其他放松技巧，让自己得到放松并重新恢复活力，然后继续我的日常活动。

（3）对死亡的强迫性的恐惧想法。

我现在充满活力，我将享受今天。很快我就可以放下这些想法。（想象有一块黑板，并在上面写下日期。）

（4）对疾病的恐惧。

我的身体感到越来越健康和强壮。每次我放松时，我的身体都变得更强壮。（想象自己在进行喜欢的活动时健康、强壮和放松的状态。）

（5）轻度慢性头痛或背痛。

很快我的头部将感到清凉和放松。（想象清凉的画面。）渐渐地，我会感到颈部和背部的肌肉得到放松。（想象平滑、流动、松弛的画面。）一个小时后，它们将完全放松。每当这些症状再次出现时，我只需将我的戒指向右旋转四分之一，疼痛将会消失。

（6）持久的愤怒和内疚。

我可以控制愤怒和内疚，因为是我自己让它们产生的。（练习让情绪出现并控制它。）我会放松身体并深呼吸。

（7）自我批评和担心犯错。

当我发现自己在自我批评或担心时，我可以深呼吸并让自己放松。我可以呼出负面的紧张感，吸入积极的能量。（进行五指练习）

（8）自尊心低。

每天我都会感到更有能力和更加自信。我能行。我正在以我目前的认知水平尽力做到最好。我可以感觉自己每天都变得更快乐和更成功。我可以善待自己。我越来越喜欢自己。我是一个聪明、有创造力和有才华的人。

（9）缺乏动力。

我坚信自己能实现目标。我的身体内有改变的力量。我可以看到自己解决问题并超越它们。我做出的决定是目前正确的决定。我可以摒弃干扰，将注意力集中在一个目标上。当我投入到我的项目中时，我对它会越来越感兴趣。当我逐步朝着目标努力时，新的能量和热情会涌现。当我完成这个时，我会感觉很棒！当我实现目标时，我会奖励自己。我值得成功。

（10）在他人面前感到不安，自我意识强。

下次我见到本时，我会感到自信和安全。我可以坚定和自信地回应本。我会感到轻松和自在，因为我状态很好。我可以放松并享受这样的想法，我生活中有人把我视为好朋友、有价值的同事和充满爱的家庭成员。每当我交叉握住手指时，自信就会充满我的整个身体。

（11）对即将到来的评估或考试感到焦虑。

我可以专注于学习，记住考试所需的一切。当我感到紧张时，我会深呼吸并放松。我的思维变得越来越冷静和敏锐。当我成功完成这次考试时，我会奖励自己。我可以想象自己获得 A 的好成绩。

（12）提高表现。

在面对压力时，我可以保持冷静和专注。（想象自己在特定压力和恐惧面前保持冷静和专注。）我可以想象自己从头到尾打出完美的比赛。（回想每个完美的举动和策略。）我将实现我的目标。（对你的目标进行具体描述，并详细地将它可视化。）

（13）疼痛或肌肉紧张。

我可以想象一把由冰制成的剑刺向我的背部，使它疼痛。现在我看到太阳照耀着、温暖着我的背部。冰剑在太阳的温暖下逐渐融化成一摊水，我的疼痛开始减轻。我的紧张感开始流动；随着它的流动，它的颜色变成了一种温暖的橙色液体，缓慢地穿过我的身体，流向我的右肩，沿着我的右臂，进入我握紧的拳头。当我准备好时，我可以放手。我只需捧起我的疼痛并扔掉它。（想象一个最能代表你疼痛或紧张的符号。让它与另一个符号互动，消除第一个符号，或将其转化为更可忍受的东西，或使其消失。）

（14）疾病和受伤。

我可以想象一道治愈的白光在我的头顶上方。我可以看到并感受到它围绕着我的整个身体。我可以感受到它开始在我的身体内部移动，慢慢地传遍我的整个身体，清洁和治愈我的身体。我可以想象自己健康、强壮和充满活力，正在做我想做的事情。

自我催眠缓解特定问题

将自我催眠用于解决特定问题的步骤是可选的，这里要解决的具体问题是睡眠障碍。本节内容改编自乔西·哈德利（Josie Hadley）和卡罗尔·斯陶达赫尔（Carol Staudacher）的《催眠促进改变》（*Hypnosis for Change*）（1996）一书。

在准备开始针对特定问题的自我催眠之前，有以下几个问题需要考虑。

定义问题和目标。你是入睡困难还是睡不安稳，或者是会很早醒来？你的睡眠是否不够充足？早上醒来是否很困难？一旦你明确了问题，你可以用积极的自我暗示来定义你的目标。比如，"我可以迅速、轻松地入睡""我会在适当的时间醒来并充满活力"或者"很快我能够整夜深度地连续睡觉"。

辨别并消除可能影响问题的外部因素。问问自己有什么因素可能干扰你的良好睡眠。你的卧室是舒适、适合睡觉的，还是乱七八糟、吵闹、光线刺眼的？你是否整晚都在应付不安静的床伴，并盯着那个发光的不断提醒着你睡眠时间正在流逝的时钟？你白天是否摄入了过多的咖啡因？在使用自我催眠改善睡眠之前，你需要解决这些问题，因为自我催眠不能为你解决这些问题。

注意你自己的内心对话可能造成了你的特定问题。例如，对于睡眠困扰，人们常常过于关注时间。他们会对自己说一些话，比如"如果我午夜前没入睡，那我肯定整晚都睡不好"。如果你容易担心，当你熄灯后，你的思绪可能会变得混乱："我今天真是搞砸了，等我老板发现了怎么办"，或者"我知道我明天的考试没复习好"。你是否把安静的夜晚用来思考问题？

如果你的特定问题中有一部分跟你与自己的对话有关，你可以参考"反驳不合理观念""缓解担忧和焦虑"以及"愤怒免疫"等章，它们能帮助你辨识和改变自己的思维方式。如果你被你的想法打扰得睡不着，下面是一些建议，可以在入睡前让你的思绪平静下来。

- 如果你总是盯着钟表，就把钟面转向墙壁，把注意力从时间上移开，告诉自己："当我休息时，我的思绪会平静，身体会放松。"
- 如果你倾向于沉溺于消极或无法控制的事情，就想想你今天做得好的事情。
- 如果你是个习惯在晚上解决问题的人，就在睡前写下明天要做的事情的清单，然后和自己约定，将问题放到明天最清醒的时候去解决，把夜晚留给睡眠和养精蓄锐。

● 当你创建自己的入睡诱导时，确保写下积极的暗示，融入这些思路，强化你想要的新行为。

录制一段针对特定问题的诱导录音。先录制基本诱导部分，包括特别场所的部分，然后加入你的特别暗示。针对睡眠问题，你可以在基本诱导之后加入以下脚本。

现在只是停留在你的特别场所。没有地方要去，没有事情要做。只是休息，让自己飘浮、飘浮，飘浮、飘浮，进入深度而宁静的睡眠中。随着你不断深入，想象一下你可以思考的和可以做的积极的事情，让自己获得深度而宁静的睡眠。你的新的积极想法是真实的。你已经释放了消极的思想和情绪。你已经从大脑和身体中释放了压力和紧张感。当你继续飘浮着更深地进入放松状态时，每一个新的积极陈述都变得越来越强大。就让自己深入睡眠。当你进入深度而宁静的睡眠时，就让那些积极的陈述在你的脑海中飘浮。

现在意识到你有多舒适，如此地放松，你的头和肩膀正处于合适的位置，你的背部得到了支撑，你对周围的声音越来越不敏感。随着你不断深入，你可能会有一些负面的想法或担忧，它们试图浮现在你的脑海中，打扰你的睡眠或休息。就像你扫除地板上的面包屑一样，将那些想法或担忧清扫出去，放进一个盒子里。这个盒子有一个紧密的盖子。盖上盒子的盖子，把盒子放在衣橱的顶层。你可以在以后的某个时间（一个更合适的时间，一个不会干扰你的睡眠的时间）再回到那个盒子。当其他不受欢迎的想法出现时，把它们扫进盒子里，盖上盒子的盖子，放在衣橱的顶层，让它们离去。让它们离去，继续深入睡眠。

将你的想法转换成积极的想法和积极的陈述。就让这些想法在你的脑海中流动，比如："我是一个有用的人。"（停顿）"我已经完成了许多好的事情。"（停顿）"我已经实现了积极的目标。"（停顿）就让你的积极想法在脑海中流动。让它们流动和飘浮，随着你深入睡眠而变得越来越强大。

随着你变得更加放松、更加困倦、更加昏昏欲睡、更加放松，你会发现你的想法正逐渐淡去、慢慢淡去。想象一下你在自己的宁静的特别场所，微笑着，感到如此美好、舒适、放松。（停顿）从你的特别场所，你可以轻松地进入深度而宁静的睡眠、深度而宁静的睡眠、无人打扰的深度而宁静的睡眠。你整夜安然入睡，深度而宁静地入睡。如果你醒来，只需想象一下你的特别场所，轻松地再次进入深度而宁静的睡眠、深度而宁静的睡眠。你的呼吸变得如此放松，你的想法慢慢平静下来、平静下来、平静下来，然后放松。你飘浮着进入深度而宁静的睡眠，整夜无人打扰。你会在特定的时间醒来，感到精力充沛、神清气爽。

现在没有什么需要做，没有什么需要思考，只需享受你的特别场所，你的特别场所对你来说如此宁静、放松。想象一下在你的特别场所放松的感觉。你可能会意识到你的特别场所闻起来是多么清新、干净，或者你可能会注意到你的特别场所中的不同声音，背景中鸟儿的歌唱或水在小溪中流过石头的声音。或者你可能会感受到躺在吊床上时温暖的阳光，或者感受到来自海洋的凉爽微风。或者你可能会在你的特别场所体验到其他独特而美妙的事物。只是体验它，飘浮、飘浮，一切想法渐渐消散，飘浮着进入深度而宁静的睡眠。只需飘浮着进入一个舒适、温暖、宁静的睡眠，你的身体感到沉重而放松，当你沉入床中，如此地放松，只是飘浮着进入睡眠……睡眠……睡眠……睡眠……睡眠……

特别注意事项

不要在开车或需要全神贯注和快速反应的情况下进行催眠诱导。在催眠诱导结束后，务必确保你已完全清醒和警觉，再继续面对其他情况。

有些人（尤其是那些睡眠不足的人）在自我催眠过程中会睡着。如果你属于这种情况，当你练习的目的不是睡觉时，你可以缩短催眠诱导的时间，这样你就能保持清醒，听到针对你目标的暗示。记住，很多人认为自己在催眠期间睡着了，但他们仍然能够听到和受益于积极的暗示。如果你容易睡着，就坐着练习，并设置一个定时器，避免担心时间来不及。

你可能会发现，当你关心的症状减轻时，你就失去了继续练习自我催眠的动力。这很常见，没什么可担心的。如果你的症状以后再次出现，你可以再次运用自我催眠技巧。

当你感到紧张或在有压力的情况下感到不舒服时，你可以使用你的关键词或关键短语。虽然你可能不会像完全催眠诱导后那样地放松，但你的紧张感仍然能够在一定程度上得到缓解。同时，你的关键词也可以提醒你，在应对压力时你有选择权。

无论你是使用自我催眠来放松还是实现其他目标，你可能都会惊讶于积极暗示的力量。

第 9 章

自生训练

9

背　景

自生训练（autogenic training，AT）起源于 19 世纪末在柏林研究所进行的关于催眠的研究，这项研究由著名的脑生理学家奥斯卡·沃格特（Oskar Vogt）主导。沃格特教导一些经验丰富的催眠受试者进入一种催眠状态，以减轻他们的疲劳、紧张和疼痛的症状，例如头痛。同时，这种训练似乎还能帮助受试者更好地应对日常生活。受试者们反馈说，当疲劳和紧张感消散时，他们的身体会感到温暖和沉重。

柏林的精神科医生约翰内斯·H. 舒尔茨（Johannes H. Schultz）对沃格特的研究产生了兴趣。他发现他的受试者可以通过想象四肢的沉重和温暖，创造出一种非常类似催眠的状态。基本上他们要做的只是放松、保持安静、采取一个舒适的姿势，并专注地思考口头指令，暗示自己在四肢感受到温暖和沉重。舒尔茨将沃格特的一些自我暗示和瑜伽技巧结合在一起（Schultz & Luthe，1969）。

舒尔茨的口头指令主要可以分为四个练习类别。

（1）用于调整身体状态的口头指令。

（2）用于平复情绪的口头指令。

（3）针对特定问题的自生训练改进练习。

（4）用于培养注意力和创造力的冥想练习。

这入门的一章将教你如何使用口头指令来放松身体、平复情绪，并帮助你解决特定问题。

用于恢复身体正常状态的口头指令旨在逆转应对身体或情绪压力时出现的战斗或逃跑反应的高度警觉状态，也就是所谓的"应激反应"状态。这些口头指令可以归为六个标准主题。

（1）第一个主题是沉重感，它有助于放松那些用来移动手臂和腿部的随意肌。有七个口头指令与沉重感有关（详见下文"自生训练用于让身体恢复常态的口头指令"栏目中的第一组）。

（2）第二个主题是温暖感，它会引起末梢血管扩张，也就是手脚血管的放松和扩张，让血液流向它们，从而产生温暖和沉重的感觉。当你说出口头指令"我的右手很温暖"时，控制你手部血管直径的平滑肌会放松，从而让更多温暖的血液流入你的手部。这有助于逆转应激反应状态下血液在身体躯干和头部积聚的情况。

（3）第三个主题是恢复正常心率。简单地说出口头指令："我的心跳平静有规律。"

（4）第四个主题是调节呼吸系统。口头指令是："让它来控制我的呼吸。"

（5）第五个主题是放松并温暖腹部区域。需要说的指令是："我的腹部感到温暖。"

（6）最后一个主题是减少血液流向头部，口头指令是："我的额头变凉。"

用来平复情绪的口头指令可以与这六个主题一起使用，起到增强主题效果的作用。

症状缓解效果

自生训练已被验证在治疗肌肉紧张和各种呼吸道疾病（过度通气和支气管哮喘）、消化道疾病（便秘、腹泻、胃炎、胃溃疡和胃痉挛）、循环系统问题（心跳过快、心律不齐、高血压、四肢冰冷和头痛）以及内分泌系统问题（甲状腺问题）方面有效。自生训练还可用于缓解一般性焦虑、烦躁和疲劳。它可以调节你对疼痛的反应，增强你对压力的抵抗力，减少或消除睡眠障碍。

禁忌证

自生训练不建议给五岁以下的儿童、缺乏动力的人或有严重的心理或情绪障碍的患者使用。在开始自生训练之前，必须进行身体检查，并与医生讨论自生训练对你的生理影响。那些患有糖尿病、低血糖症或心脏病等严重疾病的人在进行自生训练时应有医生的监督。有些人在做这些练习时血压会升高，而少数人的血压会急剧下降。如果你的血压偏高或偏低，应咨询医生以确保自生训练能调节血压。如果你在自生训练练习过程中感到非常焦虑或不安，或者反复出现不安的副作用，就应在专业的自生训练指导下继续练习。

掌握所需时间

过去，自生训练专家建议以缓慢且稳定的步伐前进，需要花费几个月的时间掌握所有的六个主题。然而，我们发现这个训练进度对于那些希望在第一次自生训练中就能获得一些积极反馈的人来说是不现实的。其他人可能需要连续进行一两周的练习才能感受到放松效果。每天至少进行两次各 20 分钟的自生训练练习。如果你觉得时间太长，可以缩短每次练习的时间，增加每天的练习次数。

在进行正常练习一个月后，你应该能够迅速地通过使用这六个主题来放松身心。这时候，你可以选择在一个 20 分钟的放松练习中使用所有的六个主题，或者只选择其中几个能够迅速让你深度放松的主题。例如，"我的手臂和腿感到沉重和温暖""我的心跳平静有规律"和"让它来控制我的呼吸"这些口头指令可能已经足以让你立即感到放松。你应该尝试找到最适合你的方法。

操作说明

如何在进行自生训练时促进放松

- 将外界刺激最小化。
- 选择一个安静的房间，避免被打扰。
- 让房间的温度保持在适度温暖、舒适的水平。
- 把灯光调暗。
- 穿着宽松的衣物。

（1）从以下三种基本的自生训练姿势中选择一个：①坐在扶手椅上，让头部、背部和四肢得到支撑，尽可能地让自己感到舒适。②坐在凳子上，稍微弯腰，双臂放在大腿上，颈部放松，双手垂在膝盖之间。③背部躺平，头部得到支撑，双腿间隔约八英寸[⊖]，脚趾稍微向外，双臂舒适地放在身体两侧但不触碰身体。

（2）扫描你的身体，确保你选择的姿势不会给身体带来紧张感。特别注意是否有四肢因过度伸展而没有得到支撑、关节处肢体紧绷、脊柱歪斜的情况。如果存在这些过度伸展的情况，继续调整你的姿势，直到身体得到良好的支撑和感到舒适，没有出现过度伸展的情况。

（3）闭上眼睛或柔和地注视着前方的某个焦点。

（4）在开始重复自生训练的口头指令之前，进行几次缓慢、放松的深呼吸。

如何练习六个基本的自生训练主题来让身体恢复常态

学习六个基本的自生训练主题有两种方式。第一种是制作一个包含口头指令的录音，每天听两次。或者你可以逐个记忆和练习每一组口头指令，直到你的练习中包含了所有的主题。缓慢地反复默念每个口头指令，保持稳定的默念速度。

通常来说，每个口头指令需要重复四次，慢慢地说（大约5秒钟），然后停顿约3秒钟。以第一组的前三个口头指令为例，你对自己说："我的右臂很沉重……我的右臂很沉重……我的右臂很沉重……我的右臂很沉重。"这个过程大约持续半分钟。然后你对自己说："我的左臂很沉重……我的左臂很沉重……我的左臂很沉重……我的左臂很沉重……"接着是："我的双臂都很沉重……我的双臂都很沉重……

⊖　1英寸≈0.3米

我的双臂都很沉重……我的双臂都很沉重……"说完整组口头指令用
时应该不到 4 分钟。如果你专注于逐个记忆每组口头指令，你可以在
一个练习中重复这一组口头指令 20 分钟，或者在一天中进行多次小
练习，每次练习一个或几个口头指令。如果你在录制口头指令，请确
保在每个指令之间留出大约半分钟的时间用于默默重复。

　　当你默默重复口头指令时，请被动地将注意力集中在所涉及的
身体部位上。换句话说，只是觉察会发生什么，不抱有任何期望或
评判。被动的专注并不意味着恍神或入睡。你需要保持警觉，观察
自己的体验，而不对其进行分析。这种随意的态度与主动的专注不一
样，主动集中注意力发生在你将注意力集中在某些方面的体验上，并
对其有兴趣和有目标导向的投入时。主动集中注意力对于完成诸如准
备新食谱或修理汽车等任务很关键，而被动集中注意力在放松时是必
需的。

　　起初，你可能无法完全保持被动的专注。你的想法会飘忽不定，
这是很正常的。当你发现这种情况发生时，尽快回到口头指令上。此
外，你可能会经历一些被称为"自体排放"的最初症状，这些症状的
出现是正常的，但它们会分散你的注意力。这些症状有：体重或体温
的变化、刺痛、"电流"感、不受控制的运动、僵硬、一些疼痛、焦
虑、想哭、易怒、头痛、恶心或幻觉。有时候，你也可能会体验到有
趣的洞察力或幸福感。无论你的体验是愉快的还是不愉快的，只需觉
察它们，然后回到你的自生训练的口头指令中。记住，这些体验是短
暂的，它们不是自生训练的目的，并且在你继续练习的过程中它们会
消失。

　　当你准备结束一次自生训练的练习时，请对自己说："当我睁开
眼睛时，我会感到精力充沛和警觉。"然后睁开眼睛，深呼吸几次，

同时屈伸你的手臂。确保在回到常规活动时，你不再处于类似催眠的状态中。

在开始练习自生训练之前，请阅读本章末尾"特别注意事项"中的提示和警示信息。

自生训练用于让身体恢复常态的口头指令

第一组

我的右臂很沉重。

我的左臂很沉重。

我的双臂都很沉重。

我的右腿很沉重。

我的左腿很沉重。

我的双腿都很沉重。

我的手臂和腿都很沉重。

第二组

我的右臂很温暖。

我的左臂很温暖。

我的双臂都很温暖。

我的右腿很温暖。

我的双腿都很温暖。

我的手臂和腿都很温暖。

第三组

我的右臂又沉重又温暖。

我的双臂又沉重又温暖。

我的双腿又沉重又温暖。

我的手臂和腿都又沉重又温暖。

让它来控制我的呼吸。

我的心跳平稳有规律。

第四组

我的右臂又沉重又温暖。

我的手臂和腿都又沉重又温暖。

让它来控制我的呼吸。

我的心跳平稳有规律。

我的腹腔很温暖。

第五组

我的右臂又沉重又温暖。

我的手臂和腿都又沉重又温暖。

让它来控制我的呼吸。

我的心跳平稳有规律。

我的腹腔很温暖。

我的手臂和腿都很温暖。

我的额头很凉爽。

自生训练用于平复情绪的口头指令

以下口头指令专注于心理而非身体功能，它们可以强化先前提到的六个标准主题的口头指令的效果。以下是一些例子。

保持平静和放松。

感受内心的宁静。

让整个身体感到宁静、沉重、舒适和放松。

保持情绪的平静。

将注意力从周围环境中收回，感受宁静和平静。

将想法转向内心，保持轻松。

在内心深处，想象和体验自己的放松、舒适和宁静。

感受内心的宁静。

你可以在每组自生训练口头指令的末尾添加一个或多个用于平复情绪的短语。但为了获得最佳效果，最好将它们穿插在每组口令中。例如，第一组口令可以重新编写为：

我的右臂很沉重。

我感到平静和放松。

我的左臂很沉重。

我感到平静和放松。

我的双臂都很沉重。

我感到平静和放松。

我的右腿很沉重。

我感到平静和放松。

我的左腿很沉重。

> 我感到平静和放松。
>
> 我的双腿都很沉重。
>
> 我感到平静和放松。

自生训练调整练习

当你掌握了六个基本的自生训练主题后，你可以通过编写舒尔茨的"指定器官指令"来进行自生训练的改编练习，以解决特定的问题。例如，当你因感到尴尬而脸红时，你可以设计一个间接的指令，比如"我的脚感到温暖"或"我的肩膀感到温暖"。这样做可以使你被动地注意其他事物，而不是专注于脸红的问题。同时，你还可以将原本会导致脸红的血液从头部分流到脚部。你也可以使用直接的指令，比如"我的额头感到凉爽"。

当你感到特定部位出现持续的肌肉疼痛或紧张时，先使用自生训练的基本口头指令让全身放松，然后被动地将注意力集中于持续紧张或疼痛的区域，并将舒适温暖的放松感投射到该区域，对自己反复地说："我的（紧张或疼痛区域的名称）温暖而舒适地放松了。"

如果你头痛，请将注意力集中于头痛开始时最容易紧绷的区域。例如，如果这个区域是你的肩膀、颈部或后脑勺，被动地将注意力集中在该区域，并将温暖、放松的感觉投射到其中，对自己反复说："我的（紧绷区域的名称）温暖而舒适地放松了。"偶尔可以插入"我的额头感到舒适凉爽"的指令。不要使用"我的额头感到温暖"的暗示，因为那会导致该区域的血管扩张，可能会引起疼痛。

当你被咳嗽困扰时，你可以使用口头指令"我的喉咙凉爽了，我的胸部温暖了"。若要对付哮喘，也可以使用相同的指令，并添加"让它来控制我的呼吸，它使我保持平静和规律"。

若你在自生训练结束时处于非常放松的状态，说明你的暗示能力很强。这是使用舒尔茨的"意向指令"的好时机。换句话说，这是你告诉自己停止做那些给你带来困扰的事情的好时机。例如，如果你想戒烟，可以反复地说一些话，比如"吸烟是个不好的习惯，我可以戒掉它"。如果你想少吃东西，可以说"我可以控制我吃的东西。我可以少吃并让自己变得更有魅力"。这些特殊的意向指令应该是可信的、有说服力的，并且要简洁明了。

特别注意事项

（1）在进行六个基本的自生训练主题时，从你的主导手臂开始：如果你用左手写字，就从左臂开始。重复四次"我的左臂很沉重"，然后继续下一个短语"我的右臂很沉重"，重复四次，以此类推。

（2）如果你在感受口头指令对身体感觉的暗示方面遇到困难，可以尝试使用意象。想象自己正在进行温暖的淋浴或身处温暖的浴缸中，或者手浸在一盆舒适温暖的水里。感受自己坐在温暖的阳光下，或者手中握着一杯喜欢的热饮。想象血液缓缓流过手指尖和脚趾。想象躺在一床舒适温暖的厚毯子下，或者躺在温暖细软的沙滩上。回忆一下凉爽的微风拂过额头或湿毛巾贴在额头上的感觉。

（3）注意，大约有10%的人在尝试自生训练时可能从未感受到沉重或温暖的感觉，这并不重要。重要的是正确地执行指令，坚持规律练习。通常在两周内会开始感受到放松的效果。

（4）有些人在刚开始练习自生训练口头指令时可能会出现反常的反应。例如，当重复沉重感的指令时可能感到轻盈，或者当说出温暖感的指令时可能感到凉爽。这表明身体对指令产生了反应，并会逐渐放松下来。

（5）如果你在练习某个主题时感到困扰或出现不愉快的副作用，请转到下一个主题，并在训练结束时再回到对你来说困难的指令上。

（6）如果你对感知心跳有困难，请仰卧，将右手放在心脏区域。如果在感知心跳时出现任何不适或困扰，请暂时跳过该指令，可以在训练结束时再回到它，或者直接跳过它。

（7）如果你患有溃疡、糖尿病或任何涉及腹部器官出血的疾病，请跳过指令"我的腹腔感到温暖"。如果在练习指令"我的额头感到凉爽"时出现头晕现象，请仰卧练习。

The
Relaxation
& Stress
Reduction
Workbook

10

第 10 章

简单组合练习

在本章中，你将学会

- 根据自己的需求调整放松方法
- 结合多种练习方法，从而获得更强大的效果

背　景

　　本章介绍的放松练习是基于很多治疗师的工作成果而形成的，这里将一些你已经学过的方法进行了创新组合。学习简单的组合练习对你有很多好处，比如：

　　（1）将两种或更多的放松方法结合在一起时，它们可以产生协同效应。这意味着组合练习的放松效果比你单独使用每个练习方法要更强大。通过尝试本章中介绍的方法，你会发现哪些方法能够相互促进，组合在一起后可以获得最强大的效果。

　　（2）组合使用多种方法通常比单独使用一种方法更有效果，因为合理的组合可以让你更深度地感受放松。每个方法都是在前一个的基础上逐步构建的。例如，在想象一个美丽的海滩场景之前进行一些深呼吸，你会感受到更深层次的放松。如果在深呼吸和海滩场景之后再加上自生训练中的"沉重感"和"温暖感"主题，你会逐步建立一个练习顺序，它将帮助你激发更深层次的放松反应。

　　（3）本章介绍的组合练习的第三个优势在于它们的简短性。你可以在 10 分钟的茶歇时间内轻松完成任何一个组合练习。无论何时，只要你有几分钟的空闲时间，这些练习都可以帮助你重新聚焦自己，恢复平静感。

　　这里介绍的组合练习仅供参考，尽管每种练习方法都经过测试并被证明有效。你也可以自由发挥创造力，尝试创造自己独特的组合方式，尝试不同的练习顺序。你是独特的个体，有自己独特的需求和反应模式，所以对你来说，添加、删除和修改练习的内容是很重要的，直到你找到一个适合自己的简单组合练习。

症状缓解效果

　　本章介绍的简单组合练习已经被验证在治疗应激反应和由压力引起的生理障碍方面非常有效。当你有工作压力，需要在一天中进行短暂而频繁的放松时，这些技巧尤其有用，可以帮助你应对不断增加的紧张感。

掌握所需时间

　　如果你已经掌握了前几章介绍的组合练习方法，那么本章介绍的这些组合方法你可以立即有效地应用。否则，你可能需要花一到两周的时间来运用这些组合方法。

操作说明

伸展与放松

　　（1）当你坐在椅子上时，做一个大的伸展动作。收紧你的手臂，向后拉伸，让胸部和肩膀得到伸展。伸直并紧绷你的腿，同时，先把脚趾朝膝盖翘起，然后再向外伸直。

（2）把一只手放在腹部，就在你的腰部（系腰带的位置）上方。通过鼻子缓慢地进行深呼吸，让空气填满你的腹部。让你的手在呼气时被推出，直到感到舒适为止。用同样的方法再做四次深呼吸。

（3）拿起一支铅笔，用手将它悬在桌子、桌面或地板上方。告诉自己，当你深度放松时，铅笔会掉下来。铅笔掉下的声音将是你进入为期5分钟的放松状态的信号。（如果你愿意，你可以跳过铅笔这一步，直接进行下面的步骤。）闭上眼睛，对自己默念那个在自我催眠中对你最有帮助的关键词或短语。告诉自己，随着从十数到零的倒计时，你会越来越放松。在倒计时结束后，反复对自己默念以下四个短语，顺序不限："我越来越深入地放松……我越来越昏昏欲睡、平静和宁静……我在飘浮和昏昏欲睡中……我已经完全放松。"如果此时你的铅笔还没有掉下来，故意松手让它掉落，并提醒自己将享受5分钟宁静的自我催眠。

（4）在催眠状态中，前往你的特殊场所，享受那个独特环境带来的放松。真实地体验特殊场所的景色、声音和它带给你的感觉。当你感觉已在那里停留了足够长的时间时，从一数到十。告诉自己随着数数，你变得越来越警觉、焕然一新，并且完全清醒。

腹式呼吸和想象力

这个练习结合了完整的自然呼吸放松和积极自我暗示的治疗价值。

（1）躺在地板上的地毯或毯子上，采取平躺的姿势（详见第3章"准备好进行呼吸练习"中的描述）。

（2）轻轻地将双手放在太阳神经丛上（位于腹部上方肋骨开始分开的地方），进行几分钟的深呼吸。

（3）想象能量随着每次吸入的空气一齐涌入你的肺部，并立即储存在你的太阳神经丛中。想象这种能量随着每次呼气流向身体的各个部分。在脑海中形成这个活力充沛的图像。

（4）每天至少进行 5 到 10 分钟的练习。

自生呼吸

（1）从上文"伸展与放松"的第 2 步开始，进行缓慢的、深度的腹式呼吸。随着每次深呼吸扩展你的膈肌，觉察到逐渐放松的感觉。

（2）想象一个海滩。你看到了海浪滚上岸，海鸥在头顶盘旋，天上有几朵蓬松的云。你听到了海浪的咆哮声，然后恢复宁静；你听到了交替的声音，咆哮声、宁静、咆哮声、宁静。在大海的声音中，你能同时听到海鸥的叫声。现在感受下温暖的沙子。想象它覆盖在你的身体上，温暖而沉重。真正感受到沙子在你的手臂和腿上的重量，感受到被温暖和舒适包围的感觉。

（3）在想象沙子的同时，继续进行平缓的深呼吸。注意呼吸的节奏。当你吸气时，对自己说"温暖"。试着感受身体周围沙子的温暖。当你呼气时，说"沉重"。感受沙子在你肢体上的重量。继续深呼吸，吸气时想象"温暖"，呼气时想象"沉重"，至少持续 5 分钟。（注意：如果一段时间之后你感觉更适合转向浅呼吸，请允许自己这样做。）

心存感激

在一天接近尾声，你的压力和沮丧逐渐增加时进行这个练习会特别有帮助。它还是你在入睡前让自己放松并进入愉快的心境的绝佳选择。

（1）按照第4章中的"简化步骤"来进行肌肉逐步放松：①握紧拳头，紧绷肱二头肌，然后放松。②皱起额头和脸部，样子像一个核桃一样，然后放松。③向上拱背，深呼吸，然后放松。④向后拉脚，蜷缩脚趾，同时紧绷小腿、大腿和臀部，然后放松。

（2）回想一下你今天的经历，挑选出三件让你感激的事情。这些事情并不一定要很重大。例如，你可能感激今天早上洗了个热水澡，感激一位同事帮助你完成了一项困难的任务，感激你的孩子给了你一个拥抱并告诉你她爱你，感激美丽的日出等。花一点时间重新体验和享受这些经历。

（3）继续回顾你的一天。回忆你做过的三件让你感到满意的事情。记住，这些事情不一定要很了不起。例如，你可能因为对某件你真的不想做的事情说了不，对于能抽出时间来锻炼或放松感到满意，或者对于能给你喜欢的人提供支持感到满意。花1分钟重新体验那些积极的时刻。

深度肯定

（1）将手放在腹部，开始进行缓慢而深沉的腹式呼吸，就像上面的"伸展与放松"的第2步中描述的那样。

（2）闭上眼睛，继续深呼吸，同时扫描你的身体寻找紧张感。从脚趾开始，沿着身体向上移动。注意小腿、大腿和臀部的任何紧张感。探索背部、腹部或胸部肌肉的紧张区域。注意肩膀和颈部、下颌、脸颊和额头。检查肱二头肌、前臂和手部的紧张感。每当发现一个紧张的区域时，稍微夸大紧张感，以便能更好地觉察到它。注意身体中哪些肌肉是紧张的，然后对自己说："我正在让我的［填入你正在关注的肌肉的名称］变得紧张。我正在伤害自己……我正在给身体带来紧张感……我将从现在开始释放那种紧张感。"

（3）使用"伸展与放松"的第 3 步中描述的自我催眠练习。

（4）选择一句肯定的话，在进入催眠状态时使用。（以下列出的建议经《视觉化促进改变》（*Visualization for Change*）（1994）一书的许可再次引用，该书的作者是帕特里克·范宁。）

- 我可以随意放松。
- 紧张感正在从我的肌肉中消散。
- 我充满了平静和安宁。
- 我可以像调整收音机音量一样"调低"我的紧张感。放松像有治愈效果的金色光芒一样充满我的身体。
- 我与我内心的平静相连。
- 我可以向内寻找并找到平静。
- 放松总是在我掌握之中。

（5）当你已经放松了足够长的时间时，从一数到十逐渐让自己恢复清醒。在数数时告诉自己，你感到越来越清爽、清醒和警觉。

紧张释放法

（1）进行四次腹式深呼吸，就像"伸展与放松"的第 2 步中描述的那样。

（2）闭上眼睛。通过给紧张感赋予颜色和形状来想象它。现在改变紧张感的形状和颜色，让它变得更大或更小、更浅或更深。现在看着它离你越来越远。观察它变得越来越小，最终从你的意识中消失。

（3）现在想象你的身体充满了光。在身体紧张的地方看到红色的光，在身体放松的地方看到蓝色的光。想象这些光在身体的所有紧张部位从红色变为蓝色。当你将红色的光转换为放松的蓝色时，注意任何你所感受到的身体感觉。看到身体中的所有光都是蓝色的，并且蓝色变得越来越深。随着蓝色阴影越来越深，感受自己的放松程度越来越深。

（4）现在是迷你假期时间。这里有两个行程安排：选择一个去享受它，或者将它们作为创建自己个性化的迷你假期的模板。

度假 1：

想象自己身处森林中，阳光明亮的地方光线清晰，其他地方有斑驳的光影。你在一段愉快的漫步中感到安全和舒适，周围的空气凉爽而清新。你享受阳光透过树叶洒在地面上的明亮光斑。你光着脚行走，脚底感受到落叶的绵软和苔藓的凉爽。你听到鸟鸣声和风穿过树木时的沙沙轻响，这些声音使你感到快乐和舒适。当你行走时，你的肌肉越来越松弛、沉重和放松。森林里铺满了落叶和苔藓，看上去如此地舒适，你想躺在上面闭上眼睛休息。现在你看到一条小溪，它发出柔和的、泡泡般的声音。溪流旁边是一片被阳光照亮了的温暖的草地。这是一个可爱的休憩之地，你躺倒在柔软温暖的草地上，你听到了溪流的潺潺声、鸟鸣声和轻柔的风声。你如此深度地放松，从脚趾到头顶的每个部位都感到松弛。

度假2：

　　想象自己独自一人身处海边的别墅，可以从窗户看到大海。早晨的第一缕阳光照亮卧室的墙壁，你沉浸在温暖柔软的床上。你深深地呼吸，注意到你的肌肉是如此地放松。外面传来海鸥的叫声和波浪的有规律的拍打声。波浪声不断地涌入和退去，使你的放松程度越来越深。你感到昏昏欲睡、身体沉重、内心平静。你可以感受到凉爽的海风透过敞开的窗户吹进来，你翻过身，看到了沙滩、波浪和蓝天。你迎着海风深呼吸，每一次呼吸都让你的放松更加深入。你感到安全，同时也很自由，不受时间紧迫感的束缚，意识到未来的日子充满了可能。

掌控一切

　　（1）舒适地坐下，闭上眼睛，开始觉察自己的呼吸。试着只觉察自己的每一次呼吸，不要想其他任何事情。当你呼气时，对自己说"一"。每次呼气时都继续说"一"。

　　（2）当你感到足够放松时，将注意力从呼吸转移到让你感到有压力或困难的情境上。想象自己自信成功地处理那件事情。你看到了自己的一言一行，并看到自己最后取得了成功。你看到自己在微笑，站着或坐得挺直。现在想象自己犹豫不决或犯了一个小错误，然后你恢复过来，继续前进，自信地完成了任务，结果让人满意。提醒自己，我能应对这个，我掌控着局面。

接纳自己

（1）进行第2章中的身体扫描练习，觉察你现在的身体感受以及可能导致这种感受的压力因素。

（2）使用"伸展与放松"的第2步中描述的腹式呼吸法来释放身体中的紧张感，让自己放松下来。

（3）当你感到放松时，对自己说出以下暗示："我放下了'应该'……我接受自己的所有缺点和弱点……我呼吸、感受、尽力而为。"你可以按照自己的方式重新描述这句话，使其更加真实，更加符合你的内心。任何方式都可以，只要它传达了你接纳自己这一信息。

我们还建议你回顾并考虑将以下这些来自其他章节的技巧纳入你的日常练习中：

（1）第3章中的"正念呼吸计数"。

（2）第7章中的"指令控制放松"。

（3）第6章中的"打造你的特别场所"。

The
Relaxation
& Stress
Reduction
Workbook

11

第 11 章

自我关怀

在本章中，你将学会

- 对自己怀有关怀之心，而非对自己进行评判
- 通过接纳自身的失败和不完美来增强幸福感

背　景

你对自己的看法可能是你生活中一个重要的压力来源。当你感觉自己比他人差劲，并且总是觉得无法满足预期，生活就变成了一场挣扎。为了达到你给自己设定的高标准，你不断努力，导致肌肉紧张，甚至可能引发焦虑、抑郁和愤怒。

在竞争激烈的社会中，你很容易与他人进行比较，你的自尊心的高低取决于是否在各个方面都优于平均水平。这种不断努力提升自尊心的行为是令人疲惫不堪且最终徒劳无功的。世界上不可能每个人都是超过平均水平的，即使你在许多领域都是高成就者，但这并不能保证你能获得幸福。

得克萨斯大学奥斯汀分校的研究员克里斯汀·内夫（Kristin Neff）发现，如果你放弃追求自尊心，转而培养对自己怀有爱和善意的态度，你会过得更好。在她的书《自我关怀》（Self-Compassion）中，内夫讲述了她如何将正念、临床心理学的训练以及养育一个自闭症儿子的经历融合在一起，创建了一系列增强自我关怀的练习。在英国德比大学，保罗·吉尔伯特（Paul Gilbert）教授开发了具有关怀的心灵训练（Compassionate Mind Training，CMT），这是一种增强自我关怀的团体方法。这两位研究人员都发现，追求建立自尊心是一个欺诈陷阱，会导致压力和不幸；对自己和他人怀有关怀是通往放松和幸福的捷径。

症状缓解效果

自我关怀可以减少自我价值低的感觉、对他人的羡慕以及由于过度自我批评而导致的抑郁情绪。它能够缓解与他人比较带来的焦虑，增加你对自己的优点的认可以及对自己的缺点和失望的接受度。自我关怀还有助于控制你在无法达到自己或他人的预期时产生的愤怒。

掌握所需时间

开始进行自我关怀练习后，你会立即感受到一些症状有所缓解。更深远和持久的效果将在你坚持练习自我关怀几个月后显现。

培养自我关怀

自我关怀是一种思维和行为习惯。获得这种新习惯的最佳方式是尝试本节中的每个练习。当你有了这些经验后，你可以自由选择将哪些练习作为长期甚至每日练习的一部分。

给自己写一封充满关怀的信

（1）用下面的表格来给自己写一封充满关怀的信。这封信将以一个想象中的朋友的视角来表达，这个朋友无论如何都爱你。（如果觉得填空的方式太受限制，你可以在一张空白的纸上写信，这样可以更自由地组织你的想法和感受。）

（2）信的每个部分都以你不喜欢的事物为开头：你的外貌、坏习惯、过去后悔的行为或经历等。将那些让你感到不足或不如他人的事物填写在空白处。

（3）在每个问题后面，写下你对它的感受：羞愧、恐惧、后悔、沮丧、愤怒、挫败或任何其他你想到的关于感受的词语。

（4）现在是练习的重点部分，即"然而"部分。在这里，你要扮演一个想象中的朋友的角色，这个朋友对你充满了深深的关怀。无论你做什么，这个人都会原谅你。无论你多少次失败或搞砸，这个人仍然爱你。这个人希望你成功和成长，不会给你任何压力，只有完全而绝对的接受。

亲爱的（你的名字）：＿＿＿＿＿＿＿

我知道当（你的第一个问题）＿＿＿＿＿＿＿发生时，你会感到（情绪）＿＿＿＿＿＿。然而，＿＿＿＿＿＿＿。

我知道当（你的第二个问题）＿＿＿＿＿＿＿发生时，你会感到（情绪）＿＿＿＿＿＿。然而，＿＿＿＿＿＿＿。

我知道当（你的第三个问题）＿＿＿＿＿＿＿发生时，你会感到（情绪）＿＿＿＿＿＿。然而，＿＿＿＿＿＿＿。

无论发生什么，我永远是你的朋友。

爱你的，

你永远的朋友

写完信后，将它放在一边。过几个小时或一天再拿出来，阅读它。让自己沉浸在这些文字和它们的意义中。让积极的文字充盈你，释放那种长期以来因自我评判而带来的紧张感。告诉自己，你值得得到这种全然接纳的关怀。

查伦是一个在杂货店工作的单身母亲。金钱、体重和女儿的酗酒问题让她感到有压力。下面是查伦给自己写的一封充满爱和关怀的信。

亲爱的查伦：

我知道当你想到女儿的酗酒问题和她的离婚时，你会感到责任重大，好像这一切都是你的错，你应该在养育她的过程中做出不同的选择。

但是，我也知道即便困难重重，你一直在尽力而为。无论何时，你都是根据当时的情况和资源做出了你认为正确的选择。所以你需要释怀，并且承认你不能以这种方式为另一个人负责。

我知道当你看着镜子里多年来体重日益增加的自己时，你会对自己的外貌感到羞愧和尴尬。

然而，那只是表象。我深深了解你的内在。我知道你是一个充满爱、关怀和真诚的人。你的外貌与你的内在相比微不足道。

我还知道当你看到安杰拉和唐比你资历更浅，却被提升为助理经理时，你会因自己被忽视而感到愤怒，会因对自己的晋升缺乏信心而感到沮丧。

然而，我钦佩你从青少年时期就一直努力工作，无论是顺境还是逆境，都为家人提供了居所和温饱。你对于工作中谁获得晋升并没有真正的控制权，所以不需要认为这是自己的问题。如果你继续坚持下去，你可以为自己出色的工作而感到自豪。

爱你的，

你永远的朋友

回到 1910 年，法国药剂师和心理学家埃米尔·库埃开了一家诊所，他告诉人们要不断地对自己说："每一天，在各方面我都变得越来越好。"自那时以来，心理学家和自我提升专家一直推荐将积极肯定作为改善幸福感的方式。

克里斯汀·内夫（Kristin Neff，2011）建议创作个人口头禅来提醒自己三件事：你正在受苦，受苦是正常的，你可以安慰自己。她个人的口头禅是："这是一个受苦的时刻。受苦是生活的一部分。愿我在这一刻对自己友善。愿我给予自己我所需要的关怀"。

自我关怀口头禅

打造属于自己的口头禅，用自己的语言表达以下三个要点，让它对你有意义。

（1）我正在受苦＿＿＿＿＿＿＿＿＿＿＿＿＿＿＿＿＿＿

（2）受苦是不可避免的＿＿＿＿＿＿＿＿＿＿＿＿＿＿＿

（3）我可以慰藉自己＿＿＿＿＿＿＿＿＿＿＿＿＿＿＿＿

梅利莎是一位忙碌的客户执行和两个孩子的母亲，在早上准时离开家是她的难题。当她的两个儿子在早餐时间相互争吵，而不是收拾好东西准备上学时，梅利莎靠在冰箱上停了一会儿，对自己默念着口头禅：

此刻此时，我正在挣扎。

生活总是充满挑战。

然而，我依然热爱和珍惜自己及我的生活。平静……平静。

口头禅不一定要听起来像祈祷词或贺卡上的祝福语。罗杰是一位暖气和空调安装工人，当他在外工作一整天后，会变得非常紧张和易怒。当他在一个漏风的屋子里，躺在漏油的压缩机下，工作进度已经落后于计划时，他用为自己创作的自我关怀口头禅来慰藉自己：

这真糟糕。

糟糕的事情总是会发生。

我可以释放紧绷的情绪，让它从我身边溜走。

缓和你的负面描述

填写下面的空白处：

- 我定义的我的负面特质是：＿＿＿＿＿＿＿＿＿＿＿＿＿＿＿＿
- 我表现出这个特质的时间占比：＿＿＿＿＿＿＿＿＿＿＿＿＿＿
- 我在这些特别情况下表现出这个特质（如：家庭背景、创伤、压力）：＿＿＿＿＿＿＿＿＿＿＿＿＿＿＿＿＿＿＿＿＿＿＿
- 我有这个特质是因为受到这些影响：＿＿＿＿＿＿＿＿＿＿＿

如果你和大多数人一样，你对负面特质的第一个描述可能会和卡罗尔的类似：

- 我定义的我的负面特质是：我对他人非常具有批判性。
- 我表现出这个特质的时间占比是 40%。
- 我在这些特别情况下表现出这个特质：在工作中，当不称职的人搞砸事情时。

● 我有这个特质是因为受到这些影响：严厉批评的父母，竞争激烈的学校。

回答下面三个问题，然后重新写下你的自我描述：

（1）当你没有表现出这个负面特质时，你还是同一个人吗？

（2）当触发负面特质的情况不存在，你没有表现出负面特质时，那时的你是谁？

（3）考虑到你的基因、早年家庭教养和生活中不可避免的创伤，你应该为拥有这个负面特质负责吗？

根据这些问题，重新写下你的自我描述：＿＿＿＿＿＿＿＿

＿＿＿＿＿＿＿＿＿＿＿＿＿＿＿＿＿＿＿＿＿＿＿

＿＿＿＿＿＿＿＿＿＿＿＿＿＿＿＿＿＿＿＿＿＿＿

＿＿＿＿＿＿＿＿＿＿＿＿＿＿＿＿＿＿＿＿＿＿＿

当卡罗尔完成上述练习时，她能够像这样重新书写她的自我描述：

因为我有 60% 的时间不是过于挑剔的，所以用"非常挑剔"来定义整个自我是不合理的。在许多情况下，比如和我最好的朋友在一起、参与志愿工作或散步时，我根本不会对他人挑剔。考虑到我的父母和我所上的学校，我对绩效有很高的要求，对效率低下没有耐心，这完全是合理的。

自我关怀日记

保持记录一周的自我关怀日记。

（1）每天晚上，可以在睡前写下当天最令你困扰的经历。

（2）包括发生的事情、你的感受、思考以及你对此做出的回应（如果有的话）。

（3）结束时，给这个经历一个关怀的回应，认识到三个事实：你只是一个普通人，你可以意识到痛苦并让其过去，你可以对自己友善。

以下是里卡多的自我关怀日记中的两篇日记。里卡多是一位管理高层公寓的经理，这座大楼住满了要求严苛的租户。他最近与妻子萨莉离婚了，他非常想念他的两个年幼的女儿。

> 星期六：604 房间的阿卡迪亚太太把微波炉开了一个小时，里面什么都没有放，结果微波炉坏了。然后她责怪我安装了不安全的电器！我感到愤怒，觉得这是个愚蠢的女人，同时也感到内疚，觉得我没有事先警告她可能会发生这种情况。我告诉自己，在一栋管理良好的大楼里是不会发生这种事情的，我应该能够预防这种事情的发生。我对阿卡迪亚太太非常生硬和冷淡。
>
> 我需要记住，我只是个普通人，我只能尽力而为。记住，这一切都会过去的。记住，我爱自己并原谅自己。
>
> 星期日：萨莉晚了一个小时才把女儿们送过来，所以我们错过了想看的电影。不得不去看后来的场次，晚餐也晚了，她们的脾气非常暴躁，情绪很糟糕。我在女儿们面前对萨莉发脾气，然后我在整个晚上都情绪低落。我感到愤怒，也对我们的家庭的破裂感到沮丧。我很多时候都在责怪自己。
>
> 萨莉、我和女儿们都只是普通人。我们会犯错误，我们必须尽力修复它们。我接受这些事情的发生，我们会渡

过难关。我现在选择放下所有的责怪，包括责怪萨莉、责怪女儿们，特别是责怪我自己。

做对自己友善的事

继续去做那些对自己友善和让自己感到宽慰的事情，每天一次，持续一个星期。选择一些平时不常做的特别的事情，让自己感到被宠爱。

- 在公园里散个步。
- 闭上眼睛，专心聆听一首喜欢的歌曲。涂抹护肤霜或给自己按摩脚部。
- 坐在院子里，品一杯茶或喝一杯葡萄酒。
- 顺路去艺术画廊或博物馆。
- 避免那些可能让你事后感到内疚的放纵行为，比如暴饮暴食、滥用药物或酗酒。

继续做这些事情，它提醒着你，对自己的关怀和友善是正确而美好的，就像你时常设身处地为他人着想一样。

最后的思考

请记住，自我关怀既是思维习惯，也是行为习惯。首先，你要培养提醒自己的习惯，意识到你并不完美，和其他人一样会犯错，你可以原谅自己的不足并继续前行。然后，你要养成自我关怀的习惯，给自己一些时间来放松、安抚自己，并享受自己应得的舒适和生活的乐趣。

12

第 12 章

反驳不合理观念

在本章中，你将学会

- 认识到你的想法如何影响自己的情绪、身体感觉和行为
- 评估那些令你感到不快的想法
- 对抗那些毫无必要的令人不快的想法

背　景

在日常生活中，我们几乎每时每刻都会进行自我对话，这就是你内心的思维语言。如果你的自我对话准确并符合现实，那么你的生活就会正常运转。但如果你的自我对话不合理和虚假，你就会受到压力和情绪的困扰。举个例子，不合理的自我对话可能是："我无法忍受孤独。"没有身体健康的人因为孤独而死亡。虽然孤独可能让人感到不舒服，但你其实能够应对并度过这个阶段。

另一个不合理的自我对话例子可能是："我永远不应该对我的孩子冷酷。如果我这样做了，我会觉得自己是个坏人。"这种绝对化的说法没有考虑到人都有缺点和疏忽的可能性。当不可避免的争吵发生时，你会完全否定自己，认为自己是个坏人，但这只是基于一次偶然事件。

不合理的观念可能源于完全错误的认知（比如："当飞机的机翼摇晃时，我就知道它会掉下来。"）或者源于完美主义者的"应该、应当和必须"的观念（比如："我应该保持沉默，以免惹怒他人。"）。不准确的自我对话，比如"我需要爱"，可能会引发情绪方面的危机。与此相比，更准确的自我对话是："我非常渴望爱，但并不绝对需要它。我可以在没有爱的情况下生存并感到相当幸福。""被拒绝是多么可怕"会引发恐惧，但更现实的表述是："我发现被拒绝时的不愉快、尴尬和后悔都是暂时的。"命令式的陈述，比如"我必须在家里更加有用"，可以转化为更为合理的说法："如果我在家里做更多的家务，家庭可能会更加和谐。"

阿尔伯特·埃利斯设计了一套抨击不合理观念或信念并用现实陈述取而代之的体系。他将这个体系称为"理性情绪疗法"，他与合著者罗伯特·哈珀（Robert Harper）在《理性生活指南》（*A Guide to Rational Living*）（1975）中阐述了这个观点，该书首次出版于 1961 年。埃利斯的基本观点是情绪只在一定程度上与实际事件相关。在事件和情绪之间存在着现实或不现实的自我对话。自我对话会产生情绪。你自己的思维是由你来指导和控制的，它是造成你焦虑、愤怒和抑郁的原因。后来，埃利斯将他的体系改名为"理性情绪行为疗法"，强调人们的行为和情绪都受到他们的观念影响。图 12-1 展示了该疗法的工作原理。

示例

　　埃利斯的模型就像 A、B、C 一样简单：

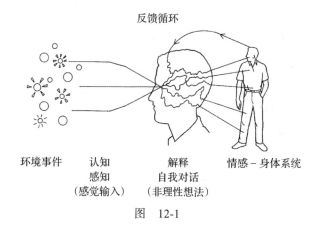

反馈循环

环境事件　　认知　　　　　解释　　　情感 - 身体系统
　　　　　　感知　　　　　自我对话
　　　　　（感觉输入）　（非理性想法）

图　 12-1

导火索（激发事件）

一位机械师更换了一个他认为出现故障的燃油泵，但车辆的性能没有得到改善。顾客非常生气，并要求机械师把旧的燃油泵放回去。

对于发生的事实（或事件），机械师对自己产生了一些负面的想法或自我对话

机械师对自己说：

"她只是一个怨妇，什么都不能让她满意。"

以及

"我为什么总是遇到这么棘手的工作？"

以及

"我早就应该想到这个问题了。"

最后

"我不是一个很好的机械师。"

结果：情绪、感觉和行为

机械师感到愤怒、怨恨、抑郁，以及一种自我价值感的缺失。他感到肚子一阵紧绷。随着一天的过去，他开始头疼。他勉强同意安装旧的燃油泵，但在接下来的一天里，他对同事发脾气，晚上对家人也是一样。

之后，机械师可能会对自己说："那家伙真的让我生气。"但让他产生愤怒的并不是顾客或顾客所做的事情，而是机械师的自我对话和他对现实的解释。这种不合理的自我对话可以改变，由此产生的应激性情绪、感觉和行为也可以随之改变。

症状缓解效果

瑞姆和利特瓦克（Rimm & Litvak，1969）发现负面的自我对话会产生显著的生理反应。也就是说，当你使用类似下面的不合理陈述时，你的身体会感到紧张并产生压力。

人们在派对上似乎无视我。

很明显，他们要么觉得我无聊，要么觉得我不吸引人。

太可怕了！

不合理的负面自我对话所产生的情绪结果包括焦虑、抑郁、愤怒、内疚、嫉妒、低挫折容忍度、羞耻和无价值感。理性情绪行为疗法已被证实能够有效减少这些情绪产生的频率并降低其强度。

掌握所需时间

评估你的不合理观念，加上进行足够的练习来反驳其中一个观念，每天需要约 20 分钟，持续两周。如果你每天花 10 分钟练习想象理性情绪这个能直接改变情绪的过程，也需要大约两周的时间。

操作说明

观念清单

下面的观念清单将帮助你发现一些导致压力和不幸的不合理观念。现在进行测试并计分，注意得分最高的部分。

请注意，不必对任何问题考虑得太久。快速标记你的答案，然后继续下一个问题。确保标记你的实际想法，而不是你认为自己应该怎么想。

				观念清单
有点同意	同意	不同意	计分	观　　念
				1. 对于我来说，他人的认可是重要的。
				2. 我讨厌在任何事情上失败。
				3. 那些做错事的人应该遭到报应。
				4. 当我得不到我想要的东西时，我会生气。
				5. 消极情绪是负面事件的自然后果。
				6. 我需要每个人都喜欢我。
				7. 我会逃避那些我做不好的事情。
				8. 太多坏人逃避了他们应有的惩罚。
				9. 当事情不按照我的意愿进行时，我很容易感到沮丧。
				10. 避免痛苦并保持快乐的最佳方法是掌控自己的环境。
				11. 我发现难以违背他人的意愿。
				12. 对我来说，在我所做的一切事情上取得成功非常重要。
				13. 那些做错事的人应该受到责备和惩罚。
				14. 我经常对我不喜欢的情况感到不安。

（续）

有点同意	同意	不同意	计分	观　念
				15. 那些不幸的人是那些无法控制的环境的受害者。
				16. 我经常担心他人对我赞成和接受的程度。
				17. 当我犯错误时，我会非常沮丧。
				18. 不道德行为应该受到严厉的惩罚。
				19. 当别人给我带来不便时，我会非常恼火。
				20. 一个人有越多的难题，他就会越不快乐。
				21. 我很担心别人对我的看法。
				22. 我害怕做我不擅长的事情。
				23. 我对那些伤害过我的人耿耿于怀。
				24. 事情应该和现在的样子不同。
				25. 不为他人着想的人让我很生气。
				26. 我经常无法从一些问题中释怀。
				27. 我经常拖延重要的决定。
				28. 每个人都需要有一个可以依靠和寻求建议的人。
				29. 几乎不可能克服过去的影响。
				30. 为了幸福，我需要一辈子悠闲地度假。
				31. 我不能忍受冒险。
				32. 我不愿面对我的问题。
				33. 人们绝对需要一种超越自身的力量来源。
				34. 如果我曾经有过不同的经历，我可能更接近我想成为的人。
				35. 当我无所事事时，我感到最满足。
				36. 我很担心未来的某些事情。
				37. 我经常拖延。
				38. 有些人对我来说非常重要，我依赖他们。
				39. 我经常认为过去的经历影响着我的现在。
				40. 在所有事情中，我更喜欢安静的休闲活动。
				41. 当我想到意外的危险或未来的事件时，我会感到焦虑。

（续）

有点同意	同意	不同意	计分	观　念
				42. 即使这些琐碎的任务对我有益，我也很难去做它们。
				43. 在做出任何重要决定之前，我总是征求他人的意见。
				44. 一旦某件事对你的生活产生了强烈的影响，它将会一直存在。
				45. 只有通过休闲和放松，我才能找到满足感。
				46. 如果发生了我害怕的事情，那将是可怕的，我将无法忍受。
				47. 我不喜欢责任，并尽量逃避它。
				48. 我需要生活中有些可依赖的人来让自己感到安全。
				49. 人从根本上来说是不会改变的。
				50. 我不应该为了快乐而努力。

进行计分：

● 给你标记为"不同意"的项目打 0 分，标记为"有点同意"的项目打 1 分，标记为"同意"的项目打 2 分。

● 把项目 1、6、11、16 和 21 的得分相加，并在这里填入总分：_____；总分越高，你越同意这一不合理观念：成年人必须得到同伴、家人和朋友的爱和认可。

● 把项目 2、7、12、17 和 22 的得分相加，并在这里填入总分：_____；总分越高，你越同意这一不合理观念：你必须在所有事情上无比能干、成功，并几乎完美无缺。

● 把项目 3、8、13、18 和 23 的得分相加，并在这里填入总分：_____；总分越高，你越同意这一不合理观念：某些人是邪恶、恶毒的恶棍，应该受到惩罚。

- 把项目 4、9、14、19 和 24 的得分相加，并在这里填入总分：＿＿＿＿＿；总分越高，你越同意这一不合理观念：当人和事情不符合你的期望时，这是可怕的。

- 把项目 5、10、15、20 和 25 的得分相加，并在这里填入总分：＿＿＿＿＿；总分越高，你越同意这一不合理观念：外部事件是导致人们痛苦的重要原因，人们只是在事件触发情绪时做出反应。

- 把项目 26、31、36、41 和 46 的得分相加，并在这里填入总分：＿＿＿＿＿；总分越高，你越同意这一不合理观念：你应该对任何未知的、不确定的或潜在的危险感到恐惧或焦虑。

- 把项目 27、32、37、42 和 47 的得分相加，并在这里填入总分：＿＿＿＿＿；总分越高，你越同意这一不合理观念：逃避生活中的困难和责任比面对它们更容易。

- 把项目 28、33、38、43 和 48 的得分相加，并在这里填入总分：＿＿＿＿＿；总分越高，你越同意这一不合理观念：你绝对需要依赖于比你自己更强大或更伟大的东西。

- 把项目 29、34、39、44 和 49 的得分相加，并在这里填入总分：＿＿＿＿＿；总分越高，你越同意这一不合理观念：过去对现在有很大影响。

- 把项目 30、35、40、45 和 50 的得分相加，并在这里填入总分：＿＿＿＿＿；总分越高，你越同意这一不合理观念：通过不采取行动、被动和无休止的闲适来实现幸福。

不合理观念

所有不合理观念的根源是假设事情是针对你的：那真的让我沮

丧……她让我紧张……那样的地方吓到我了……被欺骗让我暴跳如雷。没有什么事情的发生是专门针对你的。事情发生了，你经历了这些事情（A），进行了自我对话（B），从而产生了情绪（C）。情绪的产生是由自我对话造成的。A并不导致C，是B导致了C。如果你的自我对话是不合理和不现实的，那么你会产生不愉快的情绪。

不合理的自我对话的两种常见形式是"可怕化"和"绝对化"。你通过对自己的经历进行灾难性、梦魇般的解释来将其可怕化。短暂的胸痛是心脏病发作，脾气不好的老板打算解雇你，想到你的配偶上夜班时你要独自一人在家就令人难以忍受。"可怕化"涉及夸大你不愿看到的事情、特征或行为，几乎总是忽略积极的一面。随之而来的情绪往往也是可怕的——你是在回应自己对世界的描述。

比如，如果你认为某种情况是痛苦的、无聊的或困难的，并将这些特征夸大到你无法应对的程度，你很可能会感到不知所措。如果你用他人的缺点或过失来定义他们，并告诉自己这些缺点或过失是可怕的，那么他们就成了可怕的人。这让你很容易就能为自己的愤怒找到理由。不合理的自我陈述通常包括"应该""必须""应当""总是"和"从不"等词语。其意图是其他人或事物必须按照某种方式来，或者你必须按照某种方式来。任何偏离这个特定价值观或标准的行为都是不好的。未能达到标准的人是不好的。实际上，这个标准才是不好的，因为它是狭隘的。

不合理观念检查清单

阿尔伯特·埃利斯提出了十个基本的不合理观念，下面列出了这些观念，我们还增加了一些常见的非常不符合实际的自我陈述。根据你在观念清单上的分数，以及你对最近经历的压力情况的了解，在那些看似适用于你的观念旁边打上一个钩。

（1）_____成年人必须得到同伴、家人和朋友的爱和认可。事实上，想取悦所有人是不可能的。即使是那些喜欢你和认可你的人，也会因为你的一些行为和品质而对你失去兴趣。这种不合理观念是造成人们不幸的最主要原因之一。

（2）_____你必须在所有事情上无比能干、成功，并几乎完美无缺。相信自己必须完美无瑕造成的结果是：对不可避免的失败感到自责、自尊心降低、对配偶和朋友施加完美主义标准，以及对尝试任何事情感到恐惧。将这一不合理观念与"你可以努力做到最好并从错误中学习"的观念进行比较。

（3）_____某些人是邪恶、恶毒的恶棍，应该受到惩罚。对待这些人的一个更现实的立场是，他们的行为是危害社会的或不当的。他们可能是愚蠢的、无知的或神经质的，可能需要改变自己的行为。

（4）_____当人和事物不符合你的期望时，这是可怕的。这也被描述为宠坏了的孩子综合征。一旦轮胎没气了，这样的自我对话就开始了："为什么这种事总是发生在我身上？该死，我受不了这个。真是太可怕了，我会变得全身脏兮兮。"任何不便、问题或未能按照你的方式进行的事情都可能遭遇这样的可怕化自我陈述，其结果是让你感到非常烦躁和有压力。

（5）_____外部事件是导致人们痛苦的重要原因，人们只是在事件触发情绪时做出反应。这种观念的逻辑推论是，你必须控制外部事件才能创造快乐或避免悲伤。事实上，我们对外界的控制是有限的，我们无法完全操纵他人的意愿。将一个事件解释为你不快乐的原因会让你陷入困境。虽然你对他人的影响可能有限，但你对自己的思想、情绪和行为有很大的控制权。

（6）_____你应该对任何未知的、不确定的或潜在的危险感到恐惧或焦虑。许多人形容这是"一个小铃铛响了起来，我觉得我应该开始担心"。他们开始排练他们的灾难场景。在面对不确定性时增加恐惧或焦虑会使应对更加困难，并增加压力。将恐惧反应留给实际遇到的危险，允许自己享受不确定性，把它看作一种新奇的和令人兴奋的体验。

（7）_____逃避生活中的困难和责任比面对它们更容易。有很多借口来逃避责任：我应该告诉他我不再感兴趣，但今晚不行……我想找另一份工作，但在休息日我太累了，没精力去找……一个漏水的水龙头不会有什么事情……如果这种思维方式适用于你，请写下你逃避责任的标准借口。

责任	逃避借口
_____	_____
_____	_____
_____	_____

（8）_____你绝对需要依赖于比你自己更强大或更伟大的东西。这种观念成为一种心理陷阱，你对独立判断和你的特定需求的认识被对更高权威的完全依赖所削弱。

（9）_____过去对现在有很大影响。这仅仅表示你曾经受到过某件事的强烈影响，并不意味着你必须继续沿用之前的习惯。那些旧的模式和反应方式只是在多次重复后变成了你的本能反应。你可以识别这些旧模式并从现在开始改变它们。你可以从过去的经验中学习，但你不必过于依赖它。

（10）_____通过不采取行动、被动和无休止的闲适来实现幸福。这被称为极乐世界综合征。幸福不仅仅是完美的放松。

其他不合理观念

（1）_____ **人天生脆弱，不应受伤害。**这种不合理观念导致人们不敢坦率地表达重要的情感，愿意自我牺牲，主动放弃能滋养自己和使自己愉悦的事物（Farquhar & Lowe，1974）。因为你渴望的一切似乎都会伤害他人或剥夺别人的利益，你可能会因此而感到受挫、无助和沮丧。关系中充斥着沉默，因为冲突产生了，但没有人敢提出去解决它们。

（2）_____ **良好的关系建立在相互牺牲和付出的基础上。**这种观念根植于"给予比接受更有福"的假设上。具体表现在不愿意提出自己的需求，期望他人能够心领神会并满足这些隐藏的需求。然而，持续的自我牺牲通常会导致痛苦和退缩。

（3）_____ **如果你没有尽力地取悦他人，他们就会抛弃或拒绝你。**这种观念是自尊心低的产物。如果你向他人展示真实的自我，通常不会冒太多被拒绝的风险。他们可以接受也可以拒绝。然而，通过让他们了解真实的你，你就不必担心以后会松懈、放下警惕，然后被拒绝。

（4）_____ **当他人不赞成你时，无论如何都意味着你是错的。**这种极端的观念在大多数人际交往时会引发慢性焦虑（Farquhar & Lowe，1974）。这种观念的不合理之处在于它将一个具体的错误或不吸引人的特点概括为对整个自我的全面否定。

（5）_____ **快乐、愉悦和满足只有在他人的陪伴下才能获得，独自一人是可怕的。**愉悦、自我价值和满足感可以独自体验，也可以与他人一起体验（Farquhar & Lowe，1974）。独处有助于个人成长，有时也是令人期待的。

（6）_____ **完美的爱和完美的关系是存在的。**坚持这种观念的人常常对一段接一段的亲密关系感到不满和愤怒。没有一切都完美的关系，他们一直在等待完美的关系，但这种关系从未出现。

（7）_____ **你不应该承受痛苦，你有权拥有美好的生活。** 现实的观点是，痛苦是人生不可避免的一部分。痛苦通常伴随着艰难的、健康的决策和成长的过程。生活并不公平，有时你无论做什么都会经历痛苦。

（8）_____ **一个人的价值取决于他取得了多少成就。** 对你的真正价值更为理性的评估应该取决于你是否有体验活在当下的能力，以及是否有感受一切对人类有意义的事物的能力（Farquhar & Lowe，1974）。

（9）_____ **愤怒是不好的且具有破坏性。** 然而，作为一种行为，愤怒经常起到净化的作用，你可以诚实地传达当前的感受，只要不攻击他人的个人价值和安全感即可（Farquhar & Lowe，1974）。

（10）_____ **自私是不好的或错误的。** 事实上，没有人比你更了解你的需求和渴望，也没有人像你一样关心这些需求是否得到满足。你的幸福是你自己的责任。自私意味着你接受了这种责任。同时，你也应该尊重他人对于为自己的幸福负责的权利。

（11）_____ **你是无助的，你对你所经历或感受的事物无法控制。** 这种观念是许多人患抑郁症和焦虑症的根源。实际上，在人际交往情境中，我们有一定的控制权，并且对于我们如何解释和用什么样的情绪去回应生活事件有很大的控制权。

你可以将其他不合理观念添加到这个列表中：

_____

_____

_____

识别隐藏的不合理观念

发现不合理自我对话的难点在于想法稍纵即逝和具有隐蔽性。它们可能如闪电般快速，几乎难以被察觉。你很少会觉察到一个完整的句子，就像上述不合理陈述一样。由于自我对话具有反射性和自动性，很容易让人陷入一种错觉，认为感受是从事件中自发产生的。然而，一旦将想法放慢，就像播放慢速的电影一样，一帧一帧地观察，就会揭示出"我正在崩溃"这句话对情绪产生恶性影响所需的毫秒数。那些构建你情绪的思想经常会以一种简略的形式出现，比如"不好……疯狂……感觉恶心……愚蠢"等。这种简略的形式必须被还原成它最初的完整的句子。接下来，你可以使用下一节中将学到的方法来质疑这些不合理观念。

发现你的不合理观念的最佳方法是反思那些令你产生诸如焦虑、抑郁、愤怒、内疚或自卑感等不良情绪的情况。在每种情绪背后，特别是如果它们持续存在，都会有不合理的自我对话。问问自己，**针对这个情况我告诉自己什么了？** 你可能会很快地自我纠正，将不合理观念变为理性的自我对话。例如，对于那种不合理的想法"我哥哥从来不帮助照顾我们年迈的父母，这真的不公平"，埃米可能立即告诉自己："没有人说生活是公平的。"这样她就阻止了自己去探索其他让自己烦恼的想法。

相反，她问自己："**如果那是真的呢？对我意味着什么？**"（Burns, 1999）对此，她回答说："他很轻松，我想要他那样轻松的生活。我真的和他一样自私。但我没有权利生气。"通过反复询问这三个加粗字体的问题，埃米能够识别出其他令人心烦意乱的不合理想法，比如：牺牲我的生活是理所当然的——毕竟，他们是家人。我爱我的父母，但他们让我发疯！我应该更坚强。我感觉自己像是在溺水。如果我出了什么事，他们会怎么样？我无法忍受想象他们孤零零的。那将是一场灾难……埃米将这些想法写在笔记本上，以供日后参考。

可以想象，埃米处在一个客观上困难的境地。此外，她有许多不合理的想法，这些想法让她产生了如此多的烦恼，以至于她无法有效地解决问题或做出明智的决定。她可以使用下面的技巧来质疑并远离那些最困扰她的不合理观念。

反驳不合理观念

可以用下面五个步骤（A 至 E）来质疑和消除不合理观念。首先选择一个经常让你产生压力情绪的情境。

A. **写下激发事件的事实**，正如在你感到不安的时候发生的那样。确保只包含客观事实，而不包括推测、主观印象或价值判断。

B. **写下你关于这个事件的自我对话**。陈述你所有的主观价值判断、假设、信念、预测和担忧。注意其中哪些自我陈述之前被描述为不合理观念。

C. **关注你的情绪反应**。给出一个明确的一两个词的标签，比如"生气""沮丧""觉得没价值""害怕"等。

D. **反驳和改变在步骤 B 中确定的不合理自我对话**。根据埃利斯的理论，下面是具体的方法。

（1）**选择你想要质疑的不合理观念**。以"我不该忍受这样的问题，这不公平"为例。

（2）**这个观念有任何合理的依据吗？** 考虑到长链的因果关系，一切都是应该的，所以答案是否定的。必须忍受和处理这个问题，因为它已经发生了。而它的发生是因为导致其发生的所有必要的条件已然存在。

（3）**有什么证据证明这个观念是错误的?**

1）宇宙中没有任何法则说我不应该痛苦或有问题。只要满足特定条件，我都可能面临各种问题。

2）生活是不公平的。生活只是一系列事件，其中一些带来快乐，一些带来不便和痛苦。

3）如果出现问题，解决问题是我的责任。

4）尽力预防问题是有帮助的，但是一旦问题存在，抱怨和逃避都是危险的策略。

5）没有人是特殊的。有些人在生活中经历的痛苦可能比我少，这可能是因为他们运气好，或者是因为我做出的决定恰好给我的问题的产生提供了必要条件。

6）仅仅因为我面临问题，并不意味着我必须不快乐。我可以为自己在挑战中寻找到了创造性的解决方案而感到自豪，同时，这也可能是一个提高自尊心的机会。

（4）**这个想法有任何证据支持吗?** 并没有，我的痛苦源于我的自我对话，以及我对这个事件的解释。我已经说服了自己，我应该不快乐。

（5）如果你想要的事情没有实现，或者你不想要的事情发生了，**最糟糕的情况会是什么?**

1）我可能在解决问题的过程中感到不快。

2）我可能会感到不便。

3）我可能永远解决不了这个问题，并且会觉得自己在这个特定领域无能为力。

4）我可能不得不承担失败的后果。

5）别人可能不赞同我现在的行为，或者我可能因为无能被拒绝。

6）我可能会感到更多压力和紧张。

（6）如果你想要的事情没有实现，或者你不想要的事情发生了，**会有哪些好事发生？**

1）我可能学会更好地忍受挫折。

2）我可能改善我的应对技巧。

3）我可能会变得更有责任心。

E. 现在，**用替代性的自我对话来取代不合理观念**，因为你已经清楚地检查了这个不合理观念，并将其与理性思维进行了比较。

（1）我并没有什么特别之处。当痛苦的情况出现时，我可以接受。

（2）直面问题比抱怨或逃避更有帮助。

（3）我的情绪源于我的想法。如果我不产生消极的想法，我就不会感到有压力。最糟糕的情况是，我可能会感到不便、后悔和烦恼，而不是焦虑、抑郁和愤怒。

家庭作业

为了在对抗不合理观念的战斗中取得胜利，你需要每天都做家庭作业。每天至少花 20 分钟时间填写家庭作业表（请扫二维码下载表格）。最好在事件发生后立即将它记录下来。每个事件单独使用一个表格，并将它们保存下来以追踪你的进步。

以下是一个关于约会被朋友取消的例子。

家庭作业表样例

A. 激发事件

我和朋友约定去看一场电影，但在电影开始前她取消了这个约会。

B. 理性观念

我知道她现在时间很紧张……我可以一个人做些事情。

不合理观念

今晚我会感觉非常孤单……内心感到空虚……她并不是真的在乎我……没有人真的愿意花时间陪伴我……我快要崩溃了。

C. 不合理观念的后果

我感到沮丧……我有中度的焦虑。

D. 反驳和挑战不合理观念

（1）选择不合理观念：

今晚我会感觉非常孤单……我快要崩溃了。

（2）这个观念有任何合理的依据吗？

没有。

（3）有什么证据证明这个观念是错误的？

独处并不像约会那样愉快，但我可以在其他活动中找到乐趣。

我通常喜欢独处，今晚当我面对失望时，我也会愉快。

我把失望和沮丧误解为"快要崩溃了"。

（4）有任何证据支持这个观念的真实性吗？

没有，只是我说服了自己，让自己感到沮丧。

（5）可能会发生在我身上的最糟糕的事情是什么？

我可能会继续感到失望，而且找不到真正令人愉快的事情做。

（6）可能会发生的好事是什么？

我可能会感到更加自立，意识到我的内在拥有很多力量。

E. 替代想法

没关系，我会拿出我的侦探小说，我会吃一顿好吃的中餐，我擅长独处。

替代情绪

我感觉很安静，有点失望，但我期待着一顿美味的饭菜和一本好书。

促进理性思维的原则

请评估你的自我陈述是否符合以下六条理性思维的原则，这些原则改编自戴维·古德曼（David Goodman）的《通过理性行为训练实现情绪健康》（*Emotional Well-Being Through Rational Behavior Training*）（1978）。

（1）**情况对我没有直接影响**。我的焦虑或害怕往往是由我对自己的评判和自我对话引起的。

（2）**存在即合理**。一切都是其本来应该有的样子。并没有让事物或人以其他方式存在的条件。认为事物应该与现状不同，就相当于相信魔法。事物之所以如此，与一系列因果事件有关，包括解释、对不合理自我对话的反应等。认为事物应该与现状不同就是否定因果关系。

（3）**每个人都会犯错**。这是不可避免的。如果你没有为自己和他人设定合理的失败标准，你就增加了失望和不幸的可能性。你会变得容易攻击自己和他人，认为自己或他人一无是处等。

（4）**冲突需要双方的参与**。在开始指责和责怪之前，请考虑30%原则。任何冲突的一方至少贡献了30%的"燃料"来维持它的存在。

（5）**最初的原因早已深深埋在历史长河中**。试图追溯事件产生的最初原因通常是浪费时间的。寻找导致慢性痛苦情绪的最初原因是非常困难的。最好的策略是立即做出改变行为的决定。

（6）**我们的情绪在很大程度上受到我们的思维影响。**这是本小节中第一个原则的积极表述。这个观点强调了事件不会直接引起情绪，而是我们对事件的解释导致情绪的产生。

特别注意事项

如果你在理性情绪行为疗法中遇到困难，可能有以下三个因素影响了你。

（1）你还不相信思维会引起情绪。如果是这种情况，你可以在开始时限制你的练习范围，专注于理性情绪想象法，后面会对其进行解释。如果你发现改变自我对话能够减轻压力，那么"思维引起情绪"的观念可能会变得更加可信。

（2）你的不合理观念和自我对话如闪电般迅速，让你难以捕捉。如果是这种情况，试着持续地写与强烈情绪相关的事件和情境的日记。记录下你大脑中出现的一切：场景，画面，单词，模糊的、半成形的想法，名字，声音，句子等。

（3）你很难记住你的想法。如果是这种情况，不要等到事后再行动。请使用日记，在事情发生时立即记录下一切。

理性情绪想象法

理性情绪想象法（rational emotive imagery）是由马克西·莫尔茨比（Maxie Maultsby）博士于 1971 年发明的一项技巧。这个技巧将帮助你改变令你感到有压力的情绪。具体操作步骤如下。

（1）想象一个通常伴随着不愉快情绪的令你感到有压力的事件。注意事件中的所有细节：视觉、气味、声音、你的着装，以及所说的话等。

（2）当你清楚地想象这个事件时，允许自己感到不舒服。接纳愤怒、焦虑、沮丧、自卑或羞愧等情绪。不要试图回避这些情绪，勇敢地去感受它们。

（3）在经历了压力情绪后，鼓励自己将其转化为更健康的消极情绪。你可以从根本上改变这些情绪，将焦虑、沮丧、愤怒和内疚转化为强烈的关切、失望、烦恼或遗憾。如果你认为你做不到这一点，那只是自欺欺人。每个人都可以改变感觉，即使只是瞬间。

（4）在接触到压力情绪并将其转化为更健康的消极情绪后，你可以回顾一下你是如何做到的。在你的内心，是什么改变了你原本的沮丧、焦虑或愤怒？显然，你对自己、他人或情境产生了不同的解释。

（5）你现在可能不再说"我应付不了这个……这会让我疯掉"，而是说"我以前成功地处理过类似的情况"。你改变了你的观念，对你的经历进行了不同的解释。一旦你知道如何将压力情绪转化为更健康的消极情绪，你随时可以将压力情绪替换成新的更有帮助的观念。深刻地意识到新的观念如何让你摆脱压力并产生更可承受的情绪。

举个例子，有一个家庭主妇，每当她丈夫在晚上打开电视时，她就会感到沮丧。于是她开始进行理性情绪想象法的练习。白天，她在想象中重现了这种情况：她的丈夫擦着嘴，从餐桌上站起来，把盘子拿到水槽，然后离开房间。她可以想象几分钟后电视发出的声音、频道的切换、她丈夫喜欢的情景喜剧里传来的声音。当她回顾这一系列过程时，她感到绝望，变得很沮丧。

　　在完全接触到这种压力情绪后，她努力将沮丧的感觉转化为失望和烦躁。这感觉就像是在用一只手推动一块巨石。经过 15 分钟的努力，她终于在几个瞬间接触到了较为轻松的情绪。通过一个小时的练习，她很快就能将她的沮丧转化为失望或烦躁，并持续了几分钟。

　　接着，她开始审视自己是如何改变思维（自我对话）以改变情绪的。她发现，通过告诉自己"我不必感到无助"，她可以将沮丧转化为烦躁。她的其他想法包括："这是他的生活。如果他愿意他可以浪费时间，但我不会浪费我的。有些人我不去拜访，是因为我认为我应该和他待在家里。但我会照顾好自己。如果我不待在家里，他可能会不高兴，但待在家里看电视对我来说并不令人满足。"

使用替代情绪反应

　　这里是一份情境和替代情绪反应的清单样例。

情境	不健康的消极情绪	健康的消极情绪
与伴侣争吵	愤怒	烦恼、恼怒
工作截止日期	极度焦虑	担心
对孩子严厉	强烈的内疚	后悔
你喜欢的活动被取消了	抑郁	失望
受到批评	感觉自己没用	烦恼、担忧
在公共场合犯了错误	羞耻	对自己的行为感到内疚，而不是对自己感到内疚

　　请填写你的压力情境（请扫二维码下载表格），包括你感受到的不健康的消极情绪以及你希望能够体验到的更健康的消极情绪。

在这些情境中，你都可以运用理性情绪想象法。如果不健康的消极情绪没有马上改善，不妨允许自己感受这些情绪，直到它们自然消退。你可以通过鼓励自己去改变情绪和做出调整。接着，你会找到那些使你产生更健康情绪的关键想法和表达方式。将这些想法、信念和观念融入你的自我对话中，你会发现改变情绪变得越来越容易。为了获得最佳效果，请每天练习这项技巧 10 分钟，至少持续两周。

洞察

要实现改变，需要理解以下三个层次的洞察。

（1）知道自己有问题，并意识到可能导致问题的某些事件。

（2）清楚地看到，你早年习得的不合理观念导致了你现在所处的情绪氛围，并且你在有意识或无意识地努力维持这些不合理观念。

（3）要坚信，在认识到前两个洞察后，你将发现，要消除问题，除了坚持不懈地改变你的不合理观念，别无他法。

若不认可这最后一个洞察，你将难以改变你的习惯性情绪反应。

如果你认为这个技巧对你有用，但无法掌握它，可以联系一位理性情绪治疗师或前往咨询中心寻求帮助。

13

第 13 章

缓解担忧和焦虑

在本章中，你将会

- 使用放松技巧在日常生活中和高压情境下减轻紧张感
- 客观观察与焦虑相关的思绪、情绪和行为
- 运用焦虑管理技巧"认知解离"来处理焦虑
- 辨识和改变如过度检查和回避等安全行为
- 有效解决问题的方法

背　景

　　适度的焦虑和担忧可以非常有用。有时，担心未来可能出现不好的情况，可以激励你去认真学习、演练台词、解决问题，以及在表演时尽力发挥。焦虑最重要的作用是为未来可能发生的危险做好准备。当你感到焦虑时，你已经处于一种警觉状态，因此很容易引起"战斗或逃跑"的本能反应，这是你的身体在面对即将发生的危险或威胁时天生的恐惧反应。

　　例如，当你在暴风雨中驾车时，你可能会感到有些焦虑和紧张。你更可能用双手牢牢握住方向盘、坐得笔直，并在路上警惕地搜寻潜在的危险，而不是发呆或听收音机。当你看到一棵大树就要倒在你前面时，你的情绪从焦虑转变为恐惧，因为你的"战斗或逃跑"反应被触发，你迅速刹车并调转方向驶离危险区。

　　若焦虑变成了问题，是因为它被过于频繁地触发、过于强烈，或者你难以摆脱它（Craske & Barlow，2006）。如果你一直感到焦虑和担忧，你的身体会一直准备应对可能的危险。虽然这不会让你发疯，但长期的焦虑和担忧可能会导致睡眠问题、疲劳、易怒和注意力分散，这会对你的表现和效率产生负面影响。

　　焦虑可能会被任何被视为潜在危险或威胁的事物触发，比如可能犯错、被拒绝、错过截止日期或在考试中表现不佳。甚至这些危险并不是必然会发生的，仅仅是想到它们可能发生就会引发焦虑情绪。人们在反复思考未来可能发生的事件的危险性以及夸大这些风险产生的可能性时，为自己制造了不必要的焦虑。他们会想，如果那可怕的事情发生了，我该怎么应对？然后他们会想，那将是一场灾难！这些想法会引发焦虑情绪。

安娜的焦虑

周一早上，安娜担心她的孩子们上学会迟到，惹上大麻烦。她还担心自己是否已准备好，能否成功地完成今天的 5 分钟演讲，虽然她已经花了整整两周的时间来准备。她还担心生病在家的哥哥，害怕他的感冒可能会发展成肺炎。

与大多数长期焦虑的人一样，安娜竭力避免不好的事情发生。她对工作进行过度准备，因为她担心如果出错，可能会被批评，甚至失去工作。她会提前带孩子们去各项活动，以避免迟到或错过重要的事情。她会反复检查各种细节，因为她担心如果不这样做，可能会造成灾难。讽刺的是，这些所谓的安全行为不断地加剧了她的焦虑，因为它们妨碍了她认识到：如果她不这样做，事实上很少会发生什么灾难，而且即使出现意外，她也有能力妥善处理一切。

那又怎么样呢，如果她的孩子们偶尔上学迟到几分钟呢？也许她会接到学校的电话，但孩子们不会因此被开除。她每天多次检查生病的哥哥的身体，或许能暂时让她放心，但这并不能降低哥哥患肺炎的风险。

在担忧和采取安全行为的同时，每个人都会感受到压力。周日晚上，安娜在入睡时为自己的问题而感到焦虑，这让她感到兴奋而不是困倦。在床上辗转反侧了一个小时后，她起床为孩子们准备午餐，而不是像平常那样让他们自己来做。她这样做是因为她认为这或许可以防止孩子们上学迟到。她回想起上周孩子们迟到时校长脸上不满的表情，她感到一阵恐惧，这加重了她肩头的紧张感。

她对自己说："校长一定认为我是个无能的母亲。也许我不适合工作和独自抚养孩子。"她的胃感到恶心。"要是他们得不到我足够的照料怎么办？要是他们开始觉得迟到没关系怎么办？要是他们开始迟交作业……甚至可能干脆不写作业怎么办？我应付不了这一切，也应付不了我的工作！"她按摩着蔓延着疼痛的肩膀，并服用抗酸药来缓解胃部的不适。"我太紧张了……要是我睡不着，明天就没办法正常工作了。"她回到床上，将闹钟设置得比平时提前了半小时，又辗转反侧了一个小时才入睡。

正如你所看到的，担忧、安全行为和紧张感相互作用，使焦虑升级并持续。

本章内容基于米歇尔·克拉斯克（Michelle Craske）和戴维·巴洛（David Barlow，2006）、史蒂文·海斯（Steven Hayes）（Hayes & Smith，2005）、梅丽莎·罗比肖（Melisa Robichaud）和米歇尔·杜加斯（Michel Dugas，2015），以及玛丽·埃伦·科普兰（Mary Ellen Copeland，1998）的研究成果。它涉及焦虑的三个组成要素，这些要素共同作用导致了你的焦虑和担忧，包括：

1. 你的思维——告诉你未来可能存在危险或威胁的可能性。

2. 你的身体——对警示信息的回应导致身体紧张。

3. 你的行为——检查危险并在可能的情况下避免它。

症状缓解效果

　　本章介绍的技巧将帮助你减轻焦虑和担忧，减轻与过度焦虑相关的身体紧张的症状，如不安、紧张、神经质、睡眠障碍、疲劳、注意力不集中、肌肉紧张和易怒。这些技巧还将减少你自发性的、引发恐惧感的灾难性想象，并降低你采取安全行为的频率。

掌握所需时间

　　学习并应用这些技巧通常需要几个月的时间。在学习本章的练习时，要以让你自己感到舒适的速度进行。成功与否将取决于你练习这些技巧的频率。

操作说明

缓解普通紧张和急性紧张的放松方法

　　身体紧张往往由焦虑和担忧引起，同时又会导致焦虑和担忧。你可以运用从本书中学到的放松技巧来中断焦虑和担忧的循环。如果你还没有掌握膈肌呼吸法，请参考第 3 章，并从第一个练习开始，了解你目前的呼吸方式。然后，逐步学习膈肌呼吸法。

　　接下来，翻到第 7 章，并学习应用松弛练习的前三个阶段，即渐进性肌肉放松、只是放松和指令控制放松。你的目标是能够在两三分钟内通过提示来进行深度放松。在练习时，请专注于身体的放松，尤其是胸部、腹部、额头和肩膀的放松感觉。

为了减轻与焦虑和担忧相关的紧张状态，每天安排一到两次 20 分钟的放松时间。在这段时间内，学习和练习腹式呼吸法，并进行第 7 章中的前三个练习。在每次为期 20 分钟的放松练习开始和结束时，使用第 2 章中的"紧张程度记录表"记录你的放松水平。

一旦你成功地将"放松"这个词与指令控制放松练习中的深度放松感联系起来，你就可以开始在白天感觉紧张感即将升级时使用指令控制放松技巧。

退后观察你的焦虑

要改变一件事情，首先要了解它。因此，为了更深刻地认识你的焦虑情绪，你需要每天记录你的焦虑想法、紧张感觉和安全行为，以便观察它们是如何相互作用从而导致焦虑升级的。根据克拉斯克和巴洛（2006）的说法，通过经常监测和记录焦虑体验，你能更加冷静和客观地看待自己的焦虑、担忧和紧张感。你还可以利用这些信息来练习本章介绍的技巧，更好地控制你的焦虑和担忧。通过持续填写焦虑事件记录表（请扫二维码下载表格），你还可以监测自己的进步，并找出需要进一步努力的地方。

焦虑事件记录表改编自克拉斯克和巴洛（2006）的"焦虑记录表"，在你注意到焦虑水平急剧增加、担忧或感觉到身体的紧张症状时使用这个记录表。以下是安娜的焦虑事件记录表的示例。

安娜的焦虑事件记录表

日期：　　5/5　　　　持续时间：　　　5 小时　　

焦虑程度量表

在这个程度量表上，标记一个"X"来描述本次焦虑程度的最高点。

0	1	2	3	4	5	6	7	8	9	X	10
无		轻微			中度			强烈			极端

触发事件：

明天要在工作中做一个 5 分钟的演讲，上周孩子们迟到了，哥哥生病了。

焦虑：

我明天的演讲会失败，老板会觉得我不称职，然后解雇我。我的孩子们会迟到，校长会认为我是一个无能的妈妈。如果他们在其他方面也开始拖延，比如做作业，我无法应对！如果我哥哥的感冒变成肺炎怎么办？他可能会死！面对这样可怕的情况，我会束手无策。

用下划线勾选或填写身体症状：肌肉紧张，睡眠困难，注意力不集中，脑子一片空白，易怒，疲劳，躁动，感觉紧张或紧张不安。

其他：

胃部不适，肩膀疼痛。

安全行为：

为孩子们准备午餐并将闹钟提前半小时以防迟到，过度准备五分钟的演讲，多次检查生病的哥哥的身体。

在使用下面的技巧来控制焦虑和担忧时，可以继续使用焦虑事件记录表来追踪自己的进展，并找出需要进一步改进的方面。

认知解离

认知解离是由史蒂文·海斯设计的一种治疗过程，它是"接纳承诺疗法"（Acceptance and Commitment Therapy，简称 ACT）的一部分。认知解离即观察想法的来来去去，而不沉迷于焦虑的内容。通过观察、标记和释放想法，可以帮助你与对灾难性后果的焦虑保持距离，对其不再过于认真。你会学会将想法视为仅仅是"想法"，一天中你可能会产生大约六万个想法。你也会学会让这些想法经过并悄然离去，因为它们并不是真实存在的，它们只是你的大脑的产物。你的大脑会持续产生焦虑的想法，但你与这些想法的关系会发生改变。你能对自己说"这是一个焦虑的想法"，然后让它离去，而不是过多地纠结于它。

正念专注

要学会从焦虑的念头中解离，首先需要通过正念专注来觉察你的想法。从呼吸开始，把注意力放在你的膈肌（呼吸的起源和中心）上。在吸气时对自己说"进"，在呼气时对自己说"出"。

当你专注于呼吸时，想法会不可避免地干扰你。每次受到想法干扰时，对自己说"想法"，然后让注意力回到呼吸上。无论你多么细心地观察呼吸，想法总会浮现。这是正常的，你没有做错任何事。所以，正念专注的操作顺序是：呼吸，注意到一个想法的出现，标记这个想法，并将注意力聚焦在呼吸上。

正念专注将帮助你学会观察你的内心，认识到它是一个想法的爆米花机，同时使你与焦虑分离并保持一定的距离。建议每天进行两次、每次 5 分钟的练习。

标记想法

一旦你学会通过正念专注观察你的内心，就可以开始在日常生活中标记令人不安的想法，尤其是你的焦虑。你可以用两种方式来实现这一点。第一种方式是对自己说"我现在有这个想法……"，然后具体陈述这个想法的内容。例如，"我现在有这个想法，我可能会生病"，或者"我现在有这个想法，我可能会丢掉工作"，或者"我现在有这个想法，我会在朋友面前表现得很糟糕"。要注意的是，用"我现在有这个想法……"来标记每个焦虑想法，可以提醒你这只是你的内心的产物，而不是现实。每当你注意到困难的想法时，就用这种方式给它们贴上标签——把它当作一项纪律，它能帮助你摆脱焦虑的困扰。

第二种标记方式是提醒自己这是什么类型的想法。那些涉及未来、引发焦虑的想法可以被标记为焦虑想法。或者你可以称它们为 C 想法，其中"C"代表灾难性的。现在，每当你开始担心，就通过说"焦虑"或"C 想法"来识别它。这个标签提醒你，这些只是想法，你可以觉察它们而不被其淹没。

放下想法

每当一个焦虑想法出现时，要学会让它离去。你如果愿意的话，可以安排一些时间来回顾你的焦虑想法。甚至可以将这些焦虑想法写在笔记本上，这样在你预定的焦虑时间里就不会忘记它们（这一技巧被称为延迟焦虑）。但是，在想法出现的那一刻，与其纠结于它，不如学会让它离去。一个帮助想法离去的策略是使用一种形象，比如想象这个想法就像路边的广告牌，而你迅速驶过它。或者把这个想法想象成飘浮的气球，随风飘走。或者想象这个想法就像电脑弹出窗口一样，突然出现在你的屏幕上，然后在你按下关闭键时消失。

你还可以用身体的动作来表示放下的过程。一个策略是深吸一口气，然后在呼气时放下这个焦虑的想法。想象这个想法随着呼气被释放出去。另一个策略是将这个想法放手。想象你把这个想法握在手里，掌心朝上。现在把你的手旋转过来，掌心朝下，想象你同时放下了这个想法。对于出现的每一个焦虑想法，都可以采用这些方法。

与焦虑想法保持距离

一种与焦虑保持情感距离的方法是感激你的大脑为你带来这些想法。

> 谢谢你，我的大脑，为带给我这个焦虑的想法而努力。
>
> 谢谢你，我的大脑，为带给我可能无法完成销售指标的想法而努力。
>
> 谢谢你，我的大脑，为带给我可能会出车祸的想法而努力。

这个口号承认你的大脑是在试图保护你，同时也帮助你不要过度沉浸于这些想法中。你不需要深入理解或探究这些想法，只需要感谢你的大脑并释放它们。

另一种与焦虑保持距离的策略是简单地反复重复这些想法，一遍又一遍（最多60或70次），直到它们失去所有意义。这个技巧被称为铁钦纳的重复法，以爱德华·铁钦纳（Edward Titchener）的名字命名，他发现如果单词被重复足够多次，它们就会丧失意义。

还有一种与焦虑保持距离的方法是将这些想法物化。想象这些想法有一种颜色、形状、质地或特定的大小。例如，你可以想象一个焦虑想法是绿色的，像足球一样又大又圆。现在你可以想象把它踢开。或者，问问自己这些想法有多古老——在你首次产生这些想法后已过了多少年？将这些想法想象成拄着拐杖、蹒跚行走的老人，然后老人慢慢消失在街角。

坚持实践解离焦虑的想法

如果你真的运用了解离技巧，它将有助于改变你对焦虑的看法。请承诺在每次觉察到焦虑想法时，都使用一个或多个解离策略。这可以仅仅是简单地对自己说"这只是一个焦虑想法"，然后把它想象成一片随着溪流漂浮离去的树叶。或者，当你第一次察觉到焦虑想法时，深呼吸，将这个想法随着呼气一同吹走。或者，你可以在注意到焦虑想法时，把它写下来以后再考虑（延迟焦虑），并感谢你的头脑又给你带来了一个焦虑想法。

成功解离和保持距离的关键在于：

（1）尽快觉察到焦虑想法。当你意识到自己在焦虑时，你就有了一个选择：是继续焦虑还是标记并释放这个想法。

（2）每当焦虑想法出现时，就使用解离策略。通过承诺在面对焦虑时采取某种方式来与焦虑保持距离或释放焦虑，并养成习惯。

（3）尝试不同的解离策略。保持策略的多样性，不断尝试新的方法。

（4）坚定地处理困扰你的焦虑想法。使用技巧，比如视觉化想象或者铁钦纳的重复法，来让这些想法变得荒谬或失去意义。

改变你的安全行为

我们都会本能地追求自我保护，力图远离潜在的危险。当感到受到威胁时，我们会迅速采取行动，全力确保自身的安全。比如，当你在一个没有灯光的停车场里听到身后有脚步声，你很可能会加快脚步，迅速回到车里以确保安全。除了在面对物理威胁时会寻求安全，你可能发现自己在为了缓解焦虑时也会寻求安全。安全行为是一种选择性行为，旨在应对你的恐惧情绪和焦虑所带来的灾难感。安全行为具有吸引力，因为它们能在短期内迅速减轻危险感。

安全行为的问题

采取安全行为带来的主要问题之一是，你永远无法知道你害怕的情况是否真的会伤害你。实际上，避开你所害怕的事物会逐渐增加你的焦虑感。比如，假设你经常为做决定而感到焦虑，试图提前考虑所有可能的不良后果。焦虑的目的是帮助你消除不确定性，但事实上，你所预测的每一个不良后果只会增加你的不确定感和威胁感。你的焦虑感不断加剧。于是，你开始采取安全行为。也许你会拖延，或者你会在不断寻求安慰和建议的同时做决定。这些安全行为最终造成的结果是，你永远无法学会容忍不确定性或相信自己的判断。每一个决定都让你继续感到焦虑。

下面的过程显示了安全行为如何维持并加剧焦虑感。

具体威胁： 某件事情让你对安全感到不确定。

焦虑：思考可能发生的灾难性事件，希望减少不确定性（威胁）。

时间越长，**焦虑 / 恐惧感越强**。

安全行为帮助你避开威胁或以某种方式减少威胁。

焦虑暂时减轻。

你没有学到威胁无法伤害你的知识；你没有学会忍受不确定性。

特定威胁再次出现。

循环重复。

安全行为类型

安全行为能提供短期的缓解，但也会阻止你了解大多数你焦虑的情况不会导致灾难。现在你已经理解了采取安全行为的目的和会产生的问题，让我们来看看你可能会采取哪些类型的安全行为。

过度寻求确认

如果这是你的一种安全行为，那么在你担心一个决定是否正确时，你会向他人寻求确认。这可能包括重大决定，比如购买汽车；或者较小的决定，比如晚餐吃什么。虽然向他人询问意见是正常的，但过度寻求确认是一种安全行为，因为你会反复询问，以对抗焦虑感带来的不安。

分心

面对让你害怕的体验时，你可能会采取分散注意力的行为。这些行为包括做白日梦、强迫性地观看电视或上网、数数、敲打东西、做计划等。

拖延

拖延是一种安全行为，属于更广泛的回避行为范畴。通过拖延，你将推迟面对你所害怕的体验，以延缓焦虑，或减少威胁感。

反复检查

在这种安全行为中，你可能会在离开家之前反复检查是否关掉了炉子，或者一天中多次检查你的亲人是否安全。这是你试图在面对不确定性时减轻焦虑感的方式。

逃避行为

通过逃避行为，你可以远离那些看似不确定和有威胁性的情境，从而减轻焦虑。比如，你可能会逃避去做年度体检，因为你不知道医生会告诉你什么。你可能会逃避那些你担心可能会失败的任务或挑战。

过度准备

这种安全行为的目的在于提高你对于模糊或不可预测的情况的确

定性。也许你听说过这样的说法："对于我无法在搜索引擎上搜索到的事情，我感到焦虑。"当你面对一个引发焦虑的挑战时，你会寻找尽可能多的信息，并尽可能做好准备，以降低不确定性。

完美主义

这种安全行为的目标是完美地做每件事情，以消除不确定性和错误。这也意味着不把任务交给他人，因为这样你就可以确保任务按照你的意愿来完成。同时，这也可能意味着过度工作，以避免出现错误的可能性。

药物／酒精

尝试用药物或酒精来减轻焦虑是一种安全行为。同时，随身携带抗焦虑药物，以防万一出现焦虑症状，同样也是一种安全行为。

广泛性焦虑症和安全行为

广泛性焦虑症（GAD）往往是通过使用安全行为来维持的。随着你逐渐减少安全行为，你将更加能够容忍不确定性，你对不确定性的恐惧将逐渐减少。因此，停止安全行为对于克服焦虑和广泛性焦虑症至关重要。

克服焦虑的第一步是创建一份焦虑清单。该清单主要关注引发焦虑的情境、产生焦虑的具体因素，以及你用来对抗焦虑的安全行为。

在开始填写焦虑清单（请扫二维码下载表格）时，回想一下你最近的焦虑和引发这些焦虑的情境。在第一列中描述情境，在第二列中列出你的焦虑（你害怕的灾难性后果），在第三列中写下你为了减轻该情境带来的焦虑而采取的安全行为。

斯蒂芬的焦虑清单		
情境	**焦虑**	**安全行为**
胃痛 / 气胀	害怕医生错了，病情可能很严重	在网上进行医学研究
工作截止日期	要是我错过了怎么办？被解雇或被羞辱	不断列出要做的事情；检查清单；向同事寻求安慰
股市下跌	会崩盘吗？失去一切	不断查看道琼斯和标准普尔指数；给经纪人打电话寻求确认
买一辆新车：别克	它会是一辆次品，我会不喜欢它	重复查看消费者报告。拖延；频繁试驾
最近发生的大规模枪击事件 + 去音乐会	音乐会会成为袭击目标，我会被杀害	向朋友寻求确认；检查有关恐怖活动的新闻报道
老板要求开会	我会受到训斥或被解雇	向同事寻求确认
在健身房心率很高	我是否患有心脏病？我会马上心脏病发作吗	在网上进行医学研究；不断检查脉搏
公寓需要新屋顶和进行粉刷	费用会让我不得不卖掉房子，面临财务麻烦	查看公寓价格；确认道琼斯和标准普尔指数

　　注意斯蒂芬在同一种焦虑上通常会采取多种安全行为，而且特定的安全行为通常与特定类型的焦虑（健康焦虑、工作焦虑、财务焦虑等）相关。对斯蒂芬来说，意识到他的安全行为是导致他产生焦虑，并使他对不确定性的容忍度降低的关键一步。如果他想减少生活中的担忧和焦虑，他必须停止他的安全行为。

停止由焦虑导致的安全行为

停止基于焦虑的安全行为可以采取"断然停止"或"逐步递进"的方式进行。你可以使用安全行为计划表（请扫二维码下载表格）来为每种安全行为制订停止计划。在表格第一列列出你的安全行为（按类型分类），在第二列中填写相应的停止计划。关于第三列的行为测试，将在下一节中介绍，目前不需要处理。

斯蒂芬将他在焦虑清单中列出的安全行为转移到了安全行为计划表中。以下是他填写的内容。

斯蒂芬的安全行为计划表

安全行为	计划	行为测试
检查： 在线医学研究	停止	
道琼斯和标准普尔指数	减少频率，从每两天两次减至每两天一次，然后停止	
消费者报告	停止	
公寓价格	检查一次，然后停止	
试驾新车	试驾每款车型一次，总共试五款，然后停止	
生理症状（脉搏）	每天检查两次，然后减少到每天一次，最后停止	
灾难新闻报道；一般新闻	停止	
制订待办事项清单并进行检查	每天添加事项一次，每天只检查一次	
向经纪人、朋友和同事寻求确认	每季度只向经纪人咨询；不再与朋友或同事讨论担忧的事情	
拖延	现在就确定决策日期	

行为测试

还有一种方法可以帮助你克服安全行为，这个方法被称为行为测试，它能让你亲自验证安全行为是否真的能保护你。通过行为测试，你可以尝试验证不依赖安全行为，比如停止检查或寻求保证，是否会导致所担心的灾难发生。

具体做法如下：首先，确定一个你经常依赖的特定类型的安全行为，这个行为在你的安全行为计划表中有记录。然后，在多个不同的情境或场合中，尝试停止这种行为。以斯蒂芬为例，他可以尝试停止对身体症状、灾难新闻和股市报告的检查行为。在每个测试中，他要预测可能会发生的事情，也就是他所害怕的结果。在停止安全行为后，斯蒂芬会记录实际发生的情况，完成测试。

例子 1：

测试：停止检查我的脉搏。

预测：我可能有心脏问题，但不知情。下周去看医生时，他会告诉我我曾经患过"潜在的心脏病发作"。

结果：医生说我的心脏没有问题。

例子 2：

测试：停止确认股票行情。

预测：下周股市会暴跌，而我毫不知情，已经来不及卖出了。

结果：实际上股市涨了。

例子 3：

测试：每天只查看一次待办事项清单。

预测：我可能会忘记做一些重要的事情，在工作中犯下严重错误。

结果：测试进行了两周，我只忘记给一个老客户打电话，其他事情都没忘记，并没有造成什么严重后果。

在完成每个测试后，斯蒂芬将他的预测和结果记录在他的安全行为计划表的第三栏。斯蒂芬还对一些没有列在计划表上的其他情况进行了额外的测试。

- 不主动询问女友是否按原计划见面。
- 不主动询问母亲的健康情况，而是让她自行告知是否有问题。
- 停止频繁检查腺体是否肿胀。

通过行为测试，斯蒂芬发现他所担心的结果并没有出现，随着时间的推移，他能够停止自己的安全行为。

将焦虑转化为解决问题

在这一章中，到目前为止，你已经学会了如何更加现实地处理被夸大的焦虑情绪。但是当面对生活危机或真正的问题时，你应该如何应对以避免焦虑情绪失控呢？有三个实用的步骤可以帮助你减少担忧和焦虑。

（1）清晰明确地定义问题。

（2）利用头脑风暴找出解决方案。

（3）与自己达成约定，承诺付诸实践。

以下将焦虑转化为解决问题的分步模型取材于玛丽·埃伦·科普兰（Mary Ellen Copeland，1998）的《焦虑控制手册》（*Worry Control Workbook*）。每个步骤后面都附有一个例子，展示一个年轻的企业家如何使用这个问题解决流程来处理她对创业的焦虑。该模型之后是一个空白的解决问题工作表，供你在实践中使用这个技巧。

（1）写下一个让你非常焦虑的情境。明确问题所在。例如：我急切地渴望创办自己的企业，但我的资金非常有限。我担心我了解不够充分，难以规避潜在的风险，最终可能一事无成。

（2）进行头脑风暴，列出可能改善或纠正这种情况的各种方法。

- 与其他成功的企业家交流，了解他们的创业经验。
- 深入研究支持初创企业和人才培养的组织。
- 研究获取小型创业贷款或其他适用于小型初创企业的资金的可能性。
- 加入一些小型企业和创业组织，积累经验和建立关系。
- 在朋友和家人中寻找潜在投资者。
- 考虑在家中启动业务，以降低成本并保护自身财务状况。
- 考虑多工作几年，积累更多的资金。
- 可以保留现有工作，同时创办自己的公司。

（3）评估每个想法，哪些不可行？在这些项目旁边标上"X"。哪些实施起来有困难？在这些项目旁边标上"?"。哪些可以立即着手实施？在这些项目旁边标上"Y"。

与其他成功的企业家交流，了解他们的创业经验	Y
深入研究支持初创企业和人才培养的组织	Y
研究获取小型创业贷款或其他适用于小型初创企业的资金的可能性	Y
加入一些小型企业和创业组织，积累经验和建立关系	?
在朋友和家人中寻找潜在投资者	Y
考虑在家中启动业务，以降低成本并保护自身财务状况	?
考虑多工作几年，积累更多的资金	X
可以保留现有工作，同时创办自己的公司	X

（4）设定具体日期。与自己约定，完成所有标有"Y"的事项。

到 4 月 1 日，我将与其他企业家交流，深入了解他们的创业经验。

到 4 月 15 日，我将深入研究支持创业和人才培养的组织。

到 5 月 1 日，我将询问家人和朋友是否愿意成为潜在投资者。

到 5 月 15 日，我将研究获得小型创业贷款或其他适用于小型初创企业的资金的可能途径。

（5）当你完成了所有标有"Y"的事项后，继续着手处理更难的标有"?"的项目。与自己约定，完成这些项目。

到 6 月 15 日，我将加入一些小型企业和创业组织。

到 7 月 1 日，我将决定是否应该清出一个卧室，打造一个在家办公的办公室。

（6）现在，也许有些标有"X"的项目看起来并不那么难。如果有任何你认为自己能够做到的，与自己约定采取行动：到 8 月 15 日，如果其他选择没有奏效，我将兼职创办公司，并继续全职工作。

你可以使用空白的解决问题工作表（请扫二维码下载表格），将这个问题解决技巧应用到你的其中一项焦虑情境中。

请注意，本工作手册中的其他三章可以帮助你处理生活中的问题。第 16 章帮助你设定目标和进行时间管理，第 17 章提供自信心培养的方法，而第 18 章则专注于工作压力管理。

最后的思考

随着你定期练习本章所介绍的技巧，你将逐渐能够更加轻松地应对你的担忧和焦虑情绪。考虑一下为自己设定明确的目标。每当你选择使用放松技巧时，你会感到紧张感减轻。每当你成功地解离自己的焦虑时，你会体验到更多内心的平静。每当你应对焦虑的情境，却没有产生你害怕的负面后果时，你会变得更有自信和更坚韧。每当你专注于解决问题时，你会意识到有许多的资源可以帮助你实现目标。要耐心地练习这些技巧，因为克服旧的思维和行为习惯并培养新习惯需要一些时间。

The
Relaxation
& Stress
Reduction
Workbook

14

第 14 章

直面恐惧和回避

在本章中，你将学会

- 勇敢面对那些你当前可能在回避的或让你极为不适的、引发恐惧的情境
- 打破那些灾难性想法，它们加剧了恐惧和焦虑，阻止你去做你珍视的事情
- 显著降低你的恐惧和焦虑水平

背　景

　　回避是一种逃避危险、迅速减轻恐惧和焦虑的很好的方式，但当人们所害怕的经历并非真正的威胁时，这种回避就限制了人们的生活。恐惧症可能会与某些东西（比如蜘蛛）相关，这种关联是由于一次可怕的经历导致的。比如，一个小女孩的玩伴把一只无害的蜘蛛放到她的衬衫里，然后尖叫着大喊："蜘蛛！"恐惧症也可能是通过观察他人而产生的，比如一个孩子看到她的保姆每当看到地板上的长腿昆虫时总是跳到椅子上尖叫，也会受到惊吓。由于这种经典条件反射，一旦孩子将之前中性的刺激与危险联系在一起，她在遇到蜘蛛时就会感到恐惧。每当她想到蜘蛛时，她会感到焦虑和担忧，并尽力回避那些与蜘蛛有关的事物。

　　恐惧症患者可能会陷入无休止的恐惧和回避循环中，这会妨碍他们学习新的、更具适应性的方法来处理恐惧。大多数蜘蛛并不危险，生活在有毒蜘蛛出没的地区的人们已经学会了如何处理它们而不受伤害。而那个小女孩由于回避她认为危险的事物而无法学习更有效的应对蜘蛛的方法。她也没有学会在蜘蛛周围忍受一些不适，而是在心里夸大了它们的危险，低估了自己应对它们的能力。因此，她陷入了恐惧症的困境，她的世界变得更加狭小，因为她在无意识中排除了可能涉及蜘蛛的生活选择。只有当她意识到恐惧和回避让她错过了她珍视的生活时，她才会有动力去直面恐惧并停止回避。

迄今为止，治疗恐惧回避的黄金标准一直是基于习惯化模型的暴露疗法（McKay, Skeen, & Fanning, 2017）。患者会在没有不良结果的情况下反复暴露在恐惧引发的情境中，比如面对蜘蛛，直到他们不再感到害怕。多年来，暴露疗法经常与各种认知行为策略相结合，帮助患者理性地挑战他们对恐惧症的灾难性想法，同时使用应对语句和放松技巧减轻他们的恐惧和兴奋。例如，沃尔普（Wolpe, 1958）的系统脱敏疗法通过教授患者放松技巧，在没有负面结果的情况下进行逐级暴露练习，涉及从最不害怕到最恐惧的情境。他们会在心理层级中想象一个令人烦恼的情境，直到不再感到恐惧和兴奋。一旦适应，他们会转移到下一个心理层级，并重复这个过程。当他们能够在所有的心理层级上不再感到恐惧或兴奋时，治疗就被认为是成功的。在 20 世纪 80 年代，埃德娜·福阿（Foa & Kozak, 1986）通过淘汰放松法持续地进行真实暴露，扩展了习惯化模型。

许多人通过基于习惯化模型的暴露疗法克服了恐惧和回避。然而，这可能会耗费很多时间，并且并不适用于每个人。长期的追踪测试表明，一些患者在成功完成暴露疗法治疗后会复发。这些研究表明，在暴露疗法治疗中和治疗结束时恐惧减少并不保证恐惧不会在治疗结束后的某个时候重新出现（Craske et al., 2008）。这导致认知行为治疗师继续寻找一种更高效的治疗恐惧回避的方法。

克拉斯克及其合作者（2014）基于抑制性学习模型开发了一种更快、更有效的暴露疗法。该疗法不再以减少恐惧和生理兴奋为目标，而是通过新的学习抵消以恐惧为基础的旧的认知，具体实施方法如下。

问自己两个问题：如果我一直回避，最糟糕的结果可能是什么？我觉得这种预期实现的可能性有多大？然后，设计暴露练习来验证这些灾难性预期。在每次暴露练习结束后，将对可怕结果的预期与实际情况进行比较。差异越大，产生的惊讶越多，学习新的更具适应性的东西的机会就越大。在迈向改变之前，人们首先需要否定与危险相关的想法。仅仅理性地质疑这些想法是不够的（McKay，Skeen& Fanning，2017）。

维持"惊讶"和进行新的学习的力量非常重要，这是通过在暴露练习期间患者体验对恐惧的预期与实际情况之间的差异而产生的。克拉斯克及其合作者（2014）建议将强调逻辑和事实的放松练习和认知干预（例如，理性情绪疗法）放到暴露练习后，特别是当患者思考实际发生的事情与他的恐惧预期之间的关联时。

参加这种暴露疗法治疗需要决心。有些人在完成该治疗后能迅速、勇敢地面对他们害怕的情境。当他们这样做时，他们会惊讶地发现他们对恐惧的预期是不正确的，他们的恐惧和回避会因此而减轻。其他人可能需要按照自己的节奏来逐渐面对这些可怕的情境，从挑战性较小的练习逐渐过渡到更具挑战性的练习。虽然这需要更长时间，但他们会因勇气和努力而得到回报。如果独自面对恐惧的情境显得太可怕，他们还可以选择在朋友或治疗师的支持下进行这种暴露疗法治疗。

症状缓解效果

研究表明，与其他形式的认知行为疗法相比，基于抑制性学习概念的暴露疗法是矫正与恐惧情境有关的错误信念、克服回避行为、减少焦虑和生理兴奋最快速的方法，而且这些结果具有持久性（Craske et al.，2014；McKay，Skeen&Fanning，2017）。

掌握所需时间

完成恐惧和回避评估表可能需要一两个小时。接下来的暴露疗法包括三个步骤：规划暴露练习，体验暴露练习以及反思总结反馈。通过这三个步骤，新的学习将得到巩固。直到你的恐惧和回避减轻到一定的程度，你确信你的恐惧预期不太可能发生，同时能自信地面对你以前回避或感到不适的情境。完成此暴露疗法治疗所需的时间因人而异，从几天到几个月不等。

操作说明

评估回避恐惧对你生活的影响

进行这个练习需要动力。有时，重大的生活变化会给人动力，就像辛迪一样，她是一个有电梯恐惧症的新手妈妈。她很快发现，抱着她快速成长的宝宝和所有的婴儿用品上下她公寓楼的四层楼梯非常辛苦。通过这个练习，她成功克服了对电梯的恐惧，也因此节省了大量时间和精力。

如果你想知道这个练习是否适合自己，这个评估练习将帮助你看清回避恐惧的情境或忍受这些情境给你的生活带来的后果。在阅读以

下示例中的说明后，请填写空白的恐惧和回避评估表（请扫二维码下
载表格）。

海伦娜的恐惧和回避评估表

（1）回避或忍受会给你带来哪些困扰？在这个练习中，选择你害
怕的一种情境。如果你害怕多种情境，请为每种害怕的情境使用一张
空白的恐惧和回避评估表。

> 我极为害怕蜘蛛、公众演讲、乘飞机和乘电梯，因此
> 我常常回避这些情境。我将先处理对公众演讲的恐惧。

（2）面对你的恐惧情境，你认为最糟糕的结果会是什么？重点是
你认为会发生的事情，而不是其他人（甚至专家）告诉你可能会发生
的事情。

> 我在面对观众演讲时会非常紧张，我的头脑会一片空
> 白，我将无法说话或者说话结结巴巴。我担心观众会认为
> 我是个白痴，会起身离开或者嘲笑我然后不理睬我。如果
> 我的老板在观众席中，那将意味着我的工作完蛋了！

（3）由于这种恐惧的预期，你会因此回避或忍受哪些困扰？花些
时间思考这个问题涉及的各个生活领域，比如友谊、家庭、工作、教
育、健康、自我照顾、休闲娱乐、生活目标、为他人服务和恋爱关系
（McKay，Skeen&Fanning，2017）。

> 在工作中，我尽量避免向我的团队做报告，或面向管
> 理层及在会议上进行演讲。在家庭聚会上以及和一群朋友
> 在一起时，我避免对整个团体讲话。在课堂上、在我的服

务俱乐部和在公寓业主协会的会议上，除非被要求，我从
不主动提问或分享自己的意见。

（4）除了回避，你还用哪些其他的方式来减少恐惧？这些安全
行为的例子包括拖延、分心、阻碍、寻求他人的保证、制订清单、反
复检查、推迟、过度准备、完美主义以及使用药物或酒精（McKay，
Skeen&Fanning，2017）。

> 如果我必须在工作中向一群人发表讲话，我首先会尽
> 可能地对演讲的内容进行确认。我会尽可能地推迟我的演
> 讲。如果我必须进行演讲，我会尽可能快地念完我的演讲
> 内容，从不与任何人进行眼神交流。简而言之，我会屏蔽
> 观众。当我参加家庭聚会或和一群朋友在一起时，我会通
> 过喝酒来平复紧张情绪。在参加公寓会议或上课时，我总
> 是安静地坐在后排。如果被点名回答问题，我会给出简短
> 的回答或直接说"我不知道"。

请回答以下三个问题，并将答案填入下面的表格中。

（5）如果你没有这种恐惧预期，你想要做什么、体验什么或实现
哪些目标？这是一个关键问题，因为它有助于你克服不适感，去追求
你珍视的事情。

（6）请根据一个从 1 到 5 分的量表（1 分表示"毫不重要"，5 分
表示"极为重要"）来衡量这些经历的价值。

（7）根据一个从 1 到 100 分的量表（1 分表示"几乎没有压力"，
100 分表示"极度痛苦"）来评估一下在每种恐惧情境下你会承受多
大的压力。

（5）想体验和实现的目标	（6）价值	（7）压力程度
向我的工作团队介绍我的新游戏	5	80
向管理层做项目进展报告并保持眼神交流	5	95
在展会上展示一款新游戏并回答问题	5	100
在我最好的朋友的婚礼上发表祝酒词	5	90
在俱乐部里主动提问并表达我的观点	3	60
在我的公寓业主协会会议上发表讲话	4	70
在课堂上主动提问和回答问题	4	65
在午餐时向一群朋友讲述一个故事或笑话	5	60
在一次盛大的家庭聚餐上表达一个对立的观点	5	65

（8）在回顾你对这些问题的回答时，你学到了什么？

　　我一直知道我在公众演讲方面存在问题，但这个练习让我痛苦地认识到，如果我想在职业生涯中取得进步，我必须克服对在团体中演讲的恐惧。我还希望能够在工作之外的团体中表达自己的观点。我厌倦了每次在面对团体时都担心会说不出话来，担心别人会认为我无能或愚蠢，并因此而拒绝我。我有很多好主意，我想在工作和个人生活中将它们表达出来。

（9）你愿意使用这个暴露疗法来停止回避，直面你的恐惧，并测试你的灾难性预期吗？

　　我愿意直面我的恐惧，进行暴露训练，挑战我对在团体中演讲的灾难性预期。

现在填写空白表格，评估恐惧和回避在你生活中的影响。

计划你的第一次暴露练习

通过完成恐惧和回避评估表，你已经完成了计划和进行第一次暴露练习所需的大部分准备工作。请参考以下提示，以及海伦娜如何采取这些步骤的例子，填写你的暴露练习计划表，进行第一次暴露练习，并填写暴露练习反馈表。

（1）在进行第一次暴露练习时，请回顾你在恐惧和回避评估表中对第 5 至第 7 个问题的回答，并选择一个你感到害怕的情境，它在 5 分制的量表中的评分为 4 或 5 分，而在 100 分制的量表中具有较低的压力评分，评分最好在 60 至 70 分之间。

（2）辨识你在这个恐惧情境中通常会使用的安全行为。

（3）对于你在这个恐惧情境中进行暴露练习时可能产生的消极结果，你的灾难性预期是什么？写下一个简短的描述，清晰地表述你最担心会发生的事情、可观察的行为和事件，这将作为你证实或反驳灾难性预期的证据。不要预测你会感到害怕，只预测实际可能发生的事件。随着你的实践，这会变得越来越容易。

这里有三个例子，可以帮助你入手。一个害羞的男人写道："当我在唐的派对上向一位陌生的有吸引力的女性介绍自己时，我会紧张得说不出话来。她会皱眉，退后一步，并找借口尽快离开我。"一个恐高的男人写道："当我和朋友们在锡拉斯山脉徒步时，我会环顾四周欣赏风景，然后头晕目眩，失去平衡，摔下山去。"一个害怕狗的年轻女士写道："当我在公园慢跑时，一只大狗会袭击我，咬我好几口，导致我不得不去急诊室止血并缝合伤口。"

（4）在 1 到 100 分的量表上，你有多强烈地相信你的灾难性预期会在进行暴露练习时发生？这个答案基于你的感受，而不是逻辑和事实。

（5）计划你的暴露练习：需要详细地描述你希望在暴露练习中体验或实现的目标，以反驳在面对恐惧情境时你产生的消极预期。你的计划应该具体到你将采取的行动、哪些安全行为你愿意放弃、测试灾难性预期所需的时间和你与恐惧情境的距离等方面。要像一名科学家一样思考，以确保你的实验（暴露练习）能最有效地测试你的假设（灾难性预期）。

请记住，当你在面对恐惧情境时，你的灾难性预期与实际发生的事情之间的差异越大，你的新的适应性学习就越多。因此一次性放弃所有安全行为会在你的灾难性预期未发生时给你最大的惊喜。如果你认为一次性放弃所有安全行为太具挑战性，你可以逐渐减少安全行为。如果无法进入你的恐惧情境，你可以先站在外面，或从想象、书面描述、照片或视频开始，然后逐渐在更具挑战性的暴露练习中进行尝试。

决定你的暴露练习何时结束。无论你感到多么焦虑或紧张，坚持执行计划直到练习结束。通常情况下，一个小时是个不错的练习时长。但如果一个小时对于暴露练习来说太长了，可以将练习分成时长各为半小时的两个部分。例如，一个恐高的女士计划在朋友公寓的阳台的栏杆旁观看六层楼下的花园，无论恐惧水平或身体反应如何，都坚持进行两个为期 30 分钟的练习。另一个方法是设定特定的行为目标。例如，一个害怕在高速公路上驾驶的男士计划在家附近上高速公路，从第三个出口下高速公路，然后绕着街区再次上高速公路回家。如果你在练习中注意到你的灾难性预期没有发生，而且你的恐惧水平已经显著下降到约 15 分或更低，那么你可以结束练习。

体验暴露练习

　　一旦你制订了你的暴露练习计划，请按计划进行练习。在体验暴露的过程中，请注意你和他人的行为细节、你的感受和所发生的事情。感觉到恐惧是很正常的。接受你的情绪和生理感觉。觉察它们随着你执行计划的过程而起伏。坚持进行暴露练习，直到你确信你的灾难性预期不会发生，或者你已经完成了特定的行为或时间目标。

暴露练习后的总结分析

　　在完成暴露练习后，花些时间总结你的经历，并通过填写暴露练习反馈表来思考你学到了什么。举个例子，海伦娜完成了暴露练习的三个步骤：规划暴露练习，体验暴露练习以及反思总结。她在开始时回顾了自己对恐惧和回避评估表的第 5 至第 7 题的回答，选择了一个让她感到既重要又不过于痛苦的恐惧情境作为她的首次暴露练习的目标。

　　　　　　　　海伦娜的暴露练习计划表

选择一个你因害怕而回避或感到难以忍受的情境：
在课堂上提问和回答问题。
价值（1 ~ 5 分）: 4 分
压力程度（1 ~ 100 分）: 65 分
安全行为：
我坐在教室后排，不与人进行目光交流，除非有人跟我说话，否则我保持沉默。如果有人问我问题，我的回答会尽可能简短，或者我会说"我不知道"。

灾难性结果的预测：

如果我主动回答问题或提问，我担心我会紧张到口吃，讲出一些毫无意义的话，同学和老师会嘲笑我，发表一些嘲讽或批评性的言论。

灾难性结果发生的可能性：65%

你的暴露练习计划：

在下一堂课上，我会坐在前排，专注地看着老师，至少详细回答一个问题并主动提出一个问题。即使我非常焦虑，我也会勇敢地开口，并完成我打算回答或提问的内容。

海伦娜按照她的暴露练习计划进行了实践，并在课后立即填写了暴露练习反馈表。

海伦娜的暴露练习反馈表

你最担心的事情发生了吗？ 否（X）是（　　）

你是怎么知道的？ 列出具体的证据，告诉自己害怕的结果是否发生了。

虽然我很紧张，但我坐在前排，目不转睛地看着老师。第一次回答问题时，我感觉心脏狂跳到了嗓子眼，让我很难说话。我确实有一次口误，但我设法表达清楚，我的回答正确且详细。我第二次回答问题时，虽然还是很紧张，但没有出现口误。我还提出了一个我几个星期以来一直好奇的问题。每个人都礼貌地听着，没有人嘲笑我。

你通过这次暴露练习学到了什么？

尽管我很害怕，心脏狂跳，但当我说话时，我能让自己表达清楚。似乎没有人因为我说话时紧张而对我进行评判和排斥。这比我预想的要容易，但我需要在以后的课堂上继续回答问题和提问来增加自信。

你觉得下次在这种恐惧情境中，你的灾难性预期发生的可能性有多大？ 25%

在 1 到 100 分的量表上，你在进行暴露练习之前和之后在面对这种恐惧情境时的压力程度如何？

之前：65 分；之后：30 分

你现在需要学习什么？

虽然我对在课堂上提问和回答问题时被评判和排斥的恐惧有所减轻，但我希望在课堂上以及在其他情况下继续练习。我现在明白了如何在志愿者俱乐部、在家庭聚餐时以及和一群朋友社交时计划类似的暴露练习。

海伦娜在志愿者俱乐部和与家人、朋友在一起的社交场合中继续练习开口说话。然后，她转向在工作中进行演讲的紧迫问题。她填写了另一个暴露练习计划表。

海伦娜的暴露练习计划表

选择一个你因害怕而回避或感到难以忍受的情境：
向我的团队介绍我的新游戏创意。

价值（1～5 分）：5 分

压力程度（1～100 分）：85 分

安全行为：
逐字逐句地快速读我的演讲稿，不与人进行目光交流，并屏蔽我的听众。

灾难性结果的预测：

下周在团队会议上，当我向我的团队概述我的新游戏创意时，我注意力不集中，开始结巴，甚至无法解释基本的设计思路。结果，他们会认为这是一个愚蠢的想法，并提出很多批评性的问题。

灾难性结果发生的可能性： 80%

你的暴露练习计划：

在我们团队的例行会议上，我将向团队介绍我的新游戏创意，并涵盖其基本设计思路。我不会写一篇演讲稿，而是准备一张笔记卡，上面列有我想要涵盖的几个要点，但我尽量不看卡片，而是与听众进行眼神交流，并放慢语速。在演讲结束时，我会积极回答问题，并欢迎他们提出改进的建议。

海伦娜继续按照自己的计划在下一次团队会议上进行了暴露练习。会议后不久，她填写了暴露练习反馈表。

海伦娜的暴露练习反馈表

你最担心的事情发生了吗？ 否（X）是（ ）

你是怎么知道的？ 列出具体的证据，告诉自己害怕的结果是否发生了。

尽管我一开始非常紧张，心脏狂跳，嘴巴很干，汗流不止，一开始我有些结巴，但我成功地向团队解释了我的新游戏创意。我只是简要地看了一下我的笔记，与同事进行了眼神交流。随着我演讲的进行，我注意到我的身体逐渐平静下来。他们并没有对我的新游戏创意不屑一顾，我们实际上展开了一场关于游戏优势和改进方式的热烈讨论。我们同意在下次会议上深入讨论这个创意。我感到非常惊喜！

你通过这次暴露练习学到了什么？

尽管害怕批评并有生理上的恐惧，我仍然可以向团队介绍一个新的游戏创意。下次会议，我可以利用收到的反馈来加强游戏设计。我也明白，至少在同事面前，害怕并不意味着我无法让他们认可我的创意的价值。我认为在下次会议上会更容易一些。

你觉得下次在这种恐惧情境中，你的灾难性预期发生的可能性有多大？ 40%

在 1 到 100 分的量表上，你在进行暴露练习之前和之后在面对这种恐惧情境时的压力程度如何？

之前：85 分；之后：40 分

你现在需要学习什么？

我仍然担心我的团队会拒绝我的新游戏创意，特别是当我提到我想把游戏中的主角塑造成一个有缺陷的角色时，他们会更加反对。我知道会有一些人持反对意见，但我不再担心自己会因焦虑而无法让他们相信这是一个出色的创意。

注意到海伦娜愿意向团队成员说一些她知道他们中的一些人不会喜欢的主意。这为她提供了更好的机会去测试她的恐惧预期，即表现糟糕，并受到评判和排斥。在进行反思后，海伦娜立即填写了她的下一个暴露练习计划表。结果，在她下一次的团队会议上，她的压力程度从 40 分降至 15 分。尽管有一些强烈的反对声音，但她成功地为她的主角创意进行了辩护。她估计在这种恐惧情境中，灾难性结果发生的可能性从 40% 降至 10%。她感到自信，可以在团队面前继续进行演讲，不再担心会出糗，受到批评和排斥。

海伦娜准备回到恐惧和回避评估表的第 5 题，选择另一个她想要尝试、体验或完成的恐惧情境。然后，她会再次进行暴露练习的三个步骤：规划暴露练习，体验暴露练习以及反思总结。在这一点上，她已经有了足够的信心，可以跳到清单上的一些高度害怕的情境，她认为无论它们有多令人不安，都能教给她一些有用的东西。

研究表明，随机挑战而不是从最不令人恐惧的情境逐渐逼近最令人恐惧的情境，实际上会使效果更加明显且更持久（克拉斯克等，2014）。但如果你觉得随机暴露让你太过紧张，那么就按照你的恐惧情境列表，从简单的开始，逐渐过渡到更具挑战性的恐惧情境，在你学会面对难度更低的恐惧情境之前，不要进入更具挑战性的情境。如果你觉得你的暴露练习不够有挑战性，可以将你之前做过的两个练习结合起来，使其更具挑战性。在进行低挑战性暴露练习之前，阅读与你所害怕的情境相关的文章或观看相关视频，为即将面对的情境做好准备。

现在是时候计划并进行你的第一个暴露练习了，同时，请使用暴露练习计划表和暴露练习反馈表（请扫二维码下载表格）。

特别注意事项

一旦你成功完成了恐惧清单上的所有暴露练习，建议你进行定期的增强练习。增强练习包括填写一个暴露练习计划表，进行暴露练习并填写暴露练习反馈表。特别是当你曾经害怕和回避的事情出于实际原因出现的频率很低时，比如乘飞机或在海里游泳，这样的增强练习会更有意义。如果你遇到过恐怖的经历，或者发现自己又陷入了旧的回避习惯，那么进行增强练习也是个好主意。

　　研究显示，在不同环境中进行直面恐惧的练习会取得更好的结果（Craske et al., 2014）。海伦娜很幸运，在成功完成这个暴露练习后，她参与了几个团体，可以继续练习公开演讲。当她需要在计算机大会上向众多观众发表演讲时，她仍然会感到紧张，但她将这视为很自然的事情。她对自己能够清楚地表达自己的想法感到自信，不再担心因为表现不完美而受到评判或拒绝。她开始因工作而旅行，这引导她重新使用自己的恐惧和回避评估表，并用它来克服她对飞行的恐惧。她说，处理恐惧和回避，就像处理生活中的所有压力一样，是一个旅程，而不是一个终点。

第15章

愤怒免疫

The
Relaxation
& Stress
Reduction
Workbook

15

在本章中，你将学会

- 在令人愤怒的情况下放松而不是感到紧张
- 学习通过处理想法的方式来管理激发愤怒的认知
- 利用激发愤怒的画面来练习新的应对技巧，并对愤怒进行免疫
- 制订特定情境下的愤怒应对计划

背 景

愤怒免疫（McKay & Rogers，2000）基于杰里·德芬巴赫（Jerry Deffenbacher）设计的愤怒管理方案（Deffenbacher & Mckay，2000）。愤怒免疫的理念是，如果你逐渐将自己暴露在越来越具有挑衅性的愤怒情境的记忆中，同时运用应对技巧，你将学会如何回应愤怒。该方法最初由雷蒙德·诺瓦科（Raymond Novaco，1975）使用，并且他的研究表明该方法可以减少由愤怒驱动的攻击行为。德芬巴赫等人（1987）证实了诺瓦科最初的发现，将放松和应对愤怒的想法相结合可以有效控制愤怒。通过愤怒免疫，你将学会在刚刚出现被激怒的迹象时就让自己放松，并以让你冷静、脱离烦恼的想法来击退那些容易激怒你的想法。这种训练并不会让你不再感到愤怒，但它会提供有效的应对策略，因此你会有信心，能够在面对挑衅时不失去控制，也不会因此而破坏你的人际关系。

愤怒免疫包含下面四个步骤。

（1）**放松技巧**：你需要在本书的其他章节中学习具体的放松训练方法：腹式呼吸、渐进性肌肉放松、只是放松、指令控制放松和特定场景的视觉化想象。

（2）**应对想法**：你将创造属于自己的愤怒应对想法，帮助你对抗那些容易激怒你的扭曲的想法。

（3）**免疫**：在愤怒的情绪记忆中，你将练习放松和认知应对技巧，涵盖五个不同强度的情绪水平。

（4）**现实应对**：将最有效的应对技巧结合起来，制订专门针对特定触发因素的愤怒管理计划。

症状缓解效果

在许多研究中，如诺瓦科（1975）、哈扎勒斯和德芬巴赫（1986）、德芬巴赫等（1987）以及德芬巴赫等（1990），已经证明，你将在本章中学习的愤怒免疫计划在管理对愤怒的回应方面是有效的。这一计划显著减弱了人们易怒的性格特征，并减少了愤怒事件的发生。

掌握所需时间

你可以在三到四周内掌握关键的放松技巧。为了应对特定的愤怒情境，可能需要用几个小时来设计"应对想法"。在愤怒免疫过程中，你将依据五个不同级别来视觉化曾经让你感到愤怒的记忆，每个级别都包括两个愤怒场景。要完成这项工作可能需要三到四周的时间。制订每一个应对现实生活中的愤怒情境的具体计划可能需要一到两个小时。

操作说明

第一步：学习如何放松

"战斗或逃跑"反应在愤怒情绪中扮演着重要的角色。尽管愤怒的想法可能会引发这种反应，但通常情况下，当某些事情引发愤怒的想法并进一步刺激你的生理唤醒时，你已经处于高度的交感神经系统唤醒状态。这当然会产生更多愤怒的想法。一个常见的例子是，在一天的工作后，你在开车回家的途中遇到交通拥堵，头痛难忍，然后有人做出了不负责任的行为，在本来就紧张的情况下，你可能会爆发怒火。

一种打破愤怒循环的方式是通过定期练习深度放松技巧来降低交感神经系统的兴奋度。此外，当你开始感到不安时，使用基于呼吸的快速放松策略也会有所帮助。因此，你可以进行几次腹式深呼吸来释放内心累积的紧张情绪，而不是大声喊叫、按响汽车喇叭或发怒。

本书中包含了管理愤怒的核心放松技巧。下面是这些技巧的列表，该列表按照你应该学习的顺序进行了排列。渐进性肌肉放松和简单的只是放松必须首先掌握，然后才能有效地掌握指令控制放松，因此请按照这个顺序学习。

在被激怒的情况下，有些放松技巧可以用来快速缓解愤怒，而其他的放松技巧只适用于进行一般性的压力缓解，在你生气的那一刻不会有所帮助。每种技巧都被标记为"快速缓解"或"一般性压力缓解"。

你需要掌握以下技巧。

- 腹式呼吸（第 3 章）——快速缓解

- 渐进性肌肉放松（第 4 章）——一般性压力缓解
- 只是放松（第 7 章）——一般性压力缓解
- 指令控制放松（第 7 章）——快速缓解
- 打造你的特别场所（第 6 章）——一般性压力缓解

你需要尽可能地掌握这些放松技巧，以便在需要时立刻使用快速缓解策略。一般性压力缓解技巧可以在两到三分钟内为你提供深度放松。你必须能够像输入文字或驾驶汽车一样无意识地协调地进行放松。请立即开始练习，在熟练掌握以上所有的放松技巧之前，不要进入第三步愤怒免疫的学习。

第二步：发展应对愤怒的想法（以下简称"应对想法"）

你的想法对你的愤怒和你缓解愤怒的能力有着巨大的影响。触发愤怒的想法通常建立在以下假设的基础上。

（1）你相信自己已经受到了伤害或成了受害者。

（2）你相信引发你愤怒的人是有意伤害你。

（3）你相信引发你愤怒的人是错的，对方应该以不同的方式行事（McKay & Rogers，2000）。

在你感到压力较大的时候，那些让你感觉自己成了被他人有意或不小心伤害的受害者的想法会立即引发你的愤怒反应。而且你越是陷入这样的想法，你的愤怒情绪就会越强烈。

愤怒的认知扭曲

触发愤怒的想法往往会扭曲现实。通常有六种主要的认知扭曲会加剧愤怒，你的许多愤怒经历中可能都包含其中的一种或者几种。以下是这六种认知扭曲。

（1）**责怪**：这种认知扭曲认为别人对你的痛苦负有责任，而你无力改变这种情况。通过责怪他人，你忽略了你自己有能力做出选择来改变情况。你最终会感到无助和困扰，期待着别人来解决问题，但情况不会改变，除非你最终自己采取行动。关于责怪的另一个问题是人们都在生活中努力做出最好的选择来满足自己的需求。当你责怪别人的行为时，实际上是在责怪他们以他们所知道的最好方式照顾他们自己。

（2）**夸大**：这种认知扭曲倾向于将不舒服或不愉快的事物描绘得更糟。像"恶心""吓人""糟糕"或"可怕"这样的词会引起愤怒，因为它们夸大了事件的影响。

（3）**全局标签**：这种认知扭曲用全面性的评判来激起你的愤怒。它们会将对方全盘否定，视其为完全坏的、毫无价值的人。像"失败者""混蛋"等标签都是典型的例子。它们的危险在于忽略了愤怒的对象作为一个人所具有的多面性，仅仅将其简化为一个单一的负面词语。

（4）**错误归因**：这种认知扭曲涉及草率下结论和心理猜测。你假设别人有恶意，你认为你了解别人对你的动机和感受。你想象自己可以窥探别人的内心，准确地看清他们做事的原因。你不去问问题或寻求直接反馈，因为那太尴尬了，所以你继续猜测和试图猜透别人，而很多时候你的猜测是错误的。

（5）**过度概括**：这种认知扭曲使用"从不""总是""没人""每个人"等词语。"她总是迟到""他从来不愿意帮忙"这种过度概括会让偶尔发生的事情感觉像是一直在发生，会让你觉得一切都不可忍受，并且会让你的愤怒反应升级。

（6）**强求 / 命令：** 这种认知扭曲将你的个人需求或偏好变成不可动摇的规则，当别人忽视你的偏好时，你可能会感觉他们违反了规则。这让你觉得你有权责备他们，并且似乎经常如此。但是，强求 / 命令存在一个重大问题。通常，其他人并不同意我们对适当的行为规则的定义。他们有自己的规则，或者至少有他们自己对规则的解释，这会让他们感到无辜，而你则认为他们做错了。强求 / 命令实际上不过是将你的价值观和需求强加在可能拥有截然不同的价值观和需求的其他人身上。

应对想法

针对每种触发愤怒的认知扭曲，需要采取特定的应对想法来中和其影响。以下是设计这些应对想法的基本准则（改编自 McKay & Rogers；2000）。

1. 责怪

- 制订一个应对计划来解决问题。
- 提醒自己，人们在大多数情况下都在尽力满足自己的目标和需求。

应对想法实例：

责怪只会让我感到无助——我能采取哪些措施改变情况？

我改变情况的计划是_____。

我对此感到不安，但对方也在尽力。

他们正在履行他们的责任，我也要履行我的责任。

2. 夸大

保持对现实的实际看法，例如，"这个情况令人失望或令人沮丧"，而不是"糟透了"或"可怕"。

- 回答以下问题：事实上到底有多糟糕？

- 使用准确的语言重新表述。
- 提醒自己看全局，关注积极方面和消极方面。

应对想法实例：

从宏观角度看，这根本不是个大问题。

这只是个小问题，我没必要夸大它。

这很烦人，但时间会让它成为过去。

3. 全局标签

- 具体描述情况。
- 强调行为而非给整个人贴上标签。

应对想法实例：

具体困扰我的是＿＿＿＿＿＿＿＿＿＿＿＿＿＿＿＿＿。

不要丑化它，只需陈述问题。

坚持事实，保持客观。

这只是一个问题，我无须过度解读。

4. 错误归因

- 提醒自己，你只是猜测他人的动机，你并不了解真相。
- 寻找问题行为的其他解释。
- 制订计划，与引发你愤怒的人核实你的假设。

应对想法实例：

我只是猜测一种可能性，但可能有其他原因导致＿＿＿＿＿

＿＿＿＿＿＿的行为。

生气并不能帮助我弄清事实。我需要更多的信息。

这种行为可能有其他合理的原因＿＿＿＿＿＿＿＿＿＿＿＿。

5. 过度概括

- 调整你的思维方式，不要使用绝对性词语，如"总是""全部""每个"和"从不"等。
- 使用具体和准确的描述。
- 寻找例外情况，回想一下人们的行为有时会与他们的习惯做法截然不同。

应对想法实例：

我将专注于事实，避免发脾气。这种情况真的经常发生吗？

并不总是这样。有很多例外情况。

6. 强求／命令

- 专注于自己的愿望和偏好，而不是断言"应该"。
- 弄清楚对方的行为满足了其哪些需求。

应对想法实例：

虽然我没有得到我想要的，但这并不是世界末日。

我宁愿事情是不同的，但我会渡过难关。

人们做自己想做的事，而不是我需要他们做的事。

我希望这种事情不会发生，但我能应付。

常见的应对想法清单

如果你发现很难处理自己的情绪和想法，以下是一些处理愤怒情绪的应对想法清单，可能会对你有所帮助。这些思维方式大多来源于有效的愤怒管理计划（Novaco，1975）。

- 深呼吸，放松。
- 生气不会有帮助。

- 只要保持冷静，我就能掌控局面。

- 慢慢来，生气不会有任何好处。

- 我不会让他们激怒我。

- 生气不会改变他人，只会让我自己烦恼。

- 我能够以一种不生气的方式来表达我的想法。

- 保持冷静，不要去讽刺或攻击。

- 我可以保持冷静和放松。

- 让自己放松，不必让自己感到紧张。

- 没有对错之分，我们只是有不同的需求。

- 保持冷静，不要下定论。

- 无论别人如何评价，我知道我是一个好人。

- 我会保持理智，因为愤怒不能解决任何问题。

- 让他们看起来生气和愚蠢。我可以表现得镇定自若。

- 别人的看法并不重要，我不会让自己失控。

- 我控制局面的关键，我宁愿离开，也不愿说或做愚蠢的事。

- 暂时退一步，冷静下来，然后再回来处理问题。

- 有些情况没有完美的解决办法，这看起来就是其中之一。没有必要为此怒火中烧。

- 将问题分解，愤怒通常来自把事情一股脑地混在一起。

- 虽然生气了，但没说出愚蠢的话，这是进步。

- 愤怒意味着我现在已准备好冷静下来和进行应对了。

- 如果他们希望我生气，我会让他们失望的。

- 我不能指望别人按照我期望的方式行事。

- 我不必把这件事看得那么严重。

- 如果你从另一个角度看，这也是有趣的。

第三步：愤怒免疫

现在，让我们开始行动吧。回顾并记录下你在过去几周内曾经应对过的五个愤怒情境。可以将它们写在日志中或一张纸上。对于每个愤怒事件，为以下内容留出空间。

（1）触发你愤怒的想法。

（2）可能潜藏在你的触发想法中的任何愤怒扭曲。

（3）对抗扭曲的策略（见前面的应对想法部分）。

（4）一个或多个有用的应对想法，包括修正触发想法使其更准确。

示例

南希，一个40岁的教师，列出了许多发生在家里和在教室里的触发她愤怒的事件。以下是其中的三个案例。

情境 1： 朱利安在丽贝卡即将坐下时拉开她的椅子，她摔倒在地。

触发愤怒的想法： 他总是做这种蠢事。他是个坏孩子。

愤怒扭曲： 过度概括，全局标签。

对抗应对策略： 停止使用"总是"这个词；具体描述情况；寻找例外情况；专注于行为，而不是这个孩子。

应对或修正的触发想法： 朱利安可能每天只惹一次麻烦，他大多时候只是干一些无害的愚蠢事情，没有伤害到任何人。而且他对患有脑性瘫痪的男孩其实相当友好。我不会让他的恶作剧影响到我。

情境 2： 我连续两个星期被安排值勤看管学校的操场。

触发愤怒的想法： 他们总是利用我不抱怨的性格来欺负我。他们让这份工作变得无法忍受。

愤怒扭曲： 过度概括，错误归因，责怪，夸大。

对抗应对策略：停止使用"总是"这个词；具体描述情况；寻找其他解释；这份工作真的很糟糕吗？

应对或修正的触发想法：这已经是一年中第二次我连续两周值勤了。其他老师也有这种情况，不仅仅是我。也许是因为希尔达本周缺席，他们手头人手不足。这只是一些不大不小的麻烦而已。

情境 3：比尔参加他的扑克之夜，把碗碟留在水槽里。

触发愤怒的想法：他真是太不靠谱了。如果你要出去玩，你最好先把工作做完。

愤怒扭曲：全局标签，强求/命令。

对抗应对策略：专注于行为而不是人；关注我的需求和喜好，而不是"应该"。

应对或修正的触发想法：比尔有时会忘记他的承诺。我更希望他不会留一堆碗碟，但这不是世界末日，他回家后可以把它们洗掉。

创建你自己的应对想法工作表（请扫二维码下载表格）。要注意，触发愤怒的想法是那些引发你愤怒反应的想法。

视觉化你的愤怒场景

现在是时候在视觉化愤怒场景的过程中练习你新的应对技巧（放松和愤怒应对想法）。让我们来选择十个典型的愤怒事件，以帮助你练习你所学到的内容。

为了建立一个程度逐渐递增的愤怒场景，你可以使用一个称为"愤怒单位"（AU）的量表，其中 100 AU 代表你一生中最强烈的愤怒，而 0 AU 代表没有愤怒。在下面提供的空格中写下：

- 两个轻度至中度的愤怒场景（40 到 50 AU）
- 两个中度的愤怒场景（50 到 60 AU）

- 两个中度至高度的愤怒场景（60 到 75 AU）
- 两个高度愤怒的场景（75 到 85 AU）
- 两个极度愤怒的场景（85 到 100 AU）

在"你的愤怒场景"工作表（请扫二维码下载表格）中详细描述你的愤怒场景，包括物理环境中的细节以及引发你愤怒的言行。同时，阐述你的内心思绪、情感体验和身体反应。

下面是南希的一个中度至高度的愤怒场景的例子。

"这是在一个由学校校长主持的教师会议上，当时正值酷暑天气，炎热的空气让我感到沉闷。当她宣布我明年需要换到一个差不多像扫帚橱那么小的教室时，我的内心瞬间沸腾。她微笑着虚伪地道歉，这让我更加愤怒。我开始怀疑她将我的教室调换是因为我拒绝参加那个阅读示范项目。我的内心充满了对她的愤怒，我感到汗水不断滑落，胃部紧绷如同打了个结。我太愤怒了，我想要还击，希望让她感到尴尬，但我努力克制住了自己，没有发泄出来。"

针对轻度至中度的愤怒场景的愤怒免疫计划

（1）创建应对想法工作表。在视觉化每个场景之前，制订几个愤怒应对想法。

（2）使用指令控制放松和"打造你的特别场所"来放松。如果你的身体有特定的紧张区域，可以尝试进行渐进性肌肉放松或只是放松。

（3）视觉化轻度至中度的愤怒场景：一旦你感到放松，就开始可视化第一个轻度至中度的愤怒场景。尽可能详细地想象具体场景，包括具体的环境和人物对话。强化与愤怒有关的触发想法，让愤怒情绪加强，并将这个场景在你的脑海中保持 30 秒。

（4）然后抹去这个场景，再次运用你的放松技巧。同时回忆你的愤怒应对想法。持续进行放松,直到你再次感到平静(0AU)。

(5)再次重复整个过程,视觉化第二个轻度至中度愤怒场景。

(6)在这两个场景之间来回切换四到六次。然后,在几天后进行第二次练习,使用这两个相同的场景。

(7)现在继续进行这两个中度的愤怒场景的愤怒免疫计划。

针对中度至高度和极度愤怒的场景的愤怒免疫计划

针对中度至高度和极度愤怒的场景的愤怒免疫计划需要进行一项重要的改进。不再在 30 秒后抹去场景并开始应对(通过放松和应对想法),而是在继续视觉化愤怒场景的同时运用你的应对技巧。在保留挑衅性的画面的同时,你可以继续进行指令控制放松,并且可能在身体的特定区域释放紧张感。同时,你可以在使用新的应对想法或调整后的触发想法的同时保持画面。在整个过程中,请一直坚持到你感到完全冷静(0AU)为止。

当你在某个愤怒级别的第一个场景达到 0AU 后,关闭这个场景,进行指令控制放松,然后开始视觉化第二个场景。在每个场景之间来回切换四到六次,总是在转换场景之前等愤怒值降至 0。最好在每个愤怒级别进行两个练习,在每个练习中切换四到六次场景。

一边锁定在愤怒场景上,一边同时应对是相当困难的。但通过不断练习,你可以学会如何做到这一点。你将迅速掌握在视觉化和管理愤怒想法之间取得平衡的技巧。请记住:在处理现实中的愤怒挑衅时,也需要这种平衡。你需要处理眼前发生的事情并使用你的应对技巧。因此,通过进行这些练习,你将更好地应对真实生活中的困扰。

例子

让我们回到南希与校长之间的愤怒场景,当时她被分配到一个扫寻橱大小的教室。南希首先通过打造特别场所和一些指令控制放松练习来让自己放松。她注意到身体中有感到紧张的地方,并有意地放松这些区域。然后,她开始视觉化教师会议的场景。她记得校长在告诉她新教室分配时的伪装的笑。她回忆起房间有多么闷热,以及身体的潮热感觉。她内心暗骂:"真是个讨厌的女人!"并猜测校长是为了报复自己拒绝参加阅读示范项目,所以才给她分配了这么小的教室。

现在南希感觉真的很恼火,觉得这个教室分配方案是故意打她脸。当她的愤怒达到中度至高度时,南希开始应对。她做了一次指令控制放松练习;她提醒自己校长既帮助过她也让她失望过。她认为较小的教室可能是因为预计明年她所教的三年级的班级人数会减少。在保持住教师会议的场景和校长虚伪的微笑的同时,南希提醒自己:"生气不会改变任何事情,要保持冷静。"她又做了几次指令控制放松练习。

直至她的愤怒完全消失时,南希才停止了场景想象。然后,她休息片刻,开始视觉化她第二个中度至高度的愤怒场景。南希在两个中度至高度的愤怒场景之间来回切换了四到六次。

第四步:现实应对

尽管你无法在真实生活中进行练习,但你可以为之做好充分准备。你可以事先准备好熟练的应对想法,并留意身体和想法中的早期愤怒的警示信号。越早地通过指令控制放松和应对想法进行干预,你就越有可能保持冷静。

如果你预知自己可能面临潜在的引发愤怒的情况,请提前准备好你的应对想法,并决心在指令控制放松的辅助下使用它们。随着不断地练习,这将变得更容易做到,并且随着时间的推移,它将变得更加自然而然。如果你忘记使用应对技巧，或者在面对紧张局势的一开始使用了它们，然后又放弃了，你可以再次回顾这些情景，像进行愤怒免疫练习一样，练习应对。

除了放松和应对想法，设计适当的应对行为也总是有所帮助。你可以考虑如何缓解局势，以避免出现发怒的情况，以及可以采取哪些行动来处理挑战。

你的愤怒应对计划

为每一个你忘记使用新技巧去应对的激怒事件制订一个书面的愤怒应对计划（请扫二维码下载表格）。

特别注意事项

（1）如果在遵循放松方案时遇到困难，你可以将放松过程录制下来，并反复练习。

（2）如果在形成愤怒场景的画面时遇到困难，请在画面中增加更多的感官元素。例如，如果你的画面主要是由视觉想象构成的，请尝试在画面中加入声音、气味或触觉，以增加场景的真实感。

（3）如果能清晰地想象愤怒场景，但几乎没有产生愤怒情绪，请更加关注引发愤怒的想法。如果这样仍然没有效果，可以放弃这个场景，设计一个更能引发愤怒的场景。或者尝试使用更高程度的愤怒场景进行练习。

（4）如果你对消除由不合理观念引发的不良情绪有兴趣，可以参考第 12 章的"反驳不合理观念"部分了解更多信息。

第 16 章

目标设定与时间管理

The
Relaxation
& Stress
Reduction
Workbook

16

在本章中，你将学会

- 了解多任务处理的局限
- 明确价值观，确定你的目标，并制订实现这些目标的计划
- 评估你当前是如何安排时间的
- 重新组织时间以满足你的优先事项
- 克服拖延行为
- 掌握时间管理的技巧

背　景

在时间管理方面，大多数人都有一个共同的问题："如何在更短的时间内完成更多的任务？"如果你也面临这个问题，你可能会纳闷如何在已经很满的日程中腾出时间，来完成本书其他章节中所介绍的一些练习。你可能感到自己压力巨大，需要应对生活中的各种要求和琐碎细节，以至于很少有时间可以毫不愧疚、随心所欲地做自己喜欢的事情。或者你可能有大量空闲时间，但从未找到时间去做那些能给你带来满足感的事情。其他与低效时间管理相关的问题包括：频繁迟到、低生产力、精力和动力不足、沮丧、不耐烦、在不同选择之间频繁犹豫、难以设定和实现目标、拖延症、缺乏专注力和目标，以及低效的多任务处理。

尽管每个人每天都有 24 小时，为什么有些人感觉好像时间总是不够用，而其他人却能够完成工作，还有足够的时间来享受生活呢？有效管理时间的人已经学会了如何安排生活，以确保他们将大部分时间和精力投入到最重要的事情上，同时将花费在不重要的活动上的时间降至最少。他们明白，当他们专注于做几件事情，并尝试做好它们时，他们的生活质量会大幅提高。

平衡生活对于实现有效的时间管理目标同样是至关重要的。有效的时间管理是降低你的压力水平的有力工具，尤其是当你用它来平衡生活时。

多任务处理的局限

在当今信息过载的世界中，人们常常认为通过同时处理电话、电子邮件、短信和电脑上的工作可以提高效率。然而，多任务处理并不像以前人们认为的那样高效，除非你在做一些机械性的事情，比如边散步边用耳机听最喜欢的音乐。在这种情况下，你只需将走路这个任务交给脚，而将大部分注意力集中在音乐上。但是，当你试图同时做两个或更多复杂的任务时，多任务处理实际上会降低你的工作速度，增加错误发生的概率。想象一下，在写报告或学习新信息的同时还不得不频繁应对干扰，这会让人感到非常紧张。这是因为你的注意力必须快速在两个完全不同的任务之间来回切换。每次你停下一项任务并开始另一项任务时，你都必须将相关信息重新集中起来，并重新进入工作状态。与此同时，你可能会忘记自己的第一个任务进行到了哪里，因此在继续相关任务之前需要一些时间重新调整状态。尽管你在一天中难免会受一些干扰，但这种频繁来回切换不仅浪费时间，增加了错误的可能性，同时还会增加你的压力。

那么，你是否真的高效且安全，当你：

- 在开车时使用手机通话？
- 在和重要客户通话时，在电脑上查看邮件？
- 使用电锯时计划旅行行程？

- 在开会时回复电脑上的即时消息？
- 在准备重要报告或专注于重要决策时允许自己被打断？

答案是明确的，不是。与其试图同时处理多个任务，不如每天保留一段时间专注于一件事情，并且不受打扰地工作，这样你会更高效、压力更小。

在《全情投入的力量》（*The Power of Full Engagement*）一书中，作者勒尔（Loehr）和施瓦茨（Schwartz）讨论了在信息过载的时代中平衡的重要性。他们指出："全情投入意味着能够全身心地投入到你所从事的任务中，无论是在工作中应对创造性挑战、管理团队、与亲人共度时光，还是简单地享受快乐。"

真正的时间管理关键在于设定优先事项，并专注于你当前需要完成的任务。这要求你了解自己一天中精力最充沛的时间，并在那个时段安排重要的工作。这包括在精力较低的时段进行例行任务，比如发邮件或开展园艺工作，而在精力较高的时段进行规划、写作、主持会议以及学习新的技能或知识。

二八法则

如果你认为"我所有的责任都很重要。我不能简单地放弃其中的一些，去做我喜欢的事情"，那么，你可以考虑二八法则。意大利经济学家维尔弗雷多·帕累托（Vilfredo Pareto）注意到，我们获得的 80% 的回报来自我们付出的 20% 的努力；相反，我们付出的 80% 的努力只产生了 20% 的价值。这个原则在实践中被反复证实。这个原则可以应用到生活中的许多方面。例如，一份报纸中大约 20% 的内容是值得深入阅读的，其余的可以快速浏览。大部分人的信箱中有 80% 的邮件是垃圾，最好不要阅读。这同样适用于电子邮件，通常只有 20% 的邮件需要你立即回复。你家中 80% 的家务可以无限期地推迟，而其中的 20% 如果不做，很快就会让你的家不适宜居住。

在 2008 年，美国专业组织协会前主席巴里·J. 伊扎克（Barry J. Izsak）在一篇名为《当你没有时间时如何管理你的时间》的文章中提出了以下有效的时间管理策略。

（1）关注你的优先事项。

（2）用积极主动的态度对待时间，而不是被动应对。

（3）计划你的一天。

（4）安排你的任务。

（5）根据你的时间和精力安排合适的任务。

（6）不要拖延。

（7）不要过于追求完美。

症状缓解效果

有效的时间管理技巧有助于减轻因截止日期而产生的焦虑、注意力分散、拖延和工作疲劳等问题。

掌握所需时间

你可以在短短一个小时内开始明确生活中最重要的事情，然后在之后的时间里不断完善和深化这些想法。明确定义你的目标至少需要几个小时；然而，你可以在一个小时内为你的一个目标制订行动计划；至少需要三天时间来记录并完成时间记录表。

　　至少需要几个小时来评估你实际上是如何度过每一天的。从你的优先事项和目标出发，并决定如何调整时间分配，使其更符合你的理想和目标。虽然你可以在一周内开始使用应对拖延的技巧更有效地组织你的时间，但要养成习惯，你可能需要数月的刻意努力。如果你认为这需要大量投入，不妨记住，现在的付出将为未来带来更多的能量和自由时间。

操作说明

　　在本章中，你将被要求完成六个任务。

（1）明确你的价值观。

（2）设定目标。

（3）制订行动计划。

（4）评估你如何花时间。

（5）克服拖延症。

（6）安排时间。

　　由于每个步骤都基于前面的步骤，所以请从第一步开始，依次完成所有任务，直至最后一步。

明确你的价值观

有效的时间管理的第一步是决定对你来说最有价值的是什么。人们通常会优先考虑事业、健康、家庭、信仰、财务、休闲、学习、创造力、幸福、内心平静和沟通等方面。知道对你最有价值的是什么，可以为你的生活指明方向。你可以把大部分时间和精力投入到这些有价值的事物上，而不是其他对你来说不那么重要的事物上。当你需要在不同的选择之间做决定时，你可以参考你的优先事项来帮助你做决策。

确定你的最高优先事项

下面有两个简短的引导，可以独自完成，也可以与家人或朋友一起进行。它们将帮助你确定你的最高优先事项。

1.闭上眼睛，深呼吸几次，放松身心。想象自己在一个喜爱的地方，可以花几分钟的时间思考。时间是很多年以后，你已经度过了漫长而充实的生活。从这个成熟的角度回顾你的生活。你最享受的体验和做过的事情是什么？你最欣赏自己已取得的或拥有的是什么？将你的答案写在下面空白处或另一张纸上。

_____

_____

_____

2.回到你放松的状态，再次想象自己在你最喜欢的地方。这一次，你仍然是当前的年龄。你刚刚得知自己患了一种罕见的疾病，没有任何症状，但会在六个月内死去。只剩下半年的时间，你想要体验、改变、完成什么，以及想拥有什么？在下面的空白处或另一张纸上写下你的答案。

―――――――――――――――――――――――――――――――

―――――――――――――――――――――――――――――――

―――――――――――――――――――――――――――――――

　　比较刚刚两个问题的答案。它们是相同的还是不同的？事实上，大多数人面临威胁生命的疾病时，会发现他们的优先事项发生了变化。曾经认为至关重要的事物似乎变得不那么重要了，而曾经被忽视的事物则有了新的意义。

价值观排序

　　对你在前面练习中所制订的两个清单中的事物按照你的价值观从最重要到最不重要的顺序进行排列。

1.	5.
2.	6.
3.	7.
4.	8.

　　你会发现，当你在两个或更多的选择之间犹豫不决时，这个列表会很有用。下面是一个在职的单身母亲艾丽斯按重要性对事物进行排序的价值观列表。

1. 家庭	5. 漂亮的房子
2. 财务安全	6. 朋友
3. 健康	7. 旅行
4. 创造力	8. 诚实

艾丽斯感到很困扰，她的上司们竟然要求她在未完成的设计草稿上签字。当她拒绝时，他们竟然直接绕过她进行签署。她陷入两难境地，犹豫着是要向政府监管机构揭发公司的违规行为，还是选择保持沉默以避免可能的报复。当她审视自己的价值观时，她意识到保持沉默是一种不诚实的行为。但她也意识到，虽然诚实对她很重要，但它在她所有价值观中并不是最优先的，而她的工作成功满足了她的其他所有价值观。有了这个认识，她停止了自我批评，并决定等到找到另一份工作后，再举报之前雇主的不当行为，以免危及自己生活中的其他重要方面。

设定目标

有效的时间管理的第二步是设定目标。价值观是理想的，是你在生活中最希望拥有的事物、经历、品质和原则，而目标则是具体而实际的。目标是你想要实现的计划，需要考虑到时间和其他资源的限制。例如，你最渴望成为一名冠军赛车手。你的目标可能是在三年后以第一名的身份越过印第安纳波利斯 500 英里[⊖]汽车大奖赛的终点线。为了让生活更加符合你最重要的价值观，可以借助你的价值观列表来指导你明确目标。

设计有效目标

在设计有效目标时，有下面五个关键问题需要考虑。

⊖ 1 英里≈1.6 千米

（1）**你是否真心愿意投入大量时间和精力去实现这个目标?** 或者它只是一个虚幻的愿望，你并不愿意为之努力？许多人希望环游世界，但不肯为之存钱。

（2）**这个目标是否与你最重要的价值观一致?** 未能实现目标的一个原因可能是它与你最重要的价值观不相符。如果你重视教育，你的目标是在明年完成大学学业，但你最看重的是家庭和朋友，那么你可能需要更多时间来平衡这些需求，免得忽视了家庭和朋友。

（3）**这个目标是否切实可行?** 它是否足够具体，让你知道何时可以实现它？它是否可以在你设定的明确的时间范围内实现？你是否有获得所需资源的途径？不要只说你想要"拥有可观的退休收入"，而是设定一个退休日期，明确所需的金钱数额，以及你期望的退休后的生活方式。需要注意，你可以在获得更多信息后调整目标。

（4）**这个目标是否积极向上?** 你实现让你向前迈进的积极目标的可能性更大。例如，与其设定不再过度进食的消极目标，不如给自己设定每天吃三顿合理、有营养的餐食的积极目标。

（5）**你的目标是否平衡?** 你的大部分目标是不是与事业和财务相关，而忽略了健康、人际关系或娱乐方面？缺乏平衡是产生压力的主要原因。如果你整天坐在电脑前工作，一个实用且容易实现的短期目标可能是定期参加户外活动，与他人一起锻炼身体。

平衡你的目标

你是否有数量大致相近的短期、中期和长期目标？有些人计划等到退休后才开始追求自己真正想要的生活。而有些人可以享受当下，但在遇到需要延迟满足才能实现的目标时会感到困难。短期、中期和长期目标融合在一起，可以让你在当下获得满足感，同时追求有意义的目标。

你的短期和中期目标是否与长期目标相一致？如果你希望长寿，与老朋友一起环游世界，你的短期和中期目标需要包括健康、友情培养和财务方面的计划。

你是否定期重新评估你的目标，以确保它们仍然与你的愿望一致？在朝着目标前进的过程中，你会获得新的信息和观点。平衡你的目标包括适应生活中不可避免的变化。要保持灵活，允许自己有时间反思和更新目标。

以下是41岁的电子公司经理埃里克如何利用他列出的价值观来指导他设定生活目标的过程。首先，他列出了自己的价值观。

（1）家庭：享受家庭生活、照顾和供养家人。

（2）健康：保持良好的健康状况直到80岁。

（3）财务安全：拥有足够的钱来照顾家人、休闲、旅行和让自己退休。

（4）职业成功：成为公司的副总裁。

（5）自然：每年都亲近大自然；了解更多有关动物行为的知识。

（6）朋友：与朋友共度快乐时光，给予支持，共享陪伴。

（7）精神：保持与自己的精神世界的联结，同时帮助孩子在精神层面不断成长。

（8）旅行：尽可能经常出国旅行，探索遥远的地方。

（9）沟通：坦诚和诚实地对待他人，感受他人的坦诚和诚实。

（10）自我：留出时间反思生活，专注于重要的事物。

基于这些价值观，埃里克制订了以下目标。

长期目标（五年以上的目标）：

（1）拥有一座位于湖边的度假房子。

（2）通过定期锻炼、合理饮食、充分休息和定期体检来优化我的健康状况。

（3）抚养三个孩子，并为每个孩子提供教育。

（4）存钱并投资，以便在 55 岁时退休，在湖边居住并旅行。

（5）凭借我的野外经验，出版一本关于徒步旅行的书。

中期目标：

（1）在四年内晋升为公司副总裁。

（2）随着家庭的壮大，在两年内购买一座新房子。

（3）在通勤时听个人理财规划和投资方面的有声读物。

（4）在一年半之内与朋友一起去迷失海岸（Lost Coast）进行背包旅行。

短期目标：

（1）下个月和伴侣一同野营度过周末。

（2）每周举办一次家庭之夜活动，从本周四开始。

（3）至少每周和朋友们一起度过一个愉快的晚上。

（4）每周晨跑三次，每月至少与家人和朋友一起徒步旅行一次。

（5）在离开办公室回家前进行 15 分钟的冥想。

（6）面对紧张的事件时，记得深呼吸并放松肌肉。

（7）每个季度至少休假一周，进行充电，并与家人和朋友一起徒步或独自旅行。

写下目标

写下每个优先事项的一个或多个具体目标。你可以将各种目标列在以下三个类别下。

（1）长期目标（需要用五年以上的时间来实现的目标）。

_____

_____

_____

（2）中期目标（需要用一年到五年的时间来实现的目标）。

_____

_____

_____

（3）短期目标（需要用一周到一年以下的时间来实现的目标）。

_____

_____

_____

制订行动计划

第三步是确定实现每个目标所需采取的具体行动。人们未能实现目标的最常见原因是他们没有行动计划，没有一步一步地描述如何从现在的位置走到实现目标的地方。没有行动计划，你的目标可能显得遥不可及。确切知道从何开始，才能让你超越梦想，将目标变为现实。

一个有效的行动计划包括以下要素。

- 一个经过深思熟虑且具体的目标。
- 描述所需资源以及获取这些资源的途径。
- 列出每个步骤，确定正确的顺序：
  - 如何监测自己的进展。
  - 识别可能导致拖延的常见原因以及应对策略。
  - 设定用于激励自己的奖励措施。

下面是两种创建行动计划的备选策略。

想象你已经实现了目标

创建行动计划的一种策略是想象你已经实现了目标。设想你已经实现目标后的感受，外表、行为和语言将会是怎样的？周围的人会如何和你互动？一旦你清楚地知道自己想要什么，并与那个画面带给你的好感联系在一起，就开始从那个幻想的画面往回推演。问问自己要实现目标必须采取哪些步骤？是否需要培养新技能？注意你使用了哪些资源。是否用了外部资源，还是只依靠个人资源？需要多少时间？如何应对诸如恐惧、借口以及他人对你的时间上的要求等障碍？如何激励自己继续前进？从现在开始在心里演练这些片段，一直到实现目标。按顺序写下你采取的步骤和你的计划。

汤姆是一名在上英语课的大学生，他采用了这种方法来实现目标。他的目标是创意写作课的论文拿"A"。首先，他想象自己从教授那里拿回一篇封面上写着"A"的论文，想象自己感到愉快和兴奋，朋友们也为他的成绩庆祝，他继续思考达到这个目标所需的步骤。以下是他的行动计划。

（1）独自散步，思考论文的题目。

（2）在散步时，想到了一个关于在阿拉斯加捕捞鲑鱼的短篇故事，这正好是他上个夏天的工作经历。他非常兴奋，回顾了自己的经历。

（3）为故事写了一个提纲。

（4）写了一篇初稿。

（5）审查了初稿，并写了一个更加完善的版本。

（6）请朋友阅读论文，获得积极反馈，并采纳了朋友的建议。

（7）撰写了论文的最终版本。

（8）按时提交论文。

在思考行动计划后，汤姆意识到他并没有处理一个常见障碍：他很容易受到家人和朋友的干扰。他认为最好的策略是，在写完初稿后奖励自己一些时间和朋友在一起。然后再回到论文项目上，通过重新想象已经实现目标来保持专注。

头脑风暴

第二种创建行动计划的方法是，在一张空白的纸的顶部写下你的目标，然后随机问自己关于实现目标所需了解的和需要做的一切事情。当完成头脑风暴后，重新写下你需要采取的具体步骤，从目前的状态一直到实现目标的状态为止。

以安杰拉为例，她的目标是为自己制订一个持续的有氧运动计划。她开始回答以下问题。

（1）我为什么想要锻炼？

我渴望变得健康、苗条、强壮。我的一个长期目标是在老了后依旧保持健康。

（2）为了达到我想要的结果，我需要多频繁地进行有氧运动，以及需要运动多长时间？

为了回答这些问题，我需要做更多关于运动的研究。我可以和朋友们谈谈他们的运动经验，多阅读相关资料，我想要先慢慢开始，并在变得更强壮后设定更具挑战性的目标。

（3）我喜欢什么类型的运动？我能够并且有时间和资源去坚持做哪种运动？

步行、游泳、慢跑、骑自行车和跟着有氧舞蹈视频进行锻炼都是不错的选择。

（4）为了安全地进行锻炼，我需要哪些装备？

我需要一种无须考虑交通问题的锻炼方式（排除了游泳和骑自行车）。我家附近有一条安全的小径。我有一个 DVD 播放器，可以买一个有氧舞蹈视频。除了鞋子，我已经有足够多的衣服可以用来跳舞、散步和慢跑。

（5）我应该买哪种运动视频？

我可以咨询朋友的建议，或者在选择最喜欢的之前先在线租借。

（6）我应该买什么类型的鞋子，它们在哪里有售？

去当地的运动用品商店，寻求销售员的建议。我也可以查阅有关鞋子的信息，但我更愿意与朋友交流。

（7）我什么时候开始锻炼？

我打算在下班回家后立刻开始锻炼，不拖延。

（8）我如何激励自己坚持这个计划？

我可以和朋友一起慢跑，可以参加本地的比赛。我会注意到，当我坚持锻炼了一段时间后，会看到显著的进步。我可以用新的运动服装、视频和小星星来奖励自己。即使天气不好或外面很暗，我也可以跳有氧舞蹈以保持愉快。

（9）我如何监控自己的进度？

我会每隔一周与我的朋友斯泰西一起复盘我日历上的小星星，她知道我在努力实现什么目标，并且非常支持我。

以下是安杰拉在阅读并重新整理答案后制订的行动计划。

（1）确定我的锻炼目标，牢记为何要坚持锻炼。

（2）阅读更多关于有氧运动的信息，了解我需要多久锻炼一次以及锻炼多长时间。

（3）与朋友讨论慢跑、运动鞋和有氧舞蹈视频。

（4）找一个一起慢跑的伙伴。（可选）

（5）在当地的运动用品商店咨询销售员，购买一双合适的运动鞋。

（6）先租借有氧舞蹈视频试一试。

（7）在网上或当地书店购买自己喜欢的有氧舞蹈视频。

（8）下班回家后立刻慢跑或跳有氧舞蹈。

（9）通过在需要进行锻炼的日期上贴小星星来监控我的进展。我会用厨房里的日历，因为我每天都会看它。

（10）与斯泰西一起评估我的进展。

（11）通过购买新的运动服装、参加本地比赛和购买新视频来奖励自己。坚持锻炼，我会看起来和感觉起来都很好！

评估你的进度

确定如何跟踪进度应该成为你行动计划的一部分。一种有效的方式是计划每两周与伙伴一起回顾你在实现目标的过程中取得的成就。选择一个能理解并赞赏你努力的人。这个人应该能够给你积极的建议和鼓励，同时也能指出你可能在自欺欺人。

在第二次两周进度的评估中，你应该开始看到一些积极的结果。正反馈可以成为继续执行计划的强大推动因素，但不要因为有了些成果就懈怠。旧习惯不容易改变，可能需要三个月甚至更长时间来培养新习惯。

如果你没有看到积极的结果，或者发现自己为没有按照计划执行找借口，不要对自己太苛刻。相反，重新评估你最初的目标。这是你真正想要的吗？如果不是，修改你的目标。如果这是你想要的，考虑如何修改你的行动计划，开始朝着你的目标迈进。

评估你如何花时间

现在，你可以开始迈向有效的时间管理的第四步，即每日记录你的时间。实时地进行记录，而不是在晚上回忆你一天中参与各种活动的时间。大多数人往往严重低估他们完成各种任务所需的时间，而且他们也往往忽视或忘记了在一天中突然出现的非计划活动。

如果你真的想要对自己了解更多，每小时停下来一次，记录你在那个小时内参与的每个活动所花费的时间。至少在午餐和晚餐前以及睡觉前，拿出你的笔记本，写下你参与的每个活动。记录下每个活动所花费的时间。完成后，所有活动的总时间应该与你清醒的总小时数相当接近。你还可以使用"你的时间记录表"（请扫二维码下载表格）。

至少连续三天记录所有的活动。与工作相关的活动类别可能包括处理工作文件、处理电子邮件或即时消息、打电话、面谈、参加会议、多任务处理、处理低优先级工作、专注生产性工作、吃饭或进行电话会议。与工作无关的典型活动包括保持个人卫生、穿衣、烹饪、进餐、小睡、发呆、抚养子女、购物、做家务、通勤、旅行、接听个人电话、面对面聊天、看电视、从事兴趣爱好、阅读、参加体育运动和其他娱乐活动。根据自己的情况调整或添加活动。

请记住，这个时间记录旨在帮助你详细分解和仔细检查你使用时间的各种方式，以便稍后决定你是否想要在每个活动中花费更多或更少的时间。

在进行每日的记录之前，你可以看看萨曼莎的时间记录表。萨曼莎是一名广播公共事务采访员，下面是她为期三天的时间评估中第一天的记录。

萨曼莎的时间记录表

活动	时间
清晨到午餐前	
躺在床上努力起床	20 分钟
淋浴	20 分钟
整理和穿衣	25 分钟
做早餐	5 分钟
吃早餐并阅读报纸	10 分钟
和家人通电话	10 分钟
通勤并听新闻	45 分钟
早间员工会议（迟到 10 分钟）	40 分钟
例行工作——审查和回复：	60 分钟
手机短信	
电子邮件	

（续）

活动	时间
书面备忘录	
邮件	
发呆	5 分钟
和朋友社交	15 分钟
会议（迟到 15 分钟）	45 分钟
高效工作（为采访做准备）	40 分钟
与朋友共进午餐（迟到 15 分钟）	75 分钟
午餐后到晚饭	
高效工作（为采访做准备）	95 分钟
和朋友打电话	5 分钟
发呆	10 分钟
处理低优先级工作（帮助同事）	65 分钟
与同事社交	15 分钟
打电话（与工作相关）	30 分钟
通勤并听新闻	45 分钟
购物	40 分钟
处理邮件	10 分钟
打电话（私人）	25 分钟
邻居来访	20 分钟
打电话（与工作相关）	30 分钟
边在电视上听新闻边做饭	60 分钟
吃晚饭	20 分钟
晚饭后直到入睡	
清理厨房	15 分钟
打电话（私人）	10 分钟
看纪录片	60 分钟
阅读小说	25 分钟
熄灯睡觉（晚了 30 分钟）	

评估你的时间记录表

现在你知道了你实际上是如何分配时间的，接下来可以准备将你的活动清单与真正的优先事项进行比较。从这里开始，你将能够决定要对当前的时间表进行哪些更改，从而让它更符合你最重要的价值观和目标。下面是一些问题，用来帮助你进行这种比较。

（1）你的时间记录表上的哪些活动与你的价值观和目标一致？

用星号标记这些活动。

萨曼莎用星号标记了"阅读报纸"和"听新闻"，因为这些活动反映了她希望了解时事的优先事项。她用星号标记了在工作中为采访做准备的高效时间，因为这反映了她想成为成功的电台记者的优先事项。她用星号标记了"和朋友打电话"，因为与朋友共度时光是她的其中一个优先事项。

（2）你的时间记录表上的哪些活动与你的价值观和目标不一致？

用圆圈圈出这些活动。

萨曼莎惊讶地发现，在某一天，她花了很多时间在准备、进餐和清理上。她意识到自己在电话上以及在阅读、回复工作邮件和短信方面花费了太多时间。她还意识到自己早上在床上多待了近半小时，还在洗澡上花了很长时间。她认识到意外的电话和社交活动造成了她的迟到。分析工作模式后，她意识到中午是她最有效率的时间，而午餐却成为她利用这个时间段的一个大干扰。

看一下你清单上用圆圈圈出的项目，并写下你想要如何重新安排、减少或去除一些低优先级的活动。

_____

_____

_____

（3）你的时间记录表上是否有任何活动违背了你的价值观?

用"X"标记这些活动。

从事与你的价值观背道而驰的活动可能会让你感到内疚、羞耻、焦虑、沮丧、愤怒或筋疲力尽。萨曼莎的迟到违反了她追求内心宁静和成为成功的电台记者的优先事项。当她在会议中迟到时，她感到匆忙、焦虑、内疚和尴尬。

看一下你用"X"标记的项目，并写下你愿意如何改变你的行为，使其不再违反你的价值观。

_____

_____

_____

（4）是否有一些价值观和目标被忽略了?

一方面，反映这些被忽视的价值观和目标的活动可能正是你需要增加的活动，以平衡你的生活。另一方面，这些被忽视的价值观实际上在你目前的生活阶段可能比其他价值观的优先级要低，你可能会意识到你可以推迟与它们相关的活动。

萨曼莎注意到，与她的朋友、家人和健康有关的优先事项在她的时间分配中占比较少。除了短暂的电话沟通外，她并没有与家人交流。由于她的父母和姐妹住在另一个州，而且她最近已经去拜访过他们，所以目前这种有限的联系对她来说还可以接受。她确实希望能花更多时间与朋友相处，并更好地照顾自己的身体。她的久坐的生活方式和不合理的饮食习惯导致了体重增加。

写下你愿意如何改变自己的行为，从而使其与你一直忽视的价值观和目标保持一致。

_____

萨曼莎决定立即做出以下改变。

（1）选择不需要烹饪的速食早餐。

（2）优先保证准时上班，再进行应答意外电话等低优先级活动。

（3）将阅读和回复电子邮件的频率限制在每天两次。

（4）把午餐时间限制在1小时内，并晚点用餐，好好利用自己一天中最有生产力的时间。

（5）在半小时内准备简单的晚餐。

（6）将大多数与工作有关的电话限制在10分钟内。

（7）浏览纸质信件，提取"必须知道"和"必须回复"的信息。

（8）优先保证按时入睡，而不是看电视和阅读。

（9）闹钟一响就起床，并将洗澡时间控制在10分钟内。

（10）每周四晚与朋友一起去健身房锻炼。

虽然你不太可能让每天的活动都完全符合每一个价值观和目标，但通过在每周甚至每月的基础上规划你的时间，你可以将所有的价值观和大部分的目标融入你的活动中。继续使用你在本章前面学到的工具，清晰地定义你的目标，并制订一个行动计划，让你能够评估并奖励自己取得的进展。

克服拖延症

更有效的时间管理的第五步是让自己摆脱僵局。你是否一直在回避某些让你讨厌的活动？请将这些活动与你的价值观进行比较。看看它们是否违背了你的优先事项之一？如果是的话，你准备站出来宣布你不会再去做这件事吗？如果不是，你能采取什么措施来改变未来的情况，以免再次违背你的某个价值观？如果你在回避与你的目标有关的活动，请回顾一下本章关于设定有效目标的部分。如果你不知道从哪里开始，可以先制订一个行动计划。如果你只是需要更好地做好准备，可以参考本章的第六步，这一小节主要讲解如何合理安排你的时间。

以下是当你发现自己在拖延时可以使用的十个建议。

（1）**停止担心**。比起做杂务耗费的时间，你可能花了更多的时间在担心上。为了向自己证明这一点，请记录你完成每项杂务所需的时间。

（2）**从小事做起**。一旦开始做一个讨厌的任务，你可能会发现它并没有你预期的那么糟糕。用一个小任务引导自己开始。例如，如果你需要修剪草坪，可以先把割草机的油箱加满，然后把它推到草坪边缘。

（3）**权衡代价**。列出你回避的活动的所有不愉快之处，然后再列出拖延的后果。直视做这件事的不适与拖延的代价，问问自己哪个列表让人更不愉快。利用这些信息来激励自己完成任务。

（4）**寻找隐藏的奖励**。探寻那些可能因为回避讨厌的工作而悄然而至的回报。你是否通过拖延成功地规避了焦虑和失败的威胁？同时，审视完成任务后可能带来的积极变化。成功是否意味着你摆脱了那些责备或同情你的人的关注？

（5）**面对消极信念**。阅读第 12 章"反驳不合理观念"，直面那些可能妨碍你完成必要任务的信念。你是否曾对自己说过类似"这太不公平了，我不会去做""我必须完美地做好它""生活应该很轻松""我无法忍受在陌生人面前演讲""成功了又怎样？他们会对我有更多期待"或"我会失败，所以为什么还要尝试"这样的话？

（6）**加倍抵抗**。夸大和强化你开始拖延的每一个细节。如果你早上盯着镜子里的自己而不愿去工作，就仔细检查你的毛孔，并详细检查脸的每个部位。持续下去，直到你真的感到无聊，而工作变得更有吸引力。

（7）**对每次拖延负起责任**。不要逃避，你是那个在浪费宝贵时间的人。列出每次拖延或逃避的活动，并记录每次花费的时间。把总时间加起来，你会发现如果你简单地开始并完成工作，你本可以用那段时间做积极的事情。

（8）**将讨厌的活动与你知道自己会做的活动联系起来**。如果你不喜欢锻炼，找一个下班路上的健身房，或通过步行去离你办公室20分钟路程的餐馆吃午餐，将锻炼融入日常。

（9）**为自己做不愿意做的活动奖励自己**。给自己设定奖励，作为完成任务的回报，特别是那些让你不愉快的任务。

（10）**完成事情**。在开始新任务之前，确保完成当前任务的一个具体部分。完成某事本身就是一个巨大的奖励。

安排时间

朝着更有效的时间管理迈出的第六步（也是最后一步）是更有计划性。下面是十一个建议，可以帮助你规划时间并将注意力集中在创造你选择的生活上。

（1）**在手机、平板电脑或电脑上使用一个时间管理应用软件，或**

购买一个日程笔记本。找一个包含每天、每周和每月的日历，并开始使用它。

（2）**确保你的每日目标清单和日历反映了你的长期、中期和短期目标。**你可以每天安排一些时间来锻炼和练习放松技巧。如果与所爱之人共度高质量的时光是一个高优先级事项，那就在日历上定期安排时间来做这件事，并将这个事项包含在你的每日待办清单中。通过每周甚至每月的时间表安排活动，你会发现你有足够的时间来处理所有重要的目标。

（3）**高效计划。**结合可以同时进行的活动，例如在锻炼、熨烫或洗碗时看你最喜欢的电视节目。你可以灵活调整活动顺序来节省时间，并使活动的安排与你的精力水平相匹配。虽然通常可以预测一天中不同时间点你的精力水平并做相应的计划，但偶尔你的精力可能会提前耗尽。如果是这样，重新安排需要投入精力和专注力的活动，以适应每天最高效的时间段。

（4）**减少时间浪费。**减少看电视的时间、上网时间、电话干扰、突然的访客、无效的会议、责任的无效分配、危机、没有目的的活动和不切实际的目标。尽量避免可预测的时间浪费，但也要为意外事件留一些时间。

（5）**学会拒绝。**帮助他人要适度。如果你在这方面有困难，可以参考第 17 章的"自信训练"。

（6）**列出在等待时要做的事项清单。**好的候选活动包括进行放松练习、制订明天的目标清单、审查你的优先事项和目标、阅读一本书或修指甲。

（7）**每天留出几个时间段独处。**利用这些时间练习深度放松技巧。这将有助于你与最重要的事情保持联结，而不是为了响应他人的要求而不断赶时间。

（8）**当你进行高优先级的活动时，将全部注意力集中在上面。**列出通常会使你分心的原因，并计划如何阻止你的每一次分心。比如，你如果在应该工作的时候经常分心，可以在你的独处时间安排一个想象力练习。

（9）**根据价值观和目标调整你的环境。**如果你的优先事项需要你集中注意力，确保你有一个安静的房间或角落可以用于阅读、写作、进行深度放松练习或思考规划。

（10）**不要在同等重要或无关紧要的选择上浪费时间。**如果你发现自己在这样的选择上陷入困境，只需要掷硬币选一个。

（11）**通过奖励自己改进时间管理。**有效的时间管理最大的奖励之一就是不必赶着完成生活中重要的事情。通过优先安排和计划你的活动，你可以更悠闲、轻松地度过每一天。

安排你的一天

想要每天都有效地管理你的时间，关键在于设定明确的优先事项并坚持执行。在新的一天开始之际，制订一个待办清单，不仅要反映你的目标，还要包括必要的任务。将清单中的事项分为三个抽屉：

（1）顶部抽屉：最重要、最迫切需要完成的事项。

（2）中间抽屉：可以推迟一段时间，但依然重要的活动。

（3）底部抽屉：可以毫不费力地无限期地推迟这些任务，不会造成任何损害。

仔细审查你的清单，并根据其重要性将每个项目标记为"TD"（顶部抽屉）、"MD"（中间抽屉）或"BD"（底部抽屉）。

现在，当你开始一天的工作时，你有了一个如何分配时间的蓝图。首先处理顶部抽屉的事项，按照列表顺序逐一完成。只有在完成顶部抽屉的所有事项后，才开始处理中间抽屉的事项。如果你一天内有太多的顶部抽屉任务要完成，那么你可能给了太多事情高优先级。只有绝对不能推迟，如果不完成会产生负面后果的任务才能成为顶部抽屉任务。

在未完成当天具有更高优先级的事项之前，不要考虑底部抽屉的事项。底部抽屉的定义是"它们可以等待"。要对这些事项做好说"我没有时间"的准备。如果情况迫使你承担底部抽屉的任务，尝试将其委托出去，交给你的助手、家政清洁工或孩子们。

一天中要在高优先级的任务上保持专注，并限制拖延。为了堵住任何的逃避路径：你可以将发呆安排到以后的时间来进行，将社交推迟到完成一段工作之后。避免陷入琐碎的工作或不太重要的差事中，抵制出去喝咖啡或其他任何诱人的放纵的冲动。

在一天结束时，回顾你的待办清单。勾选按计划完成的事项，并在心里为自己鼓掌。并在该清单上添加你最初制订计划时没有列出的但当天已完成的任何事项。判断它们属于高、中、低优先事项中的哪一类。你没有完成的重要事情可以移到下一天的待办清单中。制订一天的目标清单的好时机是前一天晚上或当天早上最开始的时候。无论用哪种方式，你都能活力满满地开始，掌控局势，并与你的优先事项保持一致。

跟踪和管理干扰

你是否经常让自己被他人干扰？你是否经常接受不在你的顶部抽

屈清单上的新任务？这些干扰可能是电话、访客，或者卷入别人的日程或别人当天的优先事项中。

　　为了更清楚地了解你因日常干扰而分心的频率，随时准备一本笔记本，当发生这种情况时，记录你的反应以及未来可以采取的不同行动。

　　以下是如何在你的一天中管理干扰的几个建议。

- 在你的一天中安排特定时间来处理电子邮件及语音邮件、接听电话和接待访客。
- 主动出击，定期检查和预测与你个人或你的业务相关的人员的需求，以免这些需求成为优先事项。例如，通过电话、电子邮件或短信了解重要客户、员工或年迈的父母的最新状态。
- 当你被打扰时，明确表示你只有几分钟的时间，并在稍后的特定时间回复对方。
- 你会发现，平衡、专注和焕发活力只是澄清你的价值观、优先事项和目标所获得的好处中的三个。高效地管理时间是一个途径，将帮助你在生活中恢复掌控感和目标感，开始享受你的新旅程吧！

第 17 章

自信训练

17

背 景

安德鲁·索尔特（Andrew Salter，1949）最初将自信描述为一种个性特质。人们认为有些人具备这种特质，而有些人则没有，就像外向或害羞一样。但是沃尔普（Wolpe，1958）和拉扎勒斯（Lazarus，1966）重新定义了自信，将其视为表达个人权利和情感的方式。他们发现几乎每个人在某些情况下都可以表现出自信，但在其他情况下则不能。自信训练的目标是增加能够使人们表现出自信行为的情境数量及其多样性，从而缓解人际关系中的压力。

当你捍卫你的权利，同时不侵犯他人的权利时，你就是自信的。自信不仅仅意味着要求你的权利，还意味着你可以：自发地表达你的个人喜好和兴趣；自在地谈论自己；舒适地接受赞美；公开表达不同意见；要求获得澄清；勇于说不。简而言之，当你是一个自信的人时，在人际关系中你可以更加放松。

有些人认为自信训练[⊖]会将善良温顺的人变成易怒的抱怨者或精明的操控者，事实并非如此。当某事看起来不公平时，保护自己是你

　⊖　此处及本章标题的英文原文为 Assertiveness Training，Assertiveness 的意思为自信、魄力、断言。为了让读者更加清晰地理解文意，根据本书上下文，本章选择两种译法——"自信"与"断言"。——译者注

的权利，你最了解你的舒适程度和基本需求。

你如何与人交往可能是你的主要压力的来源。自信训练可以通过教你在不欺负他人或任由他人欺负你的情况下捍卫你的合法权益，从而减轻这种压力。你可以使用自信的沟通方式来减少冲突，建立强大的、支持性的人际关系。

在继续阅读之前，写下你通常如何应对以下问题情境。

（1）你在市场完成购物，走出来后发现找零少了三美元。

我会：＿＿＿＿＿＿＿＿＿＿＿＿＿＿＿＿＿＿＿＿＿＿＿＿

（2）你点了一份生牛排，但上来的是五分熟的。

我会：＿＿＿＿＿＿＿＿＿＿＿＿＿＿＿＿＿＿＿＿＿＿＿＿

（3）你开车搭朋友去开会，但朋友在周围闲逛了半个小时，你意识到你们会迟到。

我会：＿＿＿＿＿＿＿＿＿＿＿＿＿＿＿＿＿＿＿＿＿＿＿＿

（4）整个星期你都期待着看一部特定的电影，但你的伴侣想看另一部电影。

我会：＿＿＿＿＿＿＿＿＿＿＿＿＿＿＿＿＿＿＿＿＿＿＿＿

（5）经过漫长而辛苦的一天，你正在看电视放松。你的伴侣突然出现，手里拿着一张清单，说："我还以为你不回来了。快，去店里买这些东西。"

我会：＿＿＿＿＿＿＿＿＿＿＿＿＿＿＿＿＿＿＿＿＿＿＿＿

（6）当你等待店员结束对你前面的顾客的服务时，另一个顾客进来了，店员开始为她服务，而忽视了你。

我会：＿＿＿＿＿＿＿＿＿＿＿＿＿＿＿＿＿＿＿＿＿＿＿＿

在你写下面对这些问题情境你会如何应对之后，将回答放在一边。它们不久就会被派上用场。

雅库博夫斯基－斯佩克特（Jakubowski-Spector，1973）、阿尔贝蒂（Alberti）和埃蒙斯（Emmons，2008）的研究表明：表现出相对较少断言行为的人不相信他们有权利拥有自己的情感、信仰或观点。更深层次地看，这意味着他们拒绝承认我们是平等的，应该平等地对待彼此。由于这一点，他们无法找到反对剥削或虐待的理由。很可能这样的人在孩童时期学到了一些传统的假设，这些假设暗示这些人，他们的感知、观点、情感和需求不如他人重要或不如他人正确。他们在成长过程中对自己产生了怀疑，并寻求他人的认可和指导。

当你还是个孩子时，你对于被教导哪些传统假设是没有太多选择的。然而，现在你有机会决定是否继续根据那些阻止你成为一个自信的成年人的假设来行事。以下每个错误的观念都侵犯了你作为一个成年人的合法权利。

错误的传统观念	你的合法权利
1. 把自己的需求放在他人的需求之前是自私的	有时候，你有权把自己放在第一位
2. 犯错误是可耻的。你对每个场合都应该有适当的应对方式	你有权利犯错
3. 如果你不能让别人认同你的感受是合理的，那么这些感受一定是错误的，或者你可能要疯了	你有权成为你的感受的最终裁判，并承认它们是合理的
4. 你应该尊重他人的观点，尤其是那些权威人士的观点。保留你的不同意见，倾听并学习	你有权拥有自己的观点和信念
5. 你应该一直保持理性和行为的一致性	你有权改变主意或采取不同的行动
6. 你应该灵活适应。别人的行为是合理的，质疑他们是不礼貌的	你有权对不公平的待遇或批评提出抗议

（续）

错误的传统观念	你的合法权利
7. 你永远不应该打断别人。提问会暴露你的愚蠢	你有权打断以便寻求澄清
8. 情况可能会变得更糟，不要再火上浇油	你有权为改变而进行谈判
9. 你不应该占用别人宝贵的时间来说你的问题	你有权寻求帮助或情感支持
10. 人们不愿听到你说自己感觉不好，所以最好把它藏在心里	你有权感受并表达痛苦的情绪
11. 当有人花时间给你提建议时，你应该非常认真地接受，他们通常是对的	你有权忽略他人的建议
12. 知道自己做得很好就是最好的奖励。人们不喜欢炫耀。成功的人暗地里会被人讨厌和嫉妒。在受到称赞时要保持谦虚	你有权获得他人对你的工作和成就的正式认可
13. 你应该迎合他人。如果你不这样做，他们在你需要他们的时候也不会在你身边	你有权说"不"
14. 不要过于孤僻。如果你说你宁愿独处而不愿意和他人一起度过时间，人们会认为你不喜欢他们	你有权独处，即使别人更喜欢和你在一起
15. 对自己的感受和行为应该有充分的理由	你无须向他人解释自己
16. 当有人陷入困境时，你应该提供帮助	你无须为别人的问题负责
17. 你应该对他人的需求和愿望保持敏感，即使有时候他们无法告诉你他们想要什么	你无须揣测他人的需求和愿望
18. 总是对人保持友好的态度是明智的	你无须事事友好
19. 拒绝别人是不礼貌的。如果被问到时，要给一个答复	你无须事事回应

在阅读本章时，请记住，自信的沟通建立在这样的假设上，即你对自己的想法、情感、愿望和行为有最佳判断。遗传、你的过去和当前情境等因素共同塑造了你成为独特的个体，没有人比你更了解你自己。因此，关于那些重要的问题，你是你自己的立场的最佳拥护者。鉴于你的独特性，你可能与你生活中的重要人物存在很多分歧。无须欺凌弱者或屈服于强势者，你有权利表达自己的立场，并努力通过协商解决分歧。

症状缓解效果

自信训练已被发现在处理抑郁、愤怒、怨恨和社交焦虑方面是有效的，尤其是当这些症状是由不公平的情况引起的时。随着你变得更有自信，你开始主张你有权利休息并更好地照顾自己。

掌握所需时间

有些人只需练习几周就能掌握自信的技巧，从而缓解症状。而对于有些人来说，需要几个月的循序渐进的努力才能体验到显著的变化。

操作说明

第一步：辨识三种基本人际风格

自信不是一种与生俱来的特质，而是一种可以学习的技能。自信训练的第一步是辨识三种基本的人际行为风格。

- **激进风格：** 在这一风格中，个体直言不讳地陈述意见、感受和愿望，但往往以伤害他人的感受为代价。这一风格所传达的潜在的信息是"我更优越和正确，而你更低劣和错误"。激进行为的优点在于，人们通常会满足激进的个体的要求，以摆脱他们。激进行为的缺点是，激进的个体会招人讨厌，而无法完全避免与激进的个体交往的人可能最终会对他们采取不诚实的行为，以避免冲突。

- **被动风格：** 在这种风格中，个体完全保留意见、感受和愿望，有时会间接表达，而且只表达了部分内容。这一风格所传达的潜在的信息是"我相对软弱和低劣，而你更强大和正确"。被动沟通的优点是，它减轻了人们做出决定的责任以及坚持个人立场所带来的风险。然而它的缺点包括产生无能感、自尊心降低，以及不得不接受他人的决定。

- **自信风格：** 在这种风格中，个体清晰地陈述自己的意见、感受和愿望，同时尊重他人的权利。这一风格所传达的潜在信息是"你和我可能存在分歧，但我们同样有权利向彼此表达自己"。这一风格的主要优点包括积极参与重要决策，得到你想要的东西而不疏远他人，通过彼此尊重地交换感受和想法获得情感和智力上的满足，以及维持高度的自尊心。

为了测试你辨识人际风格的能力，请将以下场景中 A 的行为标记为"激进的""被动的"或"自信的"。

场景 1

A：我在车上看到了一个新的凹痕，是吗？

B：看，我刚回家，今天糟透了，现在我不想谈论这个。

A：这对我很重要，我们现在要谈论这个。

B：有点儿良心吧。

A：让我们现在决定谁来付修车的钱，什么时候修，在哪里修。

B：我会处理的。现在别再烦我了，天啊！

A 的行为是：□激进的　□被动的　□自信的

场景 2

A：你在那个派对上把我一个人丢在那里了……我真的感到被抛弃。

B：你当时真是个扫兴的人。

A：我一个人也不认识，本来至少你可以给我介绍一些你的朋友。

B：听着，你是个成年人。你可以照顾自己。我受够了你整天唠叨要别人照顾你。

A：我也受够了你的不体贴。

B：好吧，下次我会像胶水一样黏着你。

A 的行为是：□激进的　□被动的　□自信的

场景 3

A：你能帮我处理一下这个文件吗？

B：我正忙着这份报告。等一会儿再找我。

A：唉，我真不想打扰你，但这很重要。

B：看，四点是我提交报告的截止时间。

A：好的，我理解。我知道被打断很难受。

A 的行为是：□ 激进的　□ 被动的　□ 自信的

场景 4

A：今天早上我收到妈妈的来信。她想要过来和我们待两个星期。我真的很想见她。

B：哦，不，你妈妈要来！而且正好在你姐姐来之后。什么时候轮到我们有一点儿属于自己的时间？

A：嗯，我确实希望她来，但我知道你需要一些时间，不想让我亲戚一直在这儿。我想过一个月再邀请她来，而且她不是在这儿待两个星期，我觉得一个星期就足够了。你对此有什么看法？

B：这对我来说是个大的解脱。

A 的行为是：□ 激进的　□ 被动的　□ 自信的

场景 5

A：今天你看起来真不错！

B：你以为你在欺骗谁？我的头发乱糟糟的，我穿的衣服甚至不适合放进慈善箱。

A：随你吧。

B：今天我的感觉和我的外表一样糟糕。

A：好的，我得走了。

A 的行为是：□ 激进的　□ 被动的　□ 自信的

场景 6

在一个派对上，A 告诉她的朋友们她有多么感激她的男朋友带她去好吃的餐馆和看戏。她的朋友们批评她是一个如此守旧、不开放的女性。

A：不是这样的。我在工作上挣的钱比他少得多。我付不起两个人的消费，也无法独自承担我们去的所有漂亮的地方的费用。有些传统是有道理的，要考虑到我们两人的经济现实。

A 的行为是：☐ 激进的　☐ 被动的　☐ 自信的

现在你已经将 A 的反应标记为"激进的""被动的"或"自信的"，将你的标记和下面的标记进行比较。

场景 1：A 是激进的。A 看似无辜的问题实际上是一种隐晦的指责。A 坚持立即采取行动，完全不考虑 B 的心情，导致了一种两极分化的冲突，使 B 很可能会退缩，感到不舒服和进行防守。

场景 2：A 是激进的。A 的语气是责备的，B 立即处于防御状态，没有人会获胜。

场景 3：A 是被动的。A 在腼腆的开场白后完全崩溃。文件的问题 A 现在必须独自处理。

场景 4：A 是自信的。请求是具体的、非敌对的，并且可以进行协商。

场景 5：A 是被动的。A 允许称赞被驳回，并屈服于 B 的消极情绪。

场景 6：A 是自信的。她反驳了群体的主流观点，并实现了对她立场的清晰、非威胁性的表述。

第二步：自信训练问卷

自信训练的第二步是确定你希望自己在哪些场景里的表现可以改变。在认识了三种基本人际风格后，现在重新审视一下你对本章开头提出的六种问题场景的回应。将答案标记为属于激进的、被动的或自信的。这是客观地分析你的行为并找出自信训练对你最有帮助的地方的开始。

为了进一步细化对你需要更具自信的场景的评估，完成以下问卷，该问卷改编自莎伦（Sharon）和戈登·鲍尔（Gordon Bower）于 2004 年出版的图书《自信地表达你自己》（*Asserting Yourself*）。在适用于你的场景旁边的 A 列中打钩，然后在 B 列中将这些项目让你感到不适的程度从 1 到 5 进行标记。

（1）舒适

（2）轻微不适

（3）一般不适

（4）非常不适

（5）难以承受的威胁

（请注意，无论你的不当反应是敌意的还是被动的，都可以用不同程度的不适感来标记。）

	A 在适用自己的 场景旁边打钩	B 对不适程度进行 标记（1~5）
我在**什么情况**下表现出不自信		
寻求帮助		
陈述不同的意见		
接受和表达负面情感		
接受和表达积极情感		

（续）

	A 在适用自己的 场景旁边打钩	B 对不适程度进行 标记（1～5）
与拒绝合作的人打交道		
对令我不悦的事情进行抗议		
在人多的场合说话		
抗议欺诈行为		
说"不"		
对不应得的批评做出回应		
向权威人士提出要求		
为我想要的东西进行谈判		
不得不担责		
寻求合作		
提出一个想法		
提出问题		
应对让我感到内疚的事情		
寻求服务		
请求约会或预约		
其他		
我和**哪些人**交往时表现出不自信		
父母		
同事、同学		
陌生人		
老朋友		
配偶或伴侣		
老板		
亲戚		
子女		
熟人		

（续）

	A 在适用自己的 场景旁边打钩	B 对不适程度进行 标记（1～5）
销售人员、店员、雇用的帮手		
两三人以上的群体		
其他		
我想要什么，但因为我不自信而无法获得		
他人对我做得好的事情表示赞同		
在某些任务上获得帮助		
获得更多的关注，或与伴侣共度更 多时间		
被倾听和理解		
使枯燥或沮丧的情境变好一些		
不必一直表现得很友善		
在重要时刻表现自信		
更自在地与陌生人、店员、机械修 理工等交往		
在向有吸引力的人要联系方式时充 满信心		
获得一份新工作，申请面试、加薪等		
与监管我的人或我监管的人自在地相处		
不再经常感到愤怒和痛苦		
克服无助感以及无论如何事情都不 会真正改变的感觉		
发起令人愉悦的性体验		
尝试完全不同的和新颖的事情		
有独处的时间		
做对我来说有趣或轻松的事情		

（续）

	A 在适用自己的 场景旁边打钩	B 对不适程度进行 标记（1～5）
其他		
为什么我不愿意变得自信呢		
如果我表现出自信，我担心可能会显得：		
自私		
不完美或愚蠢		
错误或疯狂		
不尊重		
不合逻辑或不一致		
不灵活		
愚蠢		
惹是生非		
抱怨		
不感激		
炫耀		
不合作		
不关心		
不敏感		
不友好		
粗鲁		
软弱 *		
其他		

＊具有侵略性的人担心被利用，担心无法得到他们想要的，以及担心如果被认为是弱者无法得到服从。

Adapted from Bower, S., and G. Bower. 2004. *Asserting Yourself: A Practical Guide for Positive Change*. New York: Da Capo Press.

评估你的回答　现在，请仔细审查和分析你的答案，以便全面了解什么类型的场景和人会让你感到受到威胁。非自信行为如何影响你在"我想要什么"清单上所勾选的特定项目？在制订你的自信计划时，最好最先关注那些你在"不太舒适"（2～3）这一评级范围内的项目。这些是你最容易改变的场景。那些非常令人不舒服的项目可以稍后再处理。

如果"为什么"清单上涉及一些你担心在自信时出现负面形象的项目，请回顾本章的"错误的传统观念"和"你的合法权利"部分，这些项目是从那里衍生出来的。请记住，你是你自己最好的拥护者，即使在没有得到他人完全的赞同或支持的情况下，你也有责任照顾好自己。

在尝试一些新事物时，感到焦虑是很自然的。通过实践，你会感到能更加自在地展现出自信。当你表现出自信时，并不总是能得到你想要的，因为其他人也有权利表示不同意并说"不"，但与被动或侵略性的行为相比，你更有可能实现你的目标。第 12 章的"反驳不合理观念"也是一个资源，可以帮助你审视那些导致你对自信感到不适的自我对话。

第三步：描绘问题场景

根据莎伦和戈登·鲍尔（2004）的观点，自信训练的第三步是描述问题场景。从"自信训练问卷"中选择一个让你感到稍微到中度不适的场景。写出对该场景的描述，确保描述中包含场景中涉及的人物、时间和地点，问题的本质，以及你在面对问题时的应对方式。同时，考虑自信表现将对你产生的积极影响以及你的目标。在这一步，具体而清晰的描述是关键，它能为后续脚本的撰写提供有力支持。

举例1：

我很难说服我的一些朋友改变一下听我说话的态度。他们从不停止说话，我从来没有插嘴的机会。如果我能更多地参与对话，这对我来说会很好。我觉得我就任由他们对我指手画脚。

注意，这个描述没有具体指明是哪些特定的朋友，问题最有可能发生在什么时候，不自信的人是如何行动的，他在表现出自信时涉及的恐惧，以及他增加对话参与的具体目标。这个场景可以重新描述为：

当我们下班后去喝酒时（时间），我的朋友琼（涉及的人）经常滔滔不绝地谈论她的婚姻问题（涉及的内容）。我就坐在那儿努力地表现出兴趣（我是如何行动的）。如果我打断她，我担心她会认为我根本不在乎她（恐惧）。我希望能够转换话题，有时能谈谈我自己的生活（目标）。

举例2：

很多时候，我想和人们交谈，但我担心也许他们不想被打扰。我经常注意到有些人似乎很有趣，但我不知道如何引起他们的注意。

这个例子依旧存在缺乏细节的问题。这个描述没有明确说明这些人是谁，这个经历发生在什么时候，不自信的人是如何行动的，或者其具体的目标是什么。通过加入以下元素，例子中所描述的场景将变得更加有用。

在午餐时间（时间），有一个吸引人的女孩（涉及的人）经常带着自己的午餐袋去食堂用餐。她坐在我的桌子旁边（地点），而我只是在默默地吃饭，看书（我是如何行动的）。我想通过向她询问她的老板——一个与人难以相处的人（目标），来开始一次交谈，但她似乎正专注于她的书，我担心她会认为我很粗鲁，如果我打断她，她会感到恼火（恐惧）。

当你撰写完三四个问题场景时，这些描述可能会勾起你在实际经历时的想法和情感。比如你可能会注意到，在每个问题场景中，你总是用消极的想法来打击自己（比如"我做不到……我又搞砸了……天哪，我看起来很蠢"），或者感到胃部紧张，似乎呼吸只停留在胸部的上方。本工作手册的其他章节提供了一些策略，可以帮助你应对在采取自信行为时让你困扰的习惯性想法和生理反应。参考"反驳不合理观念""缓解担忧和焦虑""直面恐惧和回避""愤怒免疫""应用松弛练习"和"呼吸"（腹式呼吸）。然而，本章主要关注在这些有问题的社交场景中改变习惯的行为方式。

第四步：编写你的改变脚本

自信训练的第四步是编写你的改变脚本。脚本是以自信的方式应对问题场景的计划。脚本包括五个要素：

（1）**安排一个对你和对方都方便的时间和地点来讨论问题**。比如，"今晚在客厅吃完饭，我会问我的室友是否愿意讨论保持客厅整洁的问题。如果那时她不方便，我会请她提供一个更适合的时间"。在应对突发情况时，可以跳过此步骤，比如有人在排队时插队，你可以采取断言性行为。

（2）**尽可能具体地描述问题场景**。这对于聚焦讨论至关重要。这是你表达自己的观点和信念的机会，而无须攻击对方。比如："我注意到在我们的小公寓里，你的衣服、书本和文件经常放在客厅里好几天。当一个人不清理自己的东西时，这地方很快就会变得凌乱不堪。"

（3）**描述你的感受，让对方更好地理解这个问题对你的重要性。**你一旦表达了你的感受，它们往往在帮助你达到目标方面起着重要作用，特别是当你的观点与听众的大相径庭时。即使这样做没有其他作用，听众也可能能够理解和体会你对问题的感受，即便他们完全不同意你的观点。通过分享感受，你将变得更加友好。在断言性地表达自己的感受时，有三条有用的规则需要记住。

1）不要用观点替代感受（如"我觉得你很懒、不成熟"）。更准确的感受表达是"我讨厌住在一个杂乱的房子里。我不得不清理你留下的东西，只为了让客厅保持整洁"。

2）使用以"我"开头的语句来表达你的感受，而不是评估或责备他人。与其说"你很不为别人考虑"或"你让我生气"，你不如说"我感到烦恼和沮丧"。

3）使用以"我"开头的语句将感受表达与对方的具体行为联系起来。例如，"当你把东西放在客厅好几天不整理的时候，我感到愤怒和沮丧"。对比一下这条表述明确的信息与以下这条表述模糊的责备性陈述："我感到气愤，因为你太不为别人考虑了。"

（4）**简洁而坚定地表达你的期望。**要具体而明确。不要期望别人能读懂你的心思，以及在遇到被动的人的时候，也不要期望别人能够神奇地满足你的需求，请清楚地陈述你的愿望和需求。与其像过于强势的人一样总是假定自己是对的、有权利按照自己的方式去做，你不如将你的愿望表达为偏好，而不是命令。比如，"我希望你在不使用的时候不要把衣服、书和纸张放在客厅里"。

（5）**向对方强调给予你想要的支持。**最好的强调是描述积极的结果。比如"我们的客厅会更整洁……我们会省钱……我们会有更多的时间在一起……我会给你按摩背部……我妈妈只会待一周……我会更有精力，更好相处……我能按时完成工作……小朱莉亚在学校表现会更好"，等等。

在一些情况下，描述积极结果可能是无效的。如果你和对方打交道时感觉到他们有抵触情绪，或者你觉得很难激励他们与你合作，考虑描述一些未合作的负面后果。最有效的负面后果是描述如果你的愿望得不到满足，你将具体怎么做。

- "如果我们不能按时出发，我会不等你，然后你自己晚点儿再开车过来。"
- "如果你不能清洁浴室，我会雇人每周来做一次，并将费用加到你的房租中。"
- "如果你不把衣服叠好并放好，我就会把它们留在这个盒子里。你可以在需要的时候去翻找。"
- "如果你继续以这种大声、攻击性的方式说话，我就会走。我们可以明天再谈。"
- "如果你在派对上喝醉了，我会开车回家。"
- "如果你的支票再次被拒付，我们只能用现金交易。"
- "如果你在看电影期间继续讲话，我会叫经理过来处理这个问题。"
- "如果你不能准确告诉我你什么时候回家，我就不做晚饭，也不会为你的饭菜保温。"

请注意，这些例子与威胁是不同的。不合作的后果是指说话者会照顾自己的利益。这样的后果并不是为了伤害他人，只是为了保护自己。威胁通常不起作用，因为它们会让人很生气。如果你确实发出了威胁（"你不去我妹妹的婚礼？我就不去你家人的聚会！"），请确保你愿意并能够兑现它。即便如此，威胁通常会带来更多的害处。

作为一个改变脚本的例子，我们假设琼想要主张她的权利——在进行放松练习时，每天有半小时的不受打扰的宁静时光。弗兰克经常打断她，向她问问题和引起她的注意。琼的脚本是这样的：

- **安排一个时间和地点来讨论情况**

我会问问弗兰克，今晚他是否愿意讨论这个问题。如果他不愿意，我们会在未来的一两天内安排时间和地点来谈论它。

- **定义具体的问题**

我在做放松练习时至少会被打断一次，有时更频繁，尽管我已经关上了门并要求有独处的时间。我的注意力被分散，深度放松变得更加困难。

- **使用以"我"开头的语句来描述感受**

当我被打断时，我感到愤怒，同时也感到沮丧，因为练习变得更加困难。

- **简洁而坚定地表达你的期望**

我希望当我的房门关上时不被打扰，除非是紧急情况。只要门关着，就请假设我仍在做练习，希望能够独处。

- **向对方强调给予你想要的支持**

如果我不被打扰，事后我会过来和你聊天。如果我被打扰，我需要花更多时间做练习。

在下一个例子中，尼克展示了如何使用改变的脚本来拒绝他人。尼克一直很不情愿去告诉他的同事，他已经改变了主意，不想再给她的新项目帮忙。尼克的脚本如下：

- **安排一个时间和地点来讨论情况**

明天早上我会向你发送一封电子邮件，跟你约定一个谈论这个问题的时间。

- **定义具体的问题**

克拉拉，我之前答应过要帮助你做新项目，但我发现它花费的时间比我预期的要多。我发现我自己的工作没有完成，这会给我与我的老板带来很大的问题。

- **使用以"我"开头的语句来描述感受**

我为自己改变主意和让你失望而感到内疚。同时，在截止日期逼近时，我感到有压力和焦虑，担心自己的工作落后。

- **简洁而坚定地表达你的期望**

在接下来的一周内，我会从你的项目中撤出来。你看星期五可以吗？

- **向对方强调给予你想要的支持**

下个月在今年的财政年度结束后，我可能会向你提供一部分帮助。同时，考虑让杰夫来帮助你，因为他现在正处于项目空窗期。

（需要注意的是，尼克不必强调他要退出项目，以使克拉拉更容易接受。尽管他选择这样做是因为他愿意在不影响自己工作的情况下帮助她，同时他希望与她维持良好的工作关系。）

下面的例子展示了当遇到突发状况，你想要自信地表达时该如何使用改变脚本。这时，你可以跳过安排时间的那一步。在说话之前，想出一两句话来完成改变脚本的三个基本要素。如果你愿意，可以使用一种强调手段。

克丽丝特尔正在房间里看电视，她的小弟弟走进房间，抢走遥控器，开始换台。克丽丝特尔抑制住了最初的反应，不去称呼他为"不体贴的家伙"，也没有和他扭打来抢遥控器。在思考了改变脚本的四个基本要素后，她说："伦尼，我正在看我最喜欢的节目，你进来后开始换台（问题）。你在没有先征询我的意见的情况下关掉了我正在看的节目，我感到非常恼火（感受）。我希望你现在就切回我正在看的节目（愿望）。如果你这样做了，当15分钟后这个节目结束时，我会把电视留给你一整个晚上（积极强调）。"

练习：阅读以下改变脚本。然后，在空白处写下你认为有问题的地方，并根据你的理解重新写脚本。

过去的两个学期里，朱莉一直想参加陶瓷夜间课程。每次她丈夫都有各种借口，说他不能在朱莉去上课的晚上照看孩子。

以下是朱莉的改变脚本。

- **安排一个时间和地点来讨论情况**
等凯文今晚回家。

- **定义具体的问题**
你让我整整一年都无法上我的陶瓷课。我已经被推来推去很久了。

- **使用以"我"开头的语句来描述感受**
我受够了你这个自私、不体贴的家伙。

- **简洁而坚定地表达你的期望**
你就得忍受在我上课的时候照顾孩子。

- **向对方强调给予你想要的支持**
如果你不喜欢，你可以和这段婚姻说再见了。

这个改变脚本存在下面的问题：

（1）＿＿＿＿＿＿＿＿＿＿＿＿＿＿＿＿＿＿＿＿＿＿＿＿

（2）＿＿＿＿＿＿＿＿＿＿＿＿＿＿＿＿＿＿＿＿＿＿＿＿

（3）＿＿＿＿＿＿＿＿＿＿＿＿＿＿＿＿＿＿＿＿＿＿＿＿

（4）＿＿＿＿＿＿＿＿＿＿＿＿＿＿＿＿＿＿＿＿＿＿＿＿

将你的想法与我们在朱莉的改变脚本中找到的问题进行比较。

（1）她没有与对方就讨论的时间和地点达成一致。

（2）她使用了模糊的、指责性的措辞，如"你让我无法……"和"推来推去"。

（3）她没有明确指出她丈夫具体做了什么从而引发了问题。

（4）她指责她丈夫是自私、不体贴的人，而不是表达她对他不良行为的感受。

（5）她没有具体说明她需要丈夫在课程期间的哪些晚上照顾孩子，课程会持续多久。相反，她提出了一个非常不吸引人的要求。

（6）她威胁要采取负面后果，这可能是她自己根本就不愿意付诸实施的。

现在，重新为朱莉写一个更自信的改变脚本。

- 安排一个时间和地点来讨论情况：＿＿＿＿＿＿＿＿＿＿
- 定义具体的问题：＿＿＿＿＿＿＿＿＿＿＿＿＿
- 使用以"我"开头的语句来描述感受：＿＿＿＿＿＿＿
- 简洁而坚定地表达你的期望：＿＿＿＿＿＿＿＿＿
- 向对方强调给予你想要的支持：＿＿＿＿＿＿＿＿

下面是一个例子。

- 安排一个时间和地点来讨论情况

嗯，我们可以等孩子们睡着以后，一起坐下来谈谈。

- 定义具体的问题

在过去的两个学期里，我一直很想参加陶瓷夜间课程，但在那个时间段，你不太方便照顾孩子。

- 使用以"我"开头的语句来描述感受

我感到很沮丧，因为我一直无法获得我想要的学习机会。

- **简洁而坚定地表达你的期望**

我是否能请你在我上课的晚上照顾一下孩子？我认为这对我们大家都有好处。

- **向对方强调给予你想要的支持**

如果你能帮我一起照顾一下孩子，我会非常感激。而且，我会确保在其他时间补偿你，让你有时间做你自己喜欢的事情。

（注意：新的脚本强调了合作、相互支持和补偿，避免了攻击性的言辞和威胁，同时也更加具体和积极。）

在这个改写后的新脚本中，确定了问题的讨论时间，对问题行为的描述变得具体，表达的感受现在是与具体行为相关的非威胁性的"我"的感受，请求变得简单明了。朱莉的强化措施现在变得现实和明确。需要注意的是，通常情况下，不需要使用消极强化措施，而积极强化措施可能只需要保证，如果特定行为发生改变，你会感觉很好。通常可以避免过多的承诺。

练习：现在，你可以编写自己的改变脚本（请扫二维码下载表格）。

第五步：肢体和语调的自信传达

在自信训练的第五步中，你需要学会运用肢体语言和语调来支持你的自信言辞。在镜子前练习或与朋友一起练习你的自信改变脚本，有助于你掌握以下五个基本规则。

（1）保持直接的眼神交流。注意，眨眼和偶尔看向别处是自然的。

（2）保持挺直的身体姿势。

（3）清晰、平静、坚定地说话。

（4）不要哭诉，也不要使用道歉或敌对的语气。

（5）面部表情与你所说的内容要一致，例如当你对上门的推销员说"不"时，用严肃的表情而不是微笑。

练习 1：在镜子前排练你写下的自信改变脚本，运用肢体语言。成为自己的教练：观察你做得好的地方，以及下次可以改进的地方。

练习 2：录下排练过程，进一步完善你的自信语调。

练习 3：与朋友一起练习你的脚本，让朋友扮演另一个角色。之后，询问你朋友对你的表现有何看法，以及在现实生活中表达脚本时你可以做些什么来改进。

练习 4：在现实生活中使用你的改变脚本。之后，问问自己你做得好的地方，如果再做一次，是否可以做得更好。你从对方那里得到了想要的回应吗？如果没有，要为你在试图维护自己的权益而给予自己肯定。继续排练，然后在现实生活中使用你的改变脚本，随着学习的深入，不断增加新的自信技巧。

第六步：自信倾听

自信训练的第六步是学习如何倾听。在实际场景中进行自信训练时，你会发现有时在他人能够关注到你之前，你需要先处理对对方而言重要的问题。特别是当你的要求直接与对方长期未曾说出的、未被满足的需求相冲突时，这一点尤为真实。

比如，如果你的配偶对你的改变请求回应道："你下班后想要一个小时的宁静时光？嗯，我以前没有说过，因为你工作那么辛苦，但我在和孩子待了一整天之后，已经快要抓狂了。你知道我也有这样的诉求。"

在自信倾听中，你将注意力集中在他人身上，以便准确地听取说话者的观点、感受和愿望。自信倾听包括三个步骤：

（1）**准备**。意识到你的感受和需求。你准备好倾听了吗？你确定对方真的准备好倾诉了吗？

（2）**倾听和澄清**。全神贯注地倾听对方，聆听说话者的观点、感受和愿望。如果你对这三个元素中的任何一个感到不确定，可以要求说话者通过提供更多信息来澄清："我不太确定你是怎么看待这个情况的……你能多说点儿吗？你对此有什么感觉？我不明白你想要什么……能更具体地说明吗？"

（3）**承认**。向对方传达你听到了他的立场。例如，你可以说："我听到你不想承担这个新项目，因为你在现有职责上感到不堪重负，想要赶上进度。"另一种承认对方感受的方式是分享你的感受："我也感到不堪重负，我因为不得不要求你做更多的工作而感到很难过。"

自信倾听和自信表达是相辅相成的。下面是一个例子，其中的两个人使用自信的倾听和表达技巧来解决问题。约翰对卡门表达需求的方式感到不满。

约翰：这个时候聊聊让我感到烦恼的事情合适吗？（安排）

卡门：好的。

约翰：昨天你告诉我你觉得我对你有些冷淡，感觉被抛弃了。（问题）我感觉好像我对你做了什么可怕的事情。我感觉很糟糕，但对我到底做了什么感到完全困惑。（感受）与其这样发表一些泛泛的抱怨，你不如说说我没有做到的地方，或者我可以做出什么改变吗？（请求）我认为那样我可能会更有回应。（强化）

卡门：你需要更多关于什么方面的信息？（澄清）

约翰：你在那一刻需要我做什么，来让你感觉更亲近。

卡门：好的，所以你的意思是，当我谈论我的感受，却没有提
　　　出任何具体的改变要求时，这会让你感到困惑和自责。
　　　（承认）

约翰：对的。

卡门：好的，有时候我只是告诉你我的感觉是怎样的。我不知道
　　　为什么我会有那种感觉，或者该怎么办。告诉你是为了
　　　得到讨论的机会。（重新定义问题）

约翰：我明白了。所以你其实不确定在那时我能做什么。（承
　　　认）那你为什么不直接说你不确定，然后问我们能一起做
　　　些什么呢？用"我们"来替代"我"会对我有很大帮助。
　　　（新的请求）

卡门：听起来不错。我喜欢这个建议。

注意，卡门在进一步解释自己的观点之前先进行了澄清和承认。
然后，以一种不指责的方式，她解释了为什么不能按照约翰的要求去
做。约翰则回应了卡门所说的。然后，他利用这个新的信息提出了更
适合卡门的第二个建议。

但问题在于你不能总是期望对方遵循规则。在面对防御性或敌对
的反应时，有时你将不得不在表达和倾听中都表现出自信。看一看哈
尔和萨拉的情况：

萨拉：我对现金预算有问题。我们能谈谈吗？（安排）

哈尔：随便。

萨拉：目前，你们只做了未来三个月的现金预算，而我无法看出
　　　六到八个月后的销售、库存和成本将如何相互影响。（具
　　　体界定问题）我对巨额的印刷费用感到非常紧张，因为我

们不知道是否还有钱。（描述感受）你能否将现金预算延长至少六个月？（明确要求）我认为我们都会感到轻松些。（强化）

哈尔：算了，萨拉。没时间。我部门没人做这种事。吃颗安定冷静一下吧。

萨拉：需要多少额外的工作量？（澄清）

哈尔：算了，萨拉。（大声地）算了，好吗？

萨拉：我明白你的意思。你很忙，没有足够的人手来承担额外的工作。（承认）但我在想，这会涉及多少个额外的工作小时？（澄清）

哈尔：至少 20 个小时。别逼我了，萨拉。我受够了大家的要求。

萨拉：我明白你有多紧张。（承认）如果每个月我都为你调配一个能承担 20 个小时的工作量的记账员，你能应付吗？（新的要求）

哈尔：可能可以。我先看看这个人选，萨拉。

面对讽刺和愤怒，萨拉继续澄清和承认，直到她理解了哈尔的问题。敌对的抵抗没有使她退缩。她继续努力理解哈尔的压力和需求，以便能够提出一个新的、更可接受的建议。

练习 1：与朋友进行角色扮演，练习自信倾听。让你的朋友扮演你生活中的一个真实人物，他还没有准备好听你的脚本，因为他自己的一些问题阻碍了他。请使用自信倾听来帮助他表达他的问题、感受和需求。或者，根据你的设想，编写一个对话，其中你是自信倾听者，而另一个人是表达者。

练习 2：在日常生活中练习自信倾听，可以结合脚本进行，也可以单独进行。确保对方有机会表达他们想要分享的问题。

第七步：达成可行的妥协方案

　　自信训练的第七步是学习如何达成可行的妥协方案。当两个人的利益直接冲突时，要达成一个双方完全满意的公平的妥协方案在某种程度上可能是困难的。相反，要寻找一个双方都能接受的，至少在一段时间内都能接受的妥协方案。虽然妥协可能会在你的讨论中自然出现，但有时你和对方可能需要列出你们能想到的所有替代解决方案。从列表中划掉那些双方都不能接受的。最后，选择一个你们双方都能接受的妥协方案。在你们进行思考时，如果让你们的想象力奔放一些，这个头脑风暴的过程会更加有效。最好在指定的时间内审查可行的妥协方案，比如一个月。在那时，你可以检查你的行为变化的结果。如果你们双方都不够满意，你们可以重新谈判并调整你们的妥协方案。

　　典型的妥协解决方案包括以下几种。

- 这次按我的方式，下次按你的方式。
- 我得到我想要的一部分，你得到你想要的一部分。
- 双方各让一步。
- 如果你为我做＿＿＿＿＿，我会为你做＿＿＿＿＿。
- 这次按我的方式来做，但是＿＿＿＿＿我们会按照你的方式来。
- 这次尝试我的方式，如果你不喜欢，下次你可以否决。
- 这次尝试你的方式，如果我不喜欢，下次我可以否决。
- 我在做的时候按我的方式，你在做的时候按你的方式。

如果你对头脑风暴和列出的替代方案感到抵触，可以尝试下面这种更简单的方法。当有人不愿意满足你的要求时，询问对方的建议。如果你觉得建议不可接受，那就提出你自己的新建议。但首先进行一些自信倾听，以了解对方在这种情况下的感受和需求。不断地交换建议，直到找到对双方都起作用的解决方案。

第二种妥协方法是问这个问题："为了按我的方式做，你需要我做些什么才能让你感到可以接受？"答案可能会让你感到惊讶，并向你提供你从未想过的解决方案。

练习：计划如何在与他人发生冲突的情况下使用可行的妥协方案，将其与你的改变脚本和自信倾听相结合。

第八步：避免受人操纵

成为一个具有自信人格的人的第八步，是学会避免受人操纵。不可避免地，你可能会遇到一些人的阻挠，他们可能会使用一些策略来忽视你的断言性要求，以下技巧是应对那些策略的有效方法。

打破"纪录"法：当你发现自己正在与一个不接受拒绝或拒绝满足你合理要求的人打交道时，你可以选择一句简洁的陈述，反复地进行强调。例如，你可以对坚持不懈的四岁孩子说，"杰夫，我不会再给你糖果了"。你可以对过于强硬的二手车销售员说，"我今天不会买车，我只是看看"。你可以对不合作的店员说，"我要你把这个有问题的收音机的钱退还给我"。简要承认你听到了对方的观点，然后冷静地重复你的打破"纪录"陈述，不要被无关的问题牵扯开。你可以这样说，"是的，但是……是的，我知道，我要说的是……我同意，而且……是的，正如我刚说的……对，但我还是不感兴趣"。

从内容到过程的转变：将讨论的焦点从话题转移到分析你们之间

正在发生的事情上来。"我们现在离题了。""我们已经被引导到谈论旧问题上去了。""我意识到我在说话。我感觉你现在不太愿意和我谈这个问题。我说得对吗？"

缓和： 忽略某人愤怒的内容，推迟进一步的讨论，直到他们冷静下来。你可以这样说，"我能看出你现在非常生气。我们晚些时候再讨论吧"。

断言延迟： 在对具有挑战性的陈述做出回应之前，先让自己冷静下来，让自己获得更多信息，或者你确切地知道自己想要如何回应。你可以这样说，"是的，非常有趣的观点……我需要保留对此的判断……我需要更多的时间来思考这个问题……我现在不想谈论它"。

断言同意： 承认和同意对你的批评。除非你愿意，否则你不需要给出解释。你可以这样说，"你是对的。我搞砸了账户""谢谢你指出我在试图对那个推销员说'不'的时候在微笑。难怪我摆脱不了他""你是对的，老板，我迟到了半个小时……我的车坏了"。

模糊化： 当有人对你个人进行负面评价时，承认和同意批评中的某些方面，忽略其他部分。这种方式包括部分同意、在可能性上同意和在原则上同意。部分同意——"你说得对，我的报告晚交了"。在可能性上同意——"你也许是对的，我经常迟到"。在原则上同意（在逻辑上同意而不同意其前提）——"如果我真的像你说的那样经常迟到，那肯定会是个问题"。通过模糊化来重新表达批评者的话，这样可以使你真诚地表示同意。通过表面上表示同意而不承诺改变，你很快就会消除批评你的人批评你的任何理由。

断言询问： 邀请批评，了解对方真正烦恼的是什么。你可以这样说，"我明白你不喜欢我昨晚主持会议的方式。是我的什么行为让你感到不舒服？你觉得我哪方面过于强势？哪一点让你感到不舒服"。

为了防止一些典型的阻碍策略被用来攻击和扰乱你的断言请求，你可以先让自己做好应对准备。一些最麻烦的阻碍策略包括以下几种。

轻松对待： 对方采用笑话回应你的断言，比如"只晚了三个星期？我得努力变得不那么准时"。此时，你可以使用断言同意来轻松回应："是的，确实有点儿晚，我确实需要提高自己的时间管理技能。"

指责策略： 对方将责任推给你。"你总是这么晚做饭，我太累了，之后连碗都不想洗了。"这时，你可以使用模糊化策略，"也许是这样，但你仍然没有遵守承诺"，或简单地不同意，"八点钟洗碗不算太晚"。

抨击： 对方在回应你的断言时对你进行人身攻击。如"你凭什么担心被打断？你在这里最吵闹"。此时，最好的应对策略是使用坚定的反讽（比如说"谢谢"），并与打破"纪录"法或缓和结合使用，"我能看出你现在很生气，我们会后再谈吧"。

延迟策略： 对方采用延迟策略回应你的断言。你的断言得到了诸如"现在不行，我太累了"或"以后再说吧，也许吧"的回应。这时，你可以使用打破"纪录"法，或坚持要跟对方约定用于讨论这个问题的具体时间。

"为什么"策略： 每一个断言都会遭到一系列"为什么"问题的阻挡，例如，"你为什么会有那种感觉……我还是不明白你为什么不想去……你为什么改变主意了"。最好的回应是使用从内容到过程的转变，"为什么并不重要。问题在于我不愿意今晚去"。

自怜策略： 对方通过眼泪阻挡你的断言，以此来暗示你是在虐待他。试着继续使用断言同意，"我知道这会给你带来痛苦，但我需要解决这个问题"。

吹毛求疵：对方想与你争论你的感受是否合理，问题的严重性等。使用从内容到过程的转变——"我们现在在争论琐事，而我们已经离开了主要问题"，并断言你有权有你自己的感受。

威胁：你被威胁，比如"如果你继续这样唠叨我，你会需要另一个男朋友"。使用断言询问——"你对我的要求有什么不满"，以及从内容到过程的转变——"这似乎是一种威胁"。

否认：对方告诉你"我没有那样做"或"你真的误解了我"。这时，你可以断言你所观察和经历的，并使用模糊化——"在你看来可能是那样，但我观察到……"

作为练习，为出现在你的生活中的上述每种类型的操纵写出至少一个例子。如果需要，可以虚构或借用例子。对于每个操纵的例子，写出一个断言性的回应。

然后，让自己想象或与朋友进行角色扮演：想象你最不情愿在现实生活中表达的改变脚本可能得到的最糟糕的回应。通过面对它来减轻你对可能出现的噩梦般的回应的敏感性，然后准备好应对措施。当你准备好时，可以通过在现实生活中表达你的脚本来跟进。

继续写作、排练，并不断地在现实生活中表达你的脚本。随着时间的推移，可以免除写作和排练的步骤，在最具挑战性的情况下除外。可以将在本章中学到的其他断言技巧结合使用或单独使用。与所有学习的行为一样，通过实践，你的断言技巧将会得到提高，你的信心也会随着练习而增强。

第 18 章

工作压力管理

The
Relaxation
& Stress
Reduction
Workbook

18

在本章中，你将学会

- 识别当前你对工作压力的应对方式
- 设定目标，掌控工作中的压力
- 对抗与工作相关的压力想法
- 在冲突时进行协商沟通
- 控制和平衡自己

背　　景

工作倦怠的经典症状包括悲观情绪、日益增长的不满、旷工和工作效率低下。虽然你可能不会立即陷入工作倦怠，但你可能是越来越多的声称工作给他们带来压力的人中的一员。工作压力造成了大量的个人痛苦，同时，它每年在生产力、工资和医疗费用方面也造成了数十亿美元的损失。人们开始认识到，有效管理工作压力对个人和财政而言都是有意义的。

什么导致了工作倦怠

每份工作都伴随着一些内在的困难，员工的任务就是适应这些困难。然而，工作的难度本身并不足以引发倦怠。相反，更确切地说，是员工对工作环境缺乏控制权，导致他们产生不确定感、挫败感、动力减弱、疲劳、生产力下降以及最终引发倦怠。

以下是可能导致工作倦怠的其他因素：

● 长期超负荷地工作

- 不公平的待遇
- 来自上司的不切实际的期望
- 不支持或敌对的同事
- 培训不足
- 缺乏认可或奖励
- 与公司、上司或同事的价值观冲突
- 不愉快的工作环境
- 缺乏对工作重点的明确指导

即使是你无法控制的微小因素，也可能给你的工作日带来意想不到的干扰：特殊会议、电子邮件、消息、电话、人们突然来访，以及设备故障；想象一下必须按照授权渠道的章程办事，以及处理官僚主义机构的烦琐程序；再想想有问题的空调系统、持续不断的机器噪声、电梯音乐和人声；你每天的通勤可能也会增加你在一天中的压力。

常见的错误是仅仅将过度的压力与生产力下降联系起来。当工作过于简单或挑战不足时，也会出现压力不足的情况。早在 1908 年，罗伯特·耶基斯（Robert Yerkes）和约翰·多德森（John Dodson）就指出，压力不足的症状与压力过载的症状非常相似：效率降低、易怒、时间压力感、动力减弱、判断力下降以及引发事故。每个人都有自己的表现区间，在这个区间内适度的压力能够激发我们的活力、动力、决策能力和生产力。

职业倦怠并不仅仅是由工作中的过度压力引起的。如果工作对你没有任何要求，你会感到无聊。工作压力管理就像一般的压力管理一样，涉及找到适当类型和数量的挑战，可以激发你的兴趣和提高你的表现，但又不会使你有过度的负荷。它还要求有效地管理工作中不可避免的令人沮丧的方面。最后，它包括在与休闲和工作相关的活动之间取得平衡，使它们相互补充。工作压力管理是一个动态的过程，你可以在其中行使个人的掌控权。

症状缓解效果

工作压力管理在提高你在职场中的掌控感方面是有效的。增加个人的掌控感可以改善与工作相关的负罪感、易怒、抑郁、焦虑和自尊心低等症状。工作压力管理还可以减轻与工作相关的身心症状，如失眠、疲劳、胃不适、头痛、饮食障碍以及免疫力降低。

掌握所需时间

在本章里，你将了解自己当前对特定工作压力源的应对方式，然后你可以制订一些改变的目标。学会更有效地应对工作压力至少需要一个月的时间。有效的工作压力管理习惯可能需要两到六个月才能融入你的日常生活。

管理工作压力的五个步骤

第一步：辨识你对特定工作压力源的应对方式

你的特定工作压力源是什么？你通常是如何应对它们的？在接下

来的几天里，观察一下你是如何应对工作中的大小压力的。此外，回顾一下你最近在工作中的经历，回忆并识别任何你对工作压力源可能有过的应对方式。

你可以使用"我对特定工作压力源的反应"表格（请扫二维码下载表格）列出你的具体压力源，记录在压力发生时你的感受，你对此说了什么，以及你对此采取了什么行动。首先看看计算机程序员帕蒂是如何记录她工作中的具体压力源和应对方式的。

帕蒂对特定工作压力源的应对方式

压力源	感受	想法	行为
编程	无聊、麻木	"不间断地编程让帕蒂觉得乏味。"	行动缓慢、效率低；吃甜食，喝咖啡
截止日期	焦虑	"我永远也完成不了！"	工作更长的时间，犯错误
会议	恼怒、不耐烦	"真是浪费时间，我还有工作要做。"	批评，对建议很抗拒
含糊不清的主管	不安、困惑、恼怒	"要满足这个混蛋需要做些什么？"	猜测他想要什么，抱怨
健谈的同事	愤怒	"他为什么老是打断我？他真是太不为别人考虑了！"	有礼貌地回应并回到自己的工作
不合作的行政助手	愤怒、沮丧、不满	"她很懒，动作慢，完全没用。"	拒绝与她交谈
没有隐私	恼怒	"很难集中注意力。"	肌肉紧张；颈部疼痛和背痛

（续）

压力源	感受	想法	行为
在终端工作	紧张、疲劳	"真希望我不必做这个。"	眼疲劳，头痛
停顿时间	沮丧、精神焕发	"该死，我刚刚写的一切都没了！"	吃东西，喝咖啡，社交
没有加薪	愤怒、沮丧	"我应该得到更好的待遇！"	苦苦抱怨

列出你的工作压力源，并描述你的应对方式，尽可能多地写下细节。

现在，你已经详细记录了你的特定工作压力源以及你通常是如何应对它们的，请回顾你的清单，看看是否存在任何令你困扰的模式。

例如，帕蒂在应对职场压力源时发现了以下模式。

（1）面对无聊和挫折时，我会通过吃太多东西和喝太多咖啡来应对。

（2）长时间在电脑前工作，需要集中注意力，既缺乏隐私，也导致我出现各种身体和情感上的压力症状。

（3）我浪费时间，因为我不够果断，不敢向主管提问，不敢对办公室同事说"不"，或者不够坚定地要求行政助理提供支持。

（4）我倾向于对自己、他人和环境过分挑剔，但我很少采取任何有益于改善情况的行动。我能理解为什么我在工作中会长期感到恼怒和紧张。

写下你在应对工作压力源时发现的任何模式。

我对工作压力源的问题性回应：

1._____

2._____

3._____

4._____

第二步：设定更有效的应对工作压力源的目标

既然你已经识别出工作场所压力的模式，你可以开始制订一个更有效的计划，以应对任何可预见的压力源。也许这可以让你完全避免其中的一些，或者在它们发生时，你可以更好地做好应对准备。关键是更多地掌控……而这正是你开始行动的地方。

你可能希望在以下一个或多个通用领域进行一些改变。

（1）改变外部压力源（辞去工作，果断告诉老板不要过度压迫你，定期休息，重新安排你的时间）。

（2）改变你的思维方式（学会在回家后摆脱工作思维，改变你的完美主义倾向，停止假设你对他人的问题负有责任，停止纠缠于模糊的担忧或不公正）。

（3）在身体上做出改变（放松，锻炼，合理饮食，保证充足的睡眠）。

当你为自己设定目标时，请记住以下准则。有用且可实现的目标应该是：

- 具体的
- 可观察的
- 在一定时间范围内可实现的

- 可以拆解成小的中间步骤
- 与长期目标一致
- 要和自己达成约定
- 按指定的时间间隔进行重新评估
- 在实现时得到奖励

例如，帕蒂决定为她发现的每一种压力模式设定一个新的、更有效的应对方案。为此，她写下了以下的个人承诺。

10 月 10 日

我，帕蒂·鲍尔斯，同意以下方式来改变我对压力的四种反应模式。模式 1 和模式 2：与其在疲劳、无聊或沮丧时吃东西或喝咖啡，我不如每小时休息一次，进行简短的放松运动，或者站起来四处走动并与人交流。我将充分利用弹性工作时间，每周参加三天的有氧运动课程，并用两个中午来处理个人事务。我将每天吃三顿有营养的饭，而不是吃垃圾食品。

模式 3：我将参加一天的果断培训研讨会，并向主管提更多问题，直到我明确了他的需求。我还会告诉健谈的同事不要打扰我并和我闲聊，除非我在四处走动。我将果断地向行政助理寻求帮助。

模式 4：我将把我的每一个批判性的想法都转化成建设性的行动想法。例如，与其对会议说"真是浪费时间，我有工作要做"，我不如说，"哇，一个从编程中休息的机会！我可以进行一次放松运动。我可能会学到一些有趣的东西。而且，我可能会在会议上做出一些贡献"。

　　我将每周对每个目标的进展重新进行评估。一个月后，我计划在当地的温泉过周末，作为自己成功改变这四种反应模式的奖励。

帕蒂·鲍尔斯

　　利用个人承诺表（请扫二维码下载表格），明确你的目标，并对你在面对工作、生活中的特定压力时的一些反应进行调整。

　　将这份承诺贴在你每天都能看到的地方，时刻提醒自己要做的事情。如果你愿意，可以与朋友或同事分享你的目标，他们可以鼓励和支持你执行计划。每周你可以向他们报告一次进展。记住，在实现目标时要给自己奖励。

第三步：改变思维方式

　　工作压力的产生一部分是由于你的想法触发了痛苦的情绪反应。以下是三种常见的可能让你陷入困境的思维方式。

　　（1）"我必须（完美地）（准时地）完成（某项任务），只有这样我的老板才会高兴，否则（会发生令人痛苦的事情）。"

　　（2）"他们是故意对我这样，这不公平。"

　　（3）"我被困在这里。"

　　第一种思维让你感到焦虑，第二种会引发你的愤怒，第三种会引起你的沮丧。你可以采取一些措施来处理这些思维及它们所带来的工作压力。现在，列出与你的工作相关的属于以上三种类别的你的想法。

　　类别 1：_____

　　类别 2：_____

类别 3: _____

以下是你如何应对这些压力想法的方法。

（1）如果任务不能准时完成或完全令老板满意，请对此做出实际评估。实际评估意味着看看在过去当类似的任务延迟、出现错误等情况发生时，你和其他人都经历了什么。"实际"还意味着要具体。是时候摆脱那种模糊的灾难感了。老板可能会对你说什么？如果可能的话，具体会发生什么？

例子：如果我不能在周五之前完成任务，老板可能会让我周末加班，以完成周一与客户的会议的准备报告。我将不得不推迟与朋友去购物的计划。我有点儿失望，但我能处理好。

练习：现在轮到你了。通过在以下句子的空白处填写信息，重新书写你那些模糊而灾难性的想法：

"如果（某项任务）不是（完美的、准时的、完全可以接受的），（某种实际的情况）可能会发生。我能处理。"

每当发现自己对模糊而可怕的后果产生灾难性的想法时，请在心里重复上面这句话。注意：如果你不知道会发生什么，把它找出来。例如，你可以说："老板，如果我晚一天交克罗克的报告，会有问题吗？"

（2）因为工作压力责怪他人绝对毫无好处。责怪会让你感到陷入困境、无助和受困。责怪会让你认为自己是一个无能为力的、失去选择权的受害者。责怪会触发愤怒和应激激素如肾上腺素，这会耗尽你的能量，并且从长期来看会损害你的健康。

如第 12 章"反驳不合理观念"所述，"并没有让事物或人以其他方式存在的条件……事物之所以如此与一系列因果事件有关……"，与其责备环境和他人，不如专注于改善自己会更加有益。

在你的工作中，没有人应该照顾或保护你。同事和主管都在忙于照顾和保护自己。这是自然的：这是职业生涯中一个不可避免的事实。那么，你可以对自己说些什么，让自己不再浪费精力去责备和愤怒呢？

练习：回答这个问题，问自己："我可以采取哪些步骤来改变我不喜欢的条件？"

1）＿＿＿＿＿＿＿＿＿＿＿＿＿＿＿＿＿＿＿＿＿＿＿＿＿＿

2）＿＿＿＿＿＿＿＿＿＿＿＿＿＿＿＿＿＿＿＿＿＿＿＿＿＿

3）＿＿＿＿＿＿＿＿＿＿＿＿＿＿＿＿＿＿＿＿＿＿＿＿＿＿

（3）如果你找不到改变工作条件的方法，你有两个理性的选择。你可以接受并适应现状，或者寻找另一份工作。

练习：如果你决定接受当前的状况，请填写这个应对声明中的空白之处："＿＿＿＿＿＿＿（某人）正在按照他应该采取的方式行事。他采取这种行为的条件（他的需求和应对这些需求的策略，过去的成功和失败，对我们关系的恐惧，对我们关系的态度）＿＿＿＿＿＿＿都存在，这就是他对我＿＿＿＿＿＿＿的原因。"

（4）你并没有被困住。你可能面临着困难的选择，但你并没有被困住。现在，你的工作带来的痛苦似乎少于其他选择所带来的痛苦。这真的是事实吗？这是一个探索改变选择并将其与无所作为的选项进行比较的机会。

练习：你可以采取哪些具体步骤来改变工作中的主要压力源？

在尝试那种改变时，你可能会冒什么风险？

你可以采取哪些步骤来完全改变工作？

_____

在尝试进行那种改变时，你可能会冒什么风险？

_____

你可以采取哪些步骤来改变自己对风险的看法，以便你愿意尝试做出改变？

_____

通常，想要做出改变就意味着需要获取更多信息，这样你就会更有信心应对所面临的挑战。比如说，如果你觉得换工作的风险在于年龄过大，你可以设定一个目标，问问在你想要的岗位上工作的同龄人，了解年龄是否真的会对员工的录用产生影响。又或者，如果你觉得你有可能在现在公司的换岗面试中失败，你可以将参加面试培训班设为目标。

如果你还没有做好为了改变而付出努力的准备，那么相较于"我被困住了"的说法，更准确的说法是"我选择留在当前的工作中，是因为相比去做_____（列出实现改变所需的步骤），眼下没那么痛苦。也许在未来我会有不同的选择。"

第四步：遇到冲突时，进行协商

无论是与老板就薪资问题意见不合，还是与同事关于谁应该冲泡咖啡存在分歧，你都需要表明你的立场，并且协商一个所有人都能接受的折中方案。

阅读第17章"自信训练"，学习如何在谈判中表达你的观点、情感和需求来推动改变。至少要阅读第七步"达成可行的妥协方案"。

以下是一个四步模型，用于讨论你与主管或同事之间的具体问题，目的是达成一个双方都能接受的解决方案。请陈述：

（1）问题（你认为导致你压力的原因）。

（2）你对问题的感受。

（3）它如何影响你的工作效率和动力。

（4）一个双赢的解决方案（冲突双方都从你的解决方案中得到一些积极的东西）。

比如说，兰迪是一位具有创意的高中老师，他开发了新课程但未能得到补偿。兰迪告诉校长："自从我意识到我不会为课程开发工作得到报酬以来，我对教学的热情就减弱了。我觉得我的学生从我研发的特别的新课程中受益匪浅。现在，因为我失去了动力，他们受到了影响。对我和学校来说，持续创设新课程很重要。此外，对我来说，得到一些报酬也很重要。既然没有相应的报酬，我愿意接受时间方面的补偿。如果我能每天拿出一个课时来开发我的新课程，整个学期都这样，我想这是我和学校都能接受的。"校长回答道："我无法每天都给你空出一个课时，但我可以每周给你三个小时。"兰迪接受了这个妥协方案。

练习：想一个你在工作中想要的东西，它需要你说服别人与你合作才能获得。将它填写在下面的空白处。

"我眼中的问题是：＿＿＿＿＿＿＿＿＿＿＿＿＿＿＿＿＿＿＿＿。

关于这个问题，我感觉＿＿＿＿＿＿＿＿＿＿＿＿＿＿＿＿＿＿。

它对我的工作效率或动力会产生＿＿＿＿＿＿＿＿＿＿影响。

我建议我们尝试这个双赢解决方案：＿＿＿＿＿＿＿＿＿＿。

根据实际情况调整文字。记住这个简短的脚本，然后在适当的时机与你需要合作的人分享它。记住要开放地听取对方的观点，并找到一个可行的妥协方案，让双方都受益。

第五步：掌握节奏与平衡

你在工作中注意掌握节奏了吗？如果你像短跑运动员一样，你可以把你所有的精力投入到比赛中去。那是因为在一个快速、短暂的比赛结束后，你知道你有充足的时间来恢复。然而，大多数的工作要求你更像马拉松选手，必须掌握节奏，以便及时地到达终点线，同时又不至于中途就筋疲力尽。就像马拉松选手一样，你有时需要与工作保持一定的距离，这样你才能记得保留足够的精力来应对未来的挑战和任何可能出现的突发情况。

以下是八个掌握节奏和平衡的技巧。

（1）关注你的生物钟，确定你在一天中何时表现最佳，并把最困难的任务安排在这段时间进行。

（2）尽量在一天中让令你感到愉快的任务和更困难的任务交替进行。在完成一项艰难的任务后，安排一些你喜欢的事情来做。

（3）在一天中安排一些时间来处理与工作相关但不太紧迫的令你感到愉快的任务。这些时间应该是宝贵和神圣的。即使你很赶时间，也要尽量安排一些这样的任务。

（4）利用茶歇时间和午餐时间做一些能缓解压力的事情。比如，去一个安静的地方做一次放松运动。10 分钟的快步行走能给你带来和一杯咖啡一样多的能量。与同事愉快地交谈可以释放紧张情绪，这也许正是你所需要的，它能让你对压力问题有新的看法。

（5）如果你有灵活的工作时间，可以考虑在一天的中间休息一段时间，做一些有氧运动或放松运动，或者处理个人事务。

（6）在一天中穿插进行多次短暂的休息来减少或预防紧张和压力症状。只需要休息几分钟，就可以提高你的精神敏捷性和工作效率。

参见第 10 章 "简单组合练习" 中适用于短暂休息的练习。

（7）选择一些休闲活动来平衡你工作中的压力。

如果你的工作需要：	考虑一个与工作类型互补的休闲活动，例如：
久坐或高度集中注意力	有氧运动
机械重复	在智力方面具有挑战性的爱好和兴趣
在受控环境中工作	在大自然中徒步：冒险活动
单调乏味或得不到认可	有竞争性或追求成就感的活动
满足他人的需求	独自进行的活动
处理冲突	安静的活动
独自工作	社交活动

（8）仔细计划你休假的时间和类型，使你休息和恢复的效果最大化。

练习：至少列出三种可以让你更好地掌控工作节奏，并在生活中创造更多平衡的方式。

1）＿＿＿＿＿＿＿＿＿＿＿＿＿＿＿＿＿＿＿＿＿＿＿

2）＿＿＿＿＿＿＿＿＿＿＿＿＿＿＿＿＿＿＿＿＿＿＿

3）＿＿＿＿＿＿＿＿＿＿＿＿＿＿＿＿＿＿＿＿＿＿＿

最后的思考

　　在工作中偶尔感到有压力是完全可以预料的。本章告诉了你有能力做出积极的改变，以减少甚至消除这种压力。现在轮到你发挥你的力量了。除了关于自信训练和反驳不合理观念的章节外，关于目标设定和时间管理的章节也可以帮助你减轻工作压力。

第
19
章

营养与压力

The
Relaxation
& Stress
Reduction
Workbook

19

在本章中，你将学会

- 评估你当前的饮食习惯
- 保持均衡饮食，促进健康状态
- 改善饮食习惯，管理压力

<h1 style="text-align:center">背 景</h1>

你一定认同健康、均衡的饮食对身体有益。但在面对繁忙的日常任务或者重大挑战时，你很可能会因忙碌而无法如你所知道的那样健康饮食；有时你甚至可能会跳过正餐，而后又因饥饿过度而暴饮暴食。超市、快餐店和自动贩卖机提供了方便食物。不过，这些美味的、高热量的食物通常都充斥着脂肪、糖和盐——人们开玩笑说这是美国人饮食的三大主要成分。但不好笑的是，不良的饮食习惯再加上缺乏锻炼，导致了许多健康问题，比如退行性关节病、高血压、糖尿病和心血管疾病。成年人肥胖率从 1980 年的 15% 上升至近年的 35% 到 41%（CDC，2018）。

在第 1 章中你已了解到，身体在急性压力下会分泌激素触发"战斗或逃跑反应"，非必要的生理需求，比如进食，就被搁置了。但在慢性压力下，皮质醇等激素会刺激食欲，尤其是对高脂肪和高糖食物的食欲。如果这些食物不能立即用作能量，就会以脂肪的形式被储存在体内，等待未来被需要。如果你恰好生活在压力大且食物经常匮乏的时代，这实际上是一种优势。而且，这些食物似乎能减缓由应激反应带来的许多负面影响，因此有了"安慰食物"的说法。不幸的是，在充满食物的社会中，你对你喜欢的安慰食物的渴望可能导致由压力诱发的暴饮暴食，增加了肥胖及其他健康问题的风险（Harvard Health Publishing，2018）。

在面对压力时，营养均衡的饮食有助于对抗不健康的饮食习惯。用餐不仅是滋养身体的时刻，也是让自己放松或与他人共处的时刻。从整体来看，各种文化都会庆祝节日和人生大事，准备并分享美味的食物。用餐可以是社交联结的重要部分，赋予生活快乐和意义。这些社交联结给人们提供了宝贵的支持，使人们能更容易地应对压力问题。

本章提供了健康饮食的指南，帮助你设定个人目标，改善饮食习惯。你无须成为烹饪大师，就能制作并享受营养均衡的美食。

症状缓解效果

身体健康的人比不健康的人更能有效地应对生活中的压力，而良好的营养是构建健康的身体的基础。合理饮食可以帮助预防或控制高血压、心脏病、消化不良、便秘、低血糖、糖尿病和肥胖。良好的饮食习惯还可以减轻烦躁不安、经前期综合征、头痛和疲劳。

掌握所需时间

连续记三天的饮食日记，关于如何记每日饮食日记的说明会在本章后面详细介绍。在阅读本章的健康饮食指南后，请将其与你自己的饮食习惯进行比较，然后决定你想在饮食上做出哪些改变。你可以在数小时内开始应用本章的建议。想要在饮食上做出持久的改变，需要逐次地引入一些变化，并坚持至少一个月。

健康饮食的十二条指导原则

这十二条健康饮食指导原则不仅能让你今天感觉更棒，还能让你未来保持健康。它们源自美国卫生与公众服务部（HHS）以及美国农业部（USDA）合作发布的《美国居民膳食指南 2015—2020》（2015）。这些指南提供了权威建议，阐述了良好饮食习惯如何促进健康、降低患主要慢性疾病的风险，并提供了有关健康食物准备和健康饮食的技巧。

这十二条指导原则包括多样化饮食，做出聪明的选择；平衡饮食和锻炼；少食多餐；制订一周的饮食计划；充分利用卡路里的营养价值，限制糖分的摄入；减少脂肪摄入；控制盐的摄入；理解你的身体质量指数（BMI）；保持健康体重；限制咖啡因的摄入量；适度饮酒或不饮酒；以及每日补充多种维生素。

美国农业部已经用"我的餐盘"（MyPlate）替代了"食物金字塔指南"。"我的餐盘"的图片（如图 19-1 所示）通过餐盘展示了均衡餐的健康分量，一共包括五大食物类别（USDA，2018）。蛋白质约占盘子的四分之一，蔬菜和水果约占盘子的一半，谷物填满了剩余的盘子空间，餐中还包含了一份乳制品（牛奶）。你日常的一餐饭与"我的餐盘"的相似度有多高？

图 19-1 "我的餐盘"

1.多样化饮食，做出聪明的选择

不要只食用每个食物类别中你最爱的几种食物。为了保持最佳健康状况，你需要超过四十种营养素。遗憾的是，并没有完美的食物。就连作为婴儿饮食基础的牛奶，也不含有维生素 C 和铁，这就是我们在婴儿最初的食物中加入水果和谷物的原因。即使是被许多有健康意识的人士所青睐的天然食物，也可能含有天然的有毒成分。比如，土豆中含有微量的砷和茄碱——这些化学物质在低剂量下是安全的，但在高剂量下是有毒的（Croco，1981）。当我们选择多样化的饮食结构时，我们不仅能最大限度地摄取各种营养素，还能最大限度地减少摄入有害物质或污染物的风险。

或许你会疑惑，如何在摄入来自五大食物类别的多样食物的同时控制摄入的热量。答案是：关注你所摄入的食物的分量。一份食物是指一定量的食物。2015 年发布的美国居民膳食指南提供了在每个食物类别中选择食物数量和分量的建议，这个建议旨在帮助人们充分利用所选食物的营养价值，适用于每日摄入 2000 卡路里的人群。

选择全谷物代替部分谷类食品——每天摄入六份谷物，包括面包、米饭、意大利面和其他谷类食品，这些是我们日常生活中不可或缺的主食。并且，至少要确保其中的三份是粗粮，比如全麦面包或全麦意大利面，这样可以增加饮食中膳食纤维的摄入量。富含营养的谷物在精制过程中可能会丢失部分营养物质。因此，在购买精制食品时，要购买在加工的过程中添加了维生素 B 和铁元素的食品。六份听起来很多，但实际上并非如此。许多人在早餐时可能就摄入了两份谷类食品。一个三明治通常包含两份谷物，一份意大利面可能等同于两份谷物。一片面包或半碗米饭、半份谷类食品或半份意大利面就等同于一份谷物。

多样化的蔬菜摄入——每天至少摄入 2.5 杯或更多的蔬菜。务必选择不同颜色的蔬菜，这样可以获取人体所需的所有营养素和抗氧化剂，以供身体维持最佳的健康状态。建议每周至少吃 3 杯深绿色蔬菜、2 杯橙色蔬菜和 3 杯淀粉类蔬菜。

注意摄入水果——食用新鲜水果而不是饮用果汁。每天尽量摄入 2 杯水果，比如一个小香蕉、一个大橙子和六到八个杏干。干果是既方便又有营养的零食；记住干果的热量与水果在脱水前的热量是一样的，所以如果你吃了一个新鲜的梨，就不要吃超过两半的梨干。

重点摄入富含钙的食物——每天摄入 3 杯低脂或脱脂牛奶。可以用 1 盎司[⊖]奶酪、半杯干酪或一杯酸奶代替一杯牛奶。大豆饮料也可以作为钙的来源。

⊖ 1 盎司＝28.35 克。

选择低脂蛋白质——每天摄入 5 到 6 盎司的蛋白质。看食物的标签，选择每份的脂肪含量少于 3 克的肉类产品。在饮食中多吃豆类和豆类制品有助于增加蛋白质的摄入并减少脂肪的摄入。半杯熟豆、扁豆或大豆制品相当于 1 盎司肉类。选择鱼类摄入 ω-3 脂肪酸，有助于控制低密度脂蛋白（LDL）胆固醇。要注意，有些鱼类的脂肪含量比瘦红肉还高，而瘦红肉含有大多数女性需要的铁元素。通过烘烤的烹饪方式来减少脂肪摄入。烹饪前去掉鸡肉的皮，因为一块鸡胸肉的皮含有 5 克脂肪。2015 年发布的美国居民膳食指南对鸡蛋的限制放松了，因为已经明确膳食中的胆固醇与血液中的胆固醇没有直接关系。鸡蛋能为人们提供经济实惠又高质量的蛋白质、ω-3 脂肪酸、多种维生素和铁元素。它们是不错的零食，携带也很方便。在健康饮食中每周可以吃多达七个鸡蛋，一个鸡蛋相当于 1 盎司蛋白质。

油脂——每天摄入的脂肪最多为 6 茶匙；大部分应为单不饱和脂肪和单不饱和油。拿出一个计量茶匙，想象一下 1 茶匙脂肪是多少。单不饱和油包括橄榄油、鳄梨油、花生油和菜籽油。尽可能减少反式脂肪和饱和脂肪（如椰油和黄油）的摄入。每日摄入的饱和脂肪不应超过 22 克。请查看标签，了解产品的脂肪含量。

自由餐的热量——这些是你奢侈的食物选择，会让你增加脂肪和糖的摄入。在每日摄入的热量中，不要让超过 10% 的热量来自添加糖分。对于一个每日摄入 2000 卡路里的人来说，这相当于 200 卡路里。吃一块燕麦饼干也许是个不错的选择。

多摄入富含淀粉的谷物、水果和蔬菜有助于提升你的幸福感。你会发现，富含碳水化合物和膳食纤维会让饭菜更有饱腹感和更令人满足。碳水化合物也可以像口服镇静剂一样起作用，因为它们含有色氨酸，这是一种刺激大脑产生血清素的氨基酸。血清素有镇静效果，可以缓解紧张感，甚至导致嗜睡。这难道就是在大口地吃意大利面后会感到愉悦而满足的原因吗？多食用各种新鲜水果和蔬菜也有助于平复情绪，因为这些营养丰富的食物富含维生素、矿物质和膳食纤维，可能降低出现健康问题的风险，这些健康问题包括 2 型糖尿病、某些癌症、心脏病、高血压、肾结石、骨质丢失，以及眼部和消化系统的问题（USDA，2016；Harvard School of Public Health，2018）。

越来越多的证据表明，膳食纤维（包括纤维素、胶质、果胶和木质素）是健康饮食的关键组成部分。膳食纤维通过增加粪便体积和减少排便时间来预防或减少便秘。较短的排便时间减少了患结肠癌和结肠憩室炎的风险。全谷物中的纤维有助于通过减缓碳水化合物释放到血液中的速度来控制血糖。纤维通过与脂质结合并将其从体内排出来降低血脂。

尽管推荐每天摄入 25 到 40 克膳食纤维，但人们平均每天仅摄入 5 到 10 克。对于我们大多数人来说，新鲜水果和蔬菜、全谷物和豆类是饮食中膳食纤维的主要来源。你可以通过多食用豆类和麸皮制品或在自制食物中加入麸皮来增加膳食纤维摄入量。逐渐增加膳食纤维的摄入量，因为快速增加可能会导致胀气。

常见食物的膳食纤维含量	
食物类别	膳食纤维含量
豆类	每份含有 2.6～8.8 克膳食纤维
麸皮谷物	每份含有 2.5～6.5 克膳食纤维
水果和蔬菜	每份含有 2.8～5.0 克膳食纤维
谷物和淀粉	每盎司⊖含有 1.0～3.3 克膳食纤维

⊖ 1 盎司＝28.35 克。

（续）

食物类别	膳食纤维含量
坚果	每份含有 5.0～9.5 克膳食纤维

此表格由作者根据多个来源编制整理。

2. 平衡饮食和锻炼

为了保持良好的身体状态并保持健康，健康饮食和定期运动的结合至关重要。每周进行五天适度的有氧运动可以为身体带来显著的健康益处，成年人每周至少需要锻炼 150 分钟（Mayo Clinic，2018a）。第 20 章讨论了锻炼的价值以及如何制订一个你能长期坚持的锻炼计划。你每天所需摄入的卡路里取决于你的活动水平；卡路里只是用来衡量食物能量含量的单位。为了保持目前的体重，你需要消耗与摄入相同数量的卡路里。普通女性每天需要摄入 2000 卡路里来保持体重，而普通男性则需要摄入 2500 卡路里（Gunnars，2018b）。

3. 少食多餐

在快节奏的社会里，我们常常边走边吃。为了缓解压力，你可以在准备和享用餐点时抽出一些时间来放松。血糖就像汽车的汽油。我们都知道，如果汽车的油箱空了，它就无法运行。一天吃三到五顿小餐有助于我们保持稳定的血糖水平。

在工作日的用餐时间，找一个远离工作区域的地方坐下来，悠然地享用你的餐食。如果可能的话，在休息时间里独处和沉思，学会感受食物的风味、口感和色彩。

健康分量检查表

食物计划／天 卡路里／天	每日卡路里推荐摄入量								
	1200	1400	1600	1800	2000	2200	2400	2600	2800
水果	1 杯	1.5 杯	1.5 杯	1.5 杯	2 杯	2 杯	2 杯	2 杯	2.5 杯
蔬菜	1.5 杯	1.5 杯	2 杯	2.5 杯	2.5 杯	3 杯	3 杯	3.5 杯	3.5 杯
谷物	2 杯	2.5 杯	2.5 杯	3 杯	3 杯	3.5 杯	4 杯	4.5 杯	5 杯
肉类／家禽／蛋类／豆制品／坚果／种子	3 盎司	4 盎司	5 盎司	5 盎司	5.5 盎司	6 盎司	6.5 盎司	6.5 盎司	7 盎司
牛奶／乳制品	2.5 杯	2.5 杯	3 杯	3 杯	3 杯	3 杯	3 杯	3 杯	3 杯
油	4 茶匙	4 茶匙	5 茶匙	5 茶匙	6 茶匙	6 茶匙	7 茶匙	8 茶匙	8 茶匙
自由选择	100	110	130	170	270	280	350	380	400

4. 制订一周的饮食计划

通过制订一周的菜单和购物清单来节省时间并确保厨房和冰箱备有制作简单餐食的材料。做饭时可以多准备些食物，用来当额外的餐点或零食。用微波炉重新加热比外出买快餐更便宜、更快捷、更简单，也更健康。

善用剩菜。在工作日，可以带些剩菜或者三明治（全麦面包）作为午餐。喝水、喝无糖饮料或低脂牛奶，再来一份水果作为甜点。这比在餐馆吃饭更经济、更健康。

在外出办事时，带上一些切好的水果、胡萝卜条、奶酪或生杏仁。

如果你没有时间从头开始准备饭菜，可以考虑去杂货店的生鲜区和冷冻食品区，那里有许多美味又营养的方便食品。但一定要留意食品的配料表。此外，杂货店里出售的烤鸡也是不错的选择。在计划和准备餐食时增加一些创意既能节省时间，又能确保关注健康和营养。这些做法有助于你更好地掌控自己的饮食，帮助你减压。

5. 充分利用卡路里的营养价值，限制糖分的摄入

每天选择种类多样、营养丰富的食物；选择富含维生素、矿物质、膳食纤维和其他微量营养素的食物。优先选择新鲜水果、全谷物和低脂乳制品。查看食物的营养标签可以帮助你更好地了解食物的卡路里。记住，任何单份含超过400卡路里的食物都属于高热量食物。

糖分为你的饮食贡献了许多热量，却没有提供足够的营养。因此，请选择糖分添加量少的食物。糖分包括蔗糖、葡萄糖、果糖、果

葡糖浆、玉米糖浆、蜂蜜和枫糖浆。美国人喜欢吃甜食。出国旅行时，你可能会发现美国的甜点往往比其他地方的甜点甜。包括蔗糖、软饮料、罐头食品、烘焙食品和其他糖果在内，美国人平均每天摄入 19.5 茶匙的糖分。过量摄入糖分是常见的。它与多种生活方式疾病有关，包括肥胖、2 型糖尿病、糖尿病前期以及心脏病（Gunnars，2018a）。

　　小时候，我们从甜食中获得安慰。成年后，在感到有压力时我们还是会选择饼干、糖果或其他甜食。女性比男性更倾向于通过甜食来获得安慰。科学家认为，甜食会触发内啡肽的释放，这是能令人产生愉悦感的天然鸦片类物质。虽然糖可能会给人带来暂时的愉悦感，但它也会刺激胰腺分泌胰岛素来处理糖分。有时，胰腺会过度反应并分泌过多的胰岛素，可能会导致低血糖，让人出现头晕、烦躁、恶心和饥饿感等症状，而这又可能会引起人们对另一种甜食的渴望。对于甜食的渴望最好用水果来满足。水果提供了复合糖、膳食纤维和甜食所缺乏的维生素。

　　减少糖分摄入的提示：

- 减少食用糖、原糖、蜂蜜以及玉米糖浆或枫糖浆的使用。
- 少吃含糖食品，比如糖果、饼干和软饮料。
- 选择新鲜水果或果汁罐头，而不是含浓缩糖浆的罐头。
- 避免食用将蔗糖、葡萄糖、麦芽糖、乳糖或果糖作为主要成分的加工食品。

6. 减少脂肪摄入

　　尽管脂肪一直受到很多负面报道，但美国人平均从脂肪中摄入的总热量比 2015 年发布的美国居民膳食指南建议的 20% 到 30% 要高得多（37% 到 42%）。虽然我们一直说要减少脂肪摄入，但当我们饥饿时，仍然会选择高脂肪的食物，即使有许多替代品可供选择。食品行业推出了许多新的低脂零食（比如低脂饼干）来帮助改变这一现状，但水果或蔬菜条仍然是最佳的低脂零食。图书、杂志和网站上充满了低脂食谱，向我们提供了许多既美味又有创意的菜单。无脂沙拉酱或风味醋向我们提供了减少饮食中脂肪摄入的其他方法。即使是那些没有时间做饭的人也可以依靠"精瘦"或"健康"的速冻餐产品来减少脂肪的摄入。请检查食物的标签，并选择每份的脂肪含量为 3 克或更少的产品。

　　脂肪分为三种类型。饱和脂肪在室温下是固体，通常来自动物，如肉类的脂肪、鸡皮和黄油。人造植物油是饱和度很高或氢化的反式脂肪的例子。多不饱和脂肪，如玉米油和葵花籽油，即使在冰箱中也保持液态。单不饱和脂肪在室温下是液态的，但在冷藏时会凝固。现在建议使用单不饱和油，如菜籽油和橄榄油，而不是多不饱和油。尽管脂肪与高血压和心脏病之间的确切关系仍有争议，但最为广泛接受的理论是饱和脂肪和反式脂肪通过提高体内的胆固醇水平促进了心脏病和脑卒中的发生。2015 年发布的美国居民膳食指南建议饱和脂肪摄入量不超过总热量的 10%，总脂肪摄入量为总热量的 20% 到 35%，或者在每天 2000 卡路里的饮食中摄入 400 到 700 卡路里的脂肪和油脂。

　　大多数脂肪通过油炸食品、烘焙食品、零食和其他加工食品渗入我们的饮食。限制这些食物的食用量是减少脂肪和热量摄入的最佳途径。每份薯片和玉米片含有 7 到 10 克脂肪，而且我们很难做到只吃一份！每份饼干含约 5 克脂肪。椒盐脆饼通常不含脂肪。特别是带有糖霜的烘焙食品，其脂肪含量很高。油炸食品当然也会增加饮食中的脂肪摄入量。炸鸡每份含 28 克脂肪和 6 克饱和脂肪。

　　在市场上有许多可用于减少或改变脂肪摄入的饮食产品，但尚无对其对健康影响的长期研究。Molly McButter 是一种低热量的黄油替代品。含有 ω-3 脂肪酸的产品可帮助降低甘油三酯和胆固醇水平。像奥利斯特拉（Olestra）这样的脂肪替代品在化学性质上被改变，使其经过人体时不被吸收，但它同时也会带走一些脂溶性维生素。

如何评估你的脂肪摄入量？

　　下面的评分卡上所列出的数字代表着你选择或限制它们的频率。在每个食物项目中，圈出最符合你的情况的数字，并将所有圈出的数字相加，得出你的总分。

你的脂肪摄入量评分：你通常会……？	很少	经常	总是
选择瘦肉、鸡肉或鱼类？	1	5	10
吃高脂肪的肉类，比如培根、午餐肉或香肠？	10	5	1
每周吃两次鱼？	1	5	10
看配料表，选择每份脂肪含量不超过 3 克的食物？	1	5	10
选用低脂或脱脂的乳制品？	1	5	10
限制油炸食品？	1	5	10
早餐选甜甜圈、羊角面包或甜面包卷？	10	5	1
选用减脂或无脂产品，或限制脂肪的摄入？	1	5	10
常用橄榄油或菜籽油？	1	5	10
通过低脂早餐和午餐来平衡高脂晚餐？	1	5	10

　　填入你的脂肪摄入评分：＿＿＿＿＿＿＿

　　评分标准： 如果你的得分为 10~59 分，你还有提升的空间；如果你的得分为 60~79 分，你正走在正确的道路上；如果你的得分超过 80 分，你做得很好，请继续保持。

7. 控制盐的摄入

尽管钠是身体必需的矿物质，但大多数成年人摄入的钠远超建议量。美国农业部的饮食参考摄入量建议成年人每日的钠摄入量为1300～1500毫克（mg），或者说每天摄入少于一茶匙的量的盐。一茶匙盐含有2300毫克钠。通常，成年男性平均每天摄入的盐超过4200毫克，女性平均每天摄入的盐为3300毫克（DRI[⊖]）。钠能调节体液、维持人体的酸碱平衡，并控制神经和肌肉活动。

我们摄入的钠主要来源于食盐（含40%钠和60%氯化物）和加工食品。牛奶、奶酪、肉类和面包中天然地含有钠。请查看食品的标签，如果某种食品单份的钠含量超过500毫克，那么它的钠含量就太高了，因为这超过了每日总摄入量的20%。如果你的家族中有高血压史，你可能想要采用终止高血压膳食疗法（DASH）饮食计划来限制钠的摄入量，这是2015年发布的美国居民膳食指南推荐的方法，关于这一计划的信息可以在互联网上或在图书中找到。如果你是重度高血压患者，膳食指南建议将盐的摄入量限制在每日1500毫克以内，请务必与医生讨论此事。

高钠摄入与高血压及中风风险增加相关。由于压力也会加剧这些症状，因此减少盐摄入是明智之举。盐还会导致水肿，即体液过度积聚，加重经前期综合征的压力。多摄入高钾食物（水果和蔬菜）可以抵消钠对血压的一些不良影响。

改变高盐饮食习惯的小贴士：

- 尽量避免食用薯片、椒盐脆饼和坚果等高盐零食。
- 控制酱油、腌菜和奶酪等咸味调料的使用量。

⊖ DRI为美国膳食营养素参考摄入量。

- 少吃腌制肉类、香肠和培根。

- 多用香料和香草调味，减少盐分的使用。

- 烹饪时不加盐，用餐时也少加或不加盐。

- 注意阅读食品的配料表，避免食用在配料表的前三到四个成分中列出盐或钠的食品。

8. 理解你的身体质量指数（BMI）

身体质量指数（BMI）是现在常用来评估体重的指标。它根据体重和身高的比例计算，表明了与体重相关的健康风险。它并不能反映体脂肪含量，也不考虑性别或年龄因素。BMI 在 18.5 到 24.9 之间意味着有与体重相关的健康问题的风险较低。25 到 29.9 之间的 BMI 表示存在一定的与体重相关的健康问题风险，而 BMI 超过 30 则表示存在显著的与体重相关的健康问题风险。

另一种评估健康风险的方式是测量腰围。如果你的 BMI 显示存在健康风险，且女性腰围超过 35 英寸[⊖]，男性腰围超过 40 英寸，随着腰围增大，健康风险也会增加（HHS，2018；Mayo Clinic，2018b）。研究还发现，苹果形身材的人比梨形身材的人更容易有健康风险，梨形身材的人的脂肪主要集中在臀部和大腿（American Heart Association News，2018）。

9. 保持健康体重

尽管有成千上万种减重饮食方案，但最佳的体重控制策略是终身

⊖ 1 英寸 ≈ 0.3 米。

合理饮食计划。目前的研究表明，反复减肥会损害健康，并使后续的减肥尝试变得更加困难。

节食通常并不会见效。毕竟，节食意味着食物匮乏，在情感上，这对我们大多数人来说是个挑战。此外，身体会将节食视为饥荒，从而降低整体代谢率以减少饥饿对身体的影响。节食越严格，身体抵制减肥的程度就越高。对于那些成功减重的人，超过95%的人甚至不能让体重保持一年不反弹，他们最终又开始节食。不断循环后，每次新的节食计划都会降低维持身体所需的能量，使控制体重变得越来越难。

与持续不断地进行减肥，一次又一次减掉相同的十磅[⊖]相比，略微超重要好得多。简单来说，消耗的卡路里数量要和摄入的卡路里相等才能避免体重增加。减重方法的理想组合是少吃多动。另外，如果减少食物中的脂肪含量，可以吃相同数量的食物，甚至可以吃更多。

控制体重最好的方法是每天减少100卡路里的食物摄入，增加100卡路里的运动消耗。如果你比现在每天少吃一片面包，多走一英里[⊜]，一年后你将减轻20磅！

节食只是临时的解决方案，体重控制是一个关乎生活方式的终身课题。处理这个课题意味着承诺采用低脂烹饪方法，坚持选择低热量、低脂肪的食物，对小分量的食物也能感到满足。

一个提供良好的营养教育和切实可行的运动目标的计划可以帮助你做出终身承诺。

良好的体重控制计划注重以下方面的行为改变：

● 缓慢进食。小口咀嚼，真正享受食物的色彩、味道和口感。请记住，在用餐结束后，下丘脑——控制食欲和饥饿感的大

⊖ 1磅≈0.45千克。
⊜ 1英里≈1.6千米。

脑区域——需要 20 分钟才能感知你的饱腹感，并将这一信息传达给大脑。

- 用心用餐。用餐时不要看书或看电视。通过留意食物的风味、颜色和分量来享受用餐的乐趣。
- 规律用餐。每天吃三到五顿小餐的人更有可能成功地控制食欲和体重。这可能是因为他们不会过度饥饿和暴饮暴食。吃早餐的人摄入的热量更少，这有利于他们保持更健康的体重，并减少患心脏病的风险。研究还显示，早餐吃得健康的人每天摄入的总热量也更少（Duyff，2012）。
- 控制食物分量。通常，食物分量为半杯。只要食物能装进四盎司的派热克斯（Pyrex）玻璃蛋羹杯，你可以吃任何你喜欢的食物。
- 在无聊时不要吃东西。尝试其他令人愉悦的活动，比如散步、给朋友打电话或培养一项兴趣爱好。
- 在生气时不要吃东西。给让你生气的人写封信（但不要寄出），或去慢跑、进行一些园艺活动。如果你非得咬一些东西，确保那是胡萝卜或无糖口香糖。
- 在疲倦时不要吃东西。去睡觉或洗个热水澡。你可能会惊讶地发现，散步或骑车甚至能让你重新充满活力。
- 在焦虑或沮丧时不要吃东西。你可以进行体育活动、看电影、与朋友交谈，或寻找解决焦虑或沮丧问题的方法。

10. 限制咖啡因的摄入量

- 美国人喜欢咖啡、茶、巧克力和可乐中的咖啡因所带来的提神作用。一些药物中的咖啡因含量也很高。不幸的是，咖啡因可能会导致烦躁、焦虑、睡眠问题和胃肠不适。咖啡因在体内停留的时间长达 6 小时甚至更长，所以如果你出现这些问题，请考虑限制咖啡因的使用，或者在午餐后停止饮用含咖啡因的饮料，甚至完全戒掉含咖啡因的食物。

● 如果你喝普通咖啡（即含有咖啡因的咖啡）2015 年发布的美国居民膳食指南建议每日摄入不超过 400 毫克的咖啡因，这相当于四杯咖啡。近年来，咖啡因摄入方面的限制已经放宽，但咖啡因仍可能导致焦虑或烦躁。如果你没有这些方面的问题，那就好好享受你的咖啡吧，但别喝那些含有大量糖和脂肪的摩卡咖啡。最新研究发现，咖啡含有大量抗氧化物质，可能有助于预防糖尿病和帕金森病（Shmerling，2017）。建议适度饮用咖啡和食用其他含咖啡因的食品，因为适度摄入咖啡因可降低患以上疾病的风险，同时又能减少咖啡因带来的副作用。

饮料和巧克力中的咖啡因含量

饮料或巧克力	食用分量	咖啡因含量
普通咖啡，冲泡	8 盎司	80～135 毫克，平均 110 毫克
无咖啡因咖啡，冲泡	8 盎司	5～10 毫克
速溶咖啡	8 盎司	65～100 毫克
红茶，冲泡	8 盎司	40～120 毫克
袋泡茶	8 盎司	15 毫克
绿茶	12～16 盎司	15～30 毫克
罐装冰茶	12 盎司	9～50 毫克
可乐饮料	8 盎司	35～55 毫克

（续）

饮料或巧克力	食用分量	咖啡因含量
热巧克力	8 盎司	5～15 毫克
黑巧克力糖果	1 盎司	5～35 毫克
牛奶巧克力糖果	1 盎司	5～10 毫克

作者从多个来源汇编了这些信息；冲泡饮料的咖啡因含量存在相当大的差异。

11. 适度饮酒或不饮酒

尽管有研究表明每天喝一杯酒可能会延长寿命，但是在日常生活中依赖酒精是非常危险的。酒精饮料热量高、营养低。过度饮酒会消耗 B 族维生素，影响血糖，提高血压，并影响人际关系。如果你喝酒，女性每天的饮酒量应限制在一杯以内，男性则限制在两杯以内。

12. 每日补充多种维生素

在 20 世纪 90 年代初，美国国家科学院的食品与营养委员会开始修订膳食营养素推荐供给量（RDA），随之产生了膳食营养素参考摄入量（DRI）。膳食营养素参考摄入量包括膳食营养素推荐供给量、适宜摄入量（AI）和可耐受最高摄入量（UL）。膳食营养素参考摄入量是根据年龄和性别制订的每日营养素建议，旨在满足健康个体的需求。这些建议允许个体差异。在维生素和营养标签上，你会看到基于膳食营养素推荐供给量的每日值（DV）。

因为我们并不总是严格遵循建议的饮食方式，多种维生素片或许可以作为一种保险。然而，摄取维生素并不能替代良好饮食。食物中可能含有我们尚未发现的化合物，这些化合物在维生素和矿物质的新陈代谢中起到重要辅助作用。

维生素和矿物质需要少量摄入，用于新陈代谢过程。维生素 A、维生素 E 和维生素 C 属于抗氧化剂，补充这些维生素可能有助于预防某些癌症，尽管目前尚无确凿证据支持（National Cancer Institute，2017）。被宣传为"应对压力"的维生素并非针对心理压力，而是针对身体压力。请注意，对维生素和矿物质的补充并不是"越多越好"。

脂溶性维生素在体内积累可能会产生毒性。新的证据表明，水溶性维生素过量摄入也可能有毒性。维生素和矿物质的功能相互关联：维生素 C 有助于铁的吸收；维生素 D、钙和磷在骨骼代谢中共同作用；B 族维生素对于将葡萄糖转化为身体能量至关重要。由于它们相互关联，增加某种维生素的摄入量往往会在其他方面引发不平衡。补充剂的摄入不应超过身体对每种元素的可耐受最高摄入量（UL），以免它们在体内产生毒性。

膳食营养素参考摄入量（DRI）(适用于个体)				
	男性		女性	
年龄	31～50	51+	31～50	51+
脂溶性维生素				
维生素 A（μg/d）*	**900**	900	700	700
维生素 D（μg/d）	15	15	15	15
维生素 E（μg TE/d）	**15**	15	15	15
维生素 K（μg/d）	120	120	90	90
水溶性维生素				
维生素 C（mg/d）**	90	90	75	75

（续）

年龄	男性		女性	
	31～50	51+	31～50	51+
维生素 B1(硫胺素)(mg/d)	1.2	1.2	1.1	1.1
维生素 B2(核黄素)(mg/d)	1.3	1.3	1.1	1.1
烟酸（尼克酸)(mg/d)	16	16	14	14
叶酸（μg/d)	400	400	400	400
维生素 B12（μg/d)	2.4	2.4	2.4	2.4
矿物质				
钙 (mg/d)	1000	1000	1000	1200
铜（μg/d)	900	900	900	900
碘（μg/d)	150	150	150	150
铁（mg/d)	8	8	18	8
镁（mg/d)	420	420	320	320
磷（mg/d)	700	700	700	700
硒（μg/d)	55	55	55	55
锌（mg/d)	11	11	8	8

　　*（μg/d）=微克／天；**（mg/d）=毫克／天；粗体表示推荐膳食供给量（RDA），普通字体表示适宜摄入量（AI）

　　作者根据多个膳食营养素参考摄入量图表整理（National Academy of Sciences，2018）。

自我评估

开始记录日常饮食

　　如果你想要改变你的饮食习惯，在接下来的三天里记录你食用的所有东西将很有价值。通过记录分量大小，你会发现自己对某些食物群忽视了多少，对其他食物过度摄入了多少。你将惊讶地发现糖和脂肪是如何悄悄地融入你的饮食中的。如果你发现吃东西时，你的情绪发生了变化，请一并记录下来。然后，你可以将你的饮食记录与本章的指南进行比较，并制订营养更加平衡的饮食计划。你可能会通过定期重复这个练习来衡量你的进步。

在开始之前，请先看一看莎伦的饮食日记。莎伦身高 1.7 米，四十岁，是一名活动量适中、体重 170 磅的律师助理。请注意，除了记录她所吃的一切食物外，她还写下了她吃饭时的环境和进食时的感受。

参考莎伦的饮食日记和健康分量检查表，填写你的每日饮食日记（请扫二维码下载表格）中的食物分量栏。莎伦的例子会告诉你如何计算食物分量。以下是一些具体的指导原则：

- 低脂牛奶算作 1 份牛奶和 1 份脂肪，因为无脂牛奶是推荐的牛奶分量。选择普通或低脂酸奶来避开添加了水果的酸奶中所含的糖分。

- 所有酒精饮料、饼干、蛋糕、甜甜圈、冰淇淋或甜面包卷都算作自由选择食品，记录它们的热量。其他所有含脂肪或添加糖的零食也都属于自由选择食品群。

- 请注意，薯条含有至少 3 茶匙的油（相当于 3 份脂肪）。

- 每 1 至 2 汤匙沙拉酱算作 1 份脂肪。使用橄榄油和醋来制作健康的调味品。

- 务必记下你吃饭的地点和时间、环境及当时和你在一起的人，以及你的感受。吃饭往往与内外界的暗示有关，记录这些信息可能会给你提供一些线索，解释你进食的原因。

莎伦的饮食日记

餐次	食物	数量	食物分量	环境	感受
早餐	燕麦	1/2 杯	谷物 1 份	厨房，独自一人	饥饿，匆忙
	低脂牛奶	1 杯	牛奶 1 份，脂肪 1 份		
零食	面包屑甜甜圈	1 个	240 卡路里	咖啡厅	快乐，气氛活跃
	咖啡（加糖）	2 杯（2 茶匙）	咖啡因 2 份 糖：36 卡路里		
午餐	全麦吐司金枪鱼三明治加蛋黄酱	3 盎司	肉类 2 份，鱼类 2 份	独自在办公桌前，工作中	忙碌，有压力
		2 片	谷物 2 份		
		1 汤匙	脂肪 3 份		
	健怡可乐	12 盎司	咖啡因 1 份		
	苹果	5 盎司	水果 1 份		
零食	葡萄	中等大小的 1 串	水果 1 份	咖啡室	紧张，头痛
晚餐	全麦汉堡包，加生菜、番茄和蛋黄酱	6 盎司	肉类 6 份	在家里和家人一起	疲倦，脾气暴躁
		1 个面包	谷物 2 份		
		2 茶匙	蔬菜 1 份		
	薯条	4 盎司	脂肪 2 份		
			蔬菜 1 份		
			脂肪 3 份		
零食	洛基路路冰淇淋	1/2 杯	250 卡路里	看电视，独自一人	疲倦，无聊

总结你的饮食日记

利用你收集的数据填写空白的饮食日记总结表。你可以看一下莎伦的饮食日记范例，她总结了自己在三天中所收集的信息。把每一天的饮食日记中的每个食物群的总分量加起来，填写到饮食日记总结表的相应方框中。然后把每类食物在三天内的总数平均一下，填入每类食物的日均数。在最后一列的顶部，写下来自"我的餐盘"卡路里计算器的饮食计划卡路里。接着，根据健康分量检查表，填写每类食物的健康分量。最后，你可以将你每类食物的日均数与最后一列列出的健康分量进行对比。

掌握你的营养健康

这些指南为日常饮食提供了一个目标。检查你的饮食日记总结表，并将每类食物的日均分量与最后一列的健康分量进行比较。在低于推荐量的食物类型旁边打"√"，在高于推荐量的食物类型旁边打"★"。

在检查了本章提供的信息后，你的饮食更接近于典型的美国饮食还是"我的餐盘"的建议？很有可能你在饮食中摄入了过多的脂肪和糖，而在水果、蔬菜、谷物和谷类食品方面摄入不足。

在莎伦回顾了她自己的总结后，她坐下来填写了一个目标设定表。她提出的解决方案也许能为你提供一些积极的改进方法。

莎伦的饮食日记总结表

食物分量	第 1 天	第 2 天	第 3 天	日均数	2000 卡路里每日健康分量
面包和谷物 1 份相当于 1 片面包、1/2 杯米饭、1/2 杯麦片或意大利面	5 份	6 份	7 份	6 份	6 份
水果 1 份相当于 1/2 杯或 1 个小苹果、橙子	1 杯	1 杯	2 杯	1.3 杯	2 杯
蔬菜 1 份相当于 1/2 杯或 1 个 4 盎司的马铃薯	1 杯	3 杯	2 杯	2 杯	2.5 杯
牛奶、奶酪、酸奶 1 份相当于 1 杯牛奶或 1 盎司硬奶酪	1 杯	2 杯	3 杯	2 杯	3 杯
肉类、家禽、鱼、蛋、扁豆、大豆制品 1 份相当于 2~3 盎司肉，鱼或鸡肉相当于 2~3 个鸡蛋算 1 份。4 盎司的豆类、扁豆或大豆制品相当于 1 盎司肉	9 盎司	6 盎司	8 盎司	8 盎司	5.5 盎司
脂肪和油 1 份相当于 1 茶匙油或 1 汤匙沙拉酱	7 茶匙	4 茶匙	6 茶匙	5.6 茶匙	6 茶匙
咖啡因 1 份相当于 8 盎司	3 杯	2 杯	4 杯	3 杯	0~4 份
自由摄入卡路里（包括酒精）	526	350	450	442	270 卡路里 0~1 份

饮食日记总结表

食物分量	第1天	第2天	第3天	日均数	2000卡路里每日健康分量
面包和谷物 1份相当于1片面包、1/2杯米饭、麦片或意大利面					6份
水果 1份相当于1/2杯或1个小苹果、橙子					2杯
蔬菜 1份相当于1/2杯或1个的马铃薯					2.5杯
牛奶、奶酪、酸奶 1份相当于1杯牛奶或1盎司硬奶酪					3杯
肉类、家禽、鱼、蛋、豆类、扁豆、大豆制品 1份肉、鱼或鸡肉相当于2~3盎司；2~3个鸡蛋算1份。4盎司的豆类、扁豆或大豆制品相当于1盎司肉					5.5盎司
脂肪和油 1份相当于1茶匙油或1汤匙沙拉酱					6茶匙
咖啡因 1份相当于8盎司					0~4份
自由摄入卡路里（包括酒精）					270卡路里 0~1份

莎伦的目标设定表

食物类型	问题	解决方案
水果	略有不足	晚上吃水果来代替吃冰淇淋
蔬菜	我不喜欢蔬菜，所以没有达到三杯的目标，也没有选择任何绿色或颜色鲜艳的蔬菜	多吃沙拉，并每月添加一种新蔬菜
肉类、鱼类、蛋类	分量过大	称量或计量一周的分量
咖啡因	对咖啡因过敏，有时会感到焦虑	换成草药茶，或在休息时间散步以减轻焦虑感
自由摄入卡路里	吃了太多甜食	早晨休息时吃水果或低脂酸奶

是时候设定你个人的积极饮食目标了。回到你的每日饮食日记，审视你进食的场景。记录任何可能导致不健康饮食行为的因素。比如，从莎伦的饮食日记中可以明显看出，她独自一人在办公桌前吃饭并没有让她得到良好的休息，下午她的紧张情绪增加可能会让她工作效率降低。

和朋友一起吃午餐，或者至少在不同的地方用餐，会给她提供一种环境上的变化。她通常在咖啡室休息，那里的高脂肪、高糖的零食对她来说是个诱惑。如果她带一些水果或者低脂酸奶到咖啡室，她仍然可以享受社交的乐趣，并且会显著改善休息时间的营养价值。

设定你的个人积极饮食目标

你在进食时会做出哪些改变或改进呢?

_____

_____

_____

_____

回顾你记录在每日饮食日记中的感受。记录任何导致不健康饮食行为的情绪。比如,看看莎伦的饮食日记,你会发现她在有负面情绪和感觉(紧张、头痛、无聊、疲劳)时会选择安慰食物来让自己感觉好一些。但其实有氧运动、社交活动或放松练习可以更有效地帮助她减轻症状。当她知道自己可能会感到沮丧时,她也可以提前准备一些低热量的替代食品。早点睡觉可能会防止她在晚上感到无聊或疲惫时吃零食。如果早睡能让她早起,她也会有时间享受更悠闲的早餐或做一些锻炼。

你的情绪是如何影响你的饮食摄入的? 你可以做出哪些改变?

_____

_____

_____

_____

_____

改变你的饮食习惯需要一些时间。至少花一个月的时间,只专注于一个或两个目标。当你把这些新的饮食习惯融入日常生活中后,再设定一个或两个目标。根据你希望改变的习惯数量,你应该能在一个到六个月内开始享受更健康的生活方式。一次做出太多改变可能会带来压力，所以要慢慢来。请注意，你对饮食的改变也需要是能让你吃得开心的，否则，你会感到被剥夺了，难以长期坚持你的计划。

最后的思考

你有能力掌控自己的饮食习惯，而掌控将带来积极的改变。只需要记住这十二条指导原则，你就可以逐渐改变你的食物选择。请在冰箱上贴一份"我的餐盘"的复印件作为提醒，并在购物时把它记在心里。你可以在网上搜索水果和蔬菜方面的低脂食谱，也可以在书店找一本介绍健康食谱的新书。如果你需要个性化的营养指导，你可以咨询当地医疗机构里的注册营养师，或在网上寻找相关的资源。

食物是生活中的必需品，进食也是一种享受，所以我们在饮食方面要做出积极、健康的选择！

第20章

锻炼

20

在本章中，你将学会

- 锻炼如何减缓应激反应
- 如何为自己制订一个全面平衡的锻炼计划
- 如何安全地监测你对锻炼的反应
- 如何激励自己开始并坚持锻炼计划

背　景

人体天生就适合锻炼。然而，使用电子设备办公的普通美国人会在工作中久坐，每天坐着长达 9.3 小时，并且报告出现焦虑症状的增加（Teychenne, Costigan, & Parker 2015）。我们锻炼的时间远远不足以让我们维持良好的健康状态。研究表明，久坐会引发多种健康问题，包括压力和焦虑（Laskowski，2018）。减少久坐，增加锻炼量有助于我们提升整体的健康水平。锻炼是最简单且最有效的压力管理方式之一，其在减轻抑郁症方面的效果甚至可以与氟西汀或行为疗法相媲美（American College of Sports Medicine，2014）。如今，梅奥诊所（Mayo Clinic）、克利夫兰诊所（Cleveland Clinic）、约翰斯·霍普金斯大学（Johns Hopkins）以及凯泽永久医疗机构（Kaiser Permanente）等主要健康机构都常规性地推荐通过定期锻炼来管理压力。本章将告诉你如何成为更活跃的人，并更好地平衡生活。

症状缓解效果

过去十年的研究一直强调，定期进行体育运动能有效地缓解压力和焦虑症状。锻炼会使人体释放内啡肽、多巴胺和血清素等化学物质，形成一种自然的愉悦感，有助于人们减轻压力（Anderson & Shivakumar，2013）。锻炼还有其他好处，如减少肌肉紧张，提高注意力，改善身体的力量、姿势和灵活性，提升能量水平，改善睡眠，减肥以及增强体质和提升整体的健康水平。

想要保持健康就需要保持锻炼，这并不受年龄限制。定期进行有氧锻炼可降低交感神经系统对身体和心理压力的反应（Anderson & Shivakumar，2013）。抗阻力锻炼显著提高了身体的力量，并减少了抑郁症状（Gordon et al.，2018）。作为一种自我舒缓的技巧，瑜伽练习有助于你调节对焦虑和抑郁症状的应激反应（Harvard Health Publishing，2018）。

掌握所需时间

- 用一周时间来评估你目前的活动情况，寻找锻炼机会，并认识到你不进行锻炼的原因。
- 用八周时间逐步构建你的锻炼计划。
- 用十二周时间养成进行全面均衡的锻炼的习惯。

操作说明

- 在继续阅读下文之前，请完成这个锻炼清单。你的答案将帮助你思考如何制订一个与你的能力、自身情况和兴趣相匹配的锻炼计划。

锻炼清单

1. 你现在的身体状况如何？在 1 到 10 的范围内选择最符合你的数字（1 表示"我真的很不健康"，5 表示"我偶尔锻炼"，10 表示"我非常健康"）。

1　2　3　4　5　6　7　8　9　10

2. 你愿意花多少时间进行锻炼？

每天？ _____

每周？ _____

3. 你更喜欢在一天的哪个时间段进行锻炼？

_____

_____

4. 你愿意为锻炼付出多少努力？

_____

_____

5. 你愿意或能够花费多少钱来进行锻炼？在运动装备上花费多少？在课程上花费多少？在俱乐部会员费上花费多少？

_____

_____

6. 你以往尝试过哪些锻炼 / 活动？

_____

_____

7. 你最喜欢哪些锻炼？

_____

_____

8. 你最不喜欢哪些锻炼？

_____

_____

9. 什么能激励你锻炼？

_____

_____

10. 你需要竞技锻炼吗？你更喜欢参加团体锻炼（比如参加课程或加入徒步团队）、与朋友一起锻炼（比如在健身房或散步）、还是独自锻炼（比如在家中健身房锻炼或使用器械锻炼）？

_____

_____

11. 你更喜欢室内锻炼还是户外锻炼？

_____

12. 你将如何在你现有的日程中安排锻炼？

_____

_____

13. 你是否需要在工作日或周末通过调整日常安排来增加定期锻炼？

_____

_____

抓住锻炼机会

希望现在你已经认识到了锻炼的诸多好处。你知道自己需要更多的运动，但似乎缺乏时间、机会或动力。也许，阻碍你运动的最主要的原因是你大脑中出现的各种理由——从感到无聊到觉得太累再到身体状况太差，你为自己不运动找的理由都很有说服力。它们是如此强大，以至于能阻止你满足自己的基本需求。接下来的练习将进一步评估你的活动模式，了解阻止你进行锻炼的因素。

正视自己的借口是克服久坐的生活方式的重要步骤。每日都记锻炼机会日记（请扫二维码下载表格）将有助于你发现你日程中可以定期锻炼的时间。

下面是一个锻炼机会日记的例子。

安杰拉的锻炼机会日记

时间	锻炼机会	锻炼的原因与不锻炼的原因
7:45 a.m.	把狗放到院子里	我可以遛狗，但是已经迟到了
8:15 a.m.	开车去上班	我本可以骑自行车，但距离太远了，而且我的自行车的轮胎瘪了
10:00 a.m.	和同事一起开车去参加特殊会议，就在三个街区外	本想走路，但拒绝朋友的搭车请求不太好
12:00 p.m.	开车去吃午饭	想节省时间。而且天看起来要下雨
1:00 p.m.	给楼里在其他楼层办公的人打电话	打电话更高效
3:00 p.m.	步行去邮局	需要活动一下我的腿
5:00 p.m.	在家里的沙发上坐着	可以去慢跑，但是太累了，而且自从体重在圣诞节增加了五磅[⊖]后，身体感到不太适应
7:30 p.m.	再次坐在沙发上	可以遛狗，但现在天黑了，这个地方不安全。而且我头疼。或许明天吧……

⊖　1 磅≈0.45 千克。

　　每当你有至少 10 分钟的空闲时间可以用来散步或进行其他形式的锻炼时，请在日记中做记录。记下你锻炼的时间，并记录锻炼的原因。同时，写下那些阻止你锻炼的借口。

　　当安杰拉查看她的"锻炼机会日记"时，她特别关注了自己选择不锻炼的原因。因为她知道这些原因成了阻碍她做一些她需要做且想要做的事情的障碍，所以她花时间写下了克服这些障碍的方法。

安杰拉对不锻炼的原因的回应

不锻炼的原因	回应 / 解决方案
赶时间……不能遛狗	我几乎每天早上都赶时间，没时间遛狗，因为我起得不够早。我决定将闹钟提前 15 分钟，闹钟一响就要起床
不能骑自行车去上班……轮胎瘪了	并不是"不能"的问题，只是因为我不想骑自行车去上班。但我可以修理瘪掉的轮胎，这样周末在乡间骑车时就不会有问题
无法拒绝朋友的搭车请求	这不是事实，显然我可以拒绝，但有时我选择不这么做。我决定未来向朋友提出一同步行去开会的建议
为了节约时间开车去吃午饭	一个小时足够我步行去吃饭，然后再步行回来了
因为天色不好，所以开车去吃午饭	这是最愚蠢的借口！多云又怎样？如果我真的担心天气，我可以带把伞或者在楼下的餐厅吃饭
打电话更有效率	确实如此，但面对面的接触是有价值的，而且我确实有时间亲自走一趟
我太疲惫，身体状态不佳，又超重，所以不能慢跑	这些都是我锻炼不足的表现，也正是我应该慢跑的原因

（续）

不锻炼的原因	回应 / 解决方案
天黑后附近不安全	我可以邀请丈夫一起散步，或者在室内进行锻炼，或者加入健身俱乐部，或者把锻炼安排在一天早些时候进行
我头疼	这可能是我锻炼不足和压力过大的表现
也许明天再说……	这是我最喜欢用来逃避锻炼的策略！现在我决定立刻去遛狗

　　参考安杰拉的做法，写下你对于自己不愿意锻炼的原因的回应（请扫二维码下载表格）。针对你提出的每一个不愿意锻炼的原因，考虑一下你可以如何解决这个问题。

锻炼类型

　　有四种常见的锻炼类型：

- 耐力或有氧运动：能够增强你的呼吸和心率的锻炼。
- 力量与塑形运动：能够塑造强健肌肉和骨骼的锻炼。
- 平衡运动：能够帮助预防摔倒，并避免摔倒导致的伤残。
- 拉伸与柔韧性运动：能够增加你运动自由度的锻炼。

　　接下来，我们将更详细地探讨每一种类型的锻炼，并附带一些通用的建议。

耐力或有氧运动

　　有氧运动是反复且有规律的。它涉及长时间运用身体的大肌肉，尤其是腿部和手臂的肌肉。有氧运动的目标是增强心血管系统并提升整体耐力。在目标心率（本章后面有关于确定目标心率的说明）下进行有氧运动可以增加更多瘦体重（身体中除去脂肪组织外的总体重），改善身体的构成。耐力或有氧运动可以提升整体健康水平。

常见的有氧运动包括跑步（如慢跑）、快走、游泳、骑自行车和跳舞。这么多运动方式可供拥有不同的生活方式和不同的身体状况的人进行选择。你可以通过计步器、健身追踪器或手机应用程序来记录你每天的运动量，包括步行、上楼梯、打扫、购物、园艺活动（如修剪草坪）等日常活动的步数。

你如果每天步行不到两英里⊖（大约两千步相当于一英里），就可以视为活动量太少，需要缓慢开始运动计划。美国国立卫生研究院（NIH）指出："在日常活动中增加少量舒适的步行，比如每周进行两到三次 5 至 15 分钟的步行，可以降低骨骼肌肉损伤的风险，没有已知的突发严重心脏疾病的风险"（Physical Activity Guidelines Advisory Committee，2018，C-26）。随时增加任何时长的体力活动对健康都有好处。

在开始耐力或有氧运动计划时，需考虑运动频率、时长和强度。频率是每天或每周进行中等至剧烈运动的次数，时长是每次运动的时间。强度可用 MET 分钟（估计的运动代谢当量）、心率（每分钟心跳数）或感知劳累度来衡量。美国国立卫生研究院体力活动指南咨询委员会（2018）建议每周进行五天中等强度的运动，每次 30～60 分钟。在提升强度之前，增加运动频率和持续时间更为重要。同年梅奥诊所建议："每周至少进行 150 分钟的中等有氧活动，如快走、游泳或修剪草坪；或者每周进行 75 分钟的剧烈有氧活动，如跑步或有氧舞蹈。"

⊖ 1 英里≈1.6 千米。

力量与塑形运动

力量训练涉及保持或提高肌肉和骨骼的整体力量、耐力和爆发力。它的核心在于克服阻力，通常是由自由重量提供阻力或配合器械进行训练，尽管一些日常活动（如铲雪、上楼梯、抱孩子或抱宠物）也能增强力量。在设定目标和设计方案时，需要考虑阻力（力量）、重复次数（耐力）和运动速度（力量）。像跑步、跳跃和跳舞这样的冲击性活动能更直接地促进骨骼健康。而塑形训练采用高重复、低负重的方式锻炼需要紧致的肌肉。比如仰卧起坐锻炼腹肌，深蹲锻炼大腿肌肉，提踵锻炼小腿肌肉，俯卧撑锻炼手臂和胸部肌肉。肌肉的强化和增加需要使用更大的负重和较少的重复次数。

增强肌肉和塑形有三种方式：同心收缩、等长收缩和离心收缩。

同心收缩是指肌肉在克服阻力时缩短。比如说，当你弯曲肘部时，肱二头肌就会发生同心收缩。自由重量、阻力带和阻性器械是最常见的同心运动形式。同心收缩可以使肌肉增大，也可以仅让肌肉变得紧致。更大的肌肉能提供更多的力量、耐力和速度。紧致的肌肉让身体更有线条感，对保护关节也至关重要。同心收缩是获得并保持瘦体重的好方法，有助于身体应对日常生活中的压力。

等长收缩是指肌肉在克服阻力时不改变纤维长度而收缩。比如，你可以在胸部水平推压双手，感觉到胸部肌肉的收紧。等长收缩不能让肌肉变大，但它可以增强肌肉的力量。

离心收缩是指肌肉在克服阻力时通过一定的运动范围而变长。比如，下楼梯需要股四头肌（前大腿肌）的离心收缩，而上楼梯需要同心收缩这些相同的肌肉。

有普遍一致的证据表明，渐进式的肌肉强化锻炼需要每周不连续地进行两到三次，且要覆盖所有主要肌肉群（腿部、臀部、背部、腹部、胸部、肩部和手臂），才能取得良好效果。通常情况下，进行一组重复八到十二次的锻炼，在具有挑战性的阻力下锻炼到疲惫的程度，对增强肌肉力量是有效的（Physical Activity Guidelines Advisory Committee，2018）。

平衡运动

平衡运动包含各种姿势、动作和在不同地面上的训练，以测试身体姿势系统对抗重力的能力。坐姿练习比站立容易，站立比行走容易。闭上眼睛或将双臂靠近身体甚至交叉放在胸前会增加平衡训练的难度。同样地，双脚靠近、单脚站立都能增强平衡挑战。最后，站在柔软的表面（如地毯、海绵或草地）上而非坚硬的表面上会导致身体对地面微小的重心变化做出自然的摇摆的反应。所有这些姿势、动作和地面的变化都是为了测试和提高你的平衡水平。强壮的核心和腿部肌肉将进一步支持和改善你的整体平衡水平。

拉伸与柔韧性运动

拉伸和柔韧性练习用于提高肌肉和关节的柔韧性。它们是开始锻炼计划的良好方式，也是最简单的注意压力和焦虑的方法。对于久坐或身体状况差的人来说，拉伸练习也非常有效。它们有助于唤醒身体，让身体准备好开始进行有氧、强化和平衡训练。

柔韧性练习需要缓慢地持续进行，使肌肉、肌腱和关节韧带得以安全地进行放松和拉伸。进行该练习最有效的方式是让身体保持稳定状态，至少持续 30 秒，不要反复弹跳。有规律的呼吸可以帮助你观察身体的放松状况。拉伸可以减少肌肉的紧张感，改善血液循环，并有助于有氧、强化或平衡训练前后的热身和冷却，以预防受伤。当身体感到有压力、紧张、僵硬或疲劳时进行拉伸是有益的。睡前进行拉伸有助于放松身体，为一个良好的夜间睡眠做准备。

设定目标和制订锻炼计划

一个完善的锻炼计划需要包括前一节讨论的四种锻炼类型。美国总统健康和体育委员会（2017 年）建议成年人每天进行 30 分钟的体育活动，儿童每天 60 分钟，每周至少锻炼 5 天或更多。如果这看起来很艰难，可以尝试以下方法。

第一阶段：每天开始做一些事情，以增加日常生活中的体育活动。参考"锻炼机会日记"中的一些例子。可以简单到让停车位离你的工作场所或杂货店入口更远，尝试一周。请放心，"在开始锻炼时多花点儿心思……对整体健康没有坏处。也不需要花太多时间"（Northwestern Medicine，2018）。"大约 5 分钟的有氧运动就可以开始产生抗焦虑效果"（Anxiety and Depression Association of America，2018）。

第二阶段：每周进行两到三次，每次步行 5 到 15 分钟，以增强耐力，坚持三周。

第三阶段：在每周的大部分时间里每天进行 30 分钟或更长时间的简单伸展、塑形和平衡活动。在接下来的三周的锻炼中添加这些活动，并继续第二阶段开始的步行计划。

第四阶段：决定是否要继续执行步行计划，或者是否要增加或替换成其他有氧运动，比如骑自行车或游泳。现在也是考虑是否要增加一些其他运动的时候了。在每周的大部分时间里，做一些让你呼吸急促的有氧运动，运动时长逐步增加至每天至少 30 分钟。

第五阶段： 每周安排至少三次的锻炼计划，这些锻炼须与你的期望一致；承诺在接下来的八周内坚持这个计划。

如果你觉得独自完成这五个阶段看起来仍然有些困难，那么分享你的计划并寻求一位锻炼伙伴来监督你可能会让你更轻松。如果有条件，你也可以考虑向一位个人教练咨询，最好是具备 EIM 认证[⊖]的专业教练（更多相关信息请参考其他资源）。

如果你的目标是长期减轻压力和焦虑，那么现在是设定一些目标并制订一个增加每天的锻炼量的计划的时候了。设定目标并将其写下来将有助于你开始锻炼。首先，回顾一下你在"锻炼清单"中的答案，思考你想要开始的运动类型。接下来，设定 SMART 目标，这些将在下文详细介绍。

SMART 目标

SMART 目标是指具体、可测量、可达成、相关和有时限的目标。在制订目标时务必考虑你的整体健康状况、当前的健身水平、年龄、可利用的资源、时间限制、个人兴趣和医生的建议。将你的目标写下来并放在每日可见的地方。如果你能坚持自己的计划，虽然可能会遇到变化，需要进行调整，但你最终将会取得成功。不要追求完美，务实为上。为了确保有一个成功的开始，或许每周设定一个短期

⊖ "EIM 认证"英文为：Exercise is Medicine Credential，即"运动即药物"认证。

目标会有帮助。我们先来看几个例子。

例子 1：初学者鲍勃多年来没有固定的锻炼计划，他希望重新开始锻炼。他白天工作辛苦，感受到应对工作环境变化的压力。工作结束后他感到疲倦，无法进行锻炼。他还担忧家庭经济负担，周末希望与家人一起放松；他似乎无法找到开始锻炼计划的时间。以下是鲍勃重新开始常规锻炼的计划；为了使锻炼更有趣，他决定去一个户外的锻炼场地，那里设有一系列站点，可以进行特定的锻炼。

锻炼目标	频率（次数 / 周）	时长（分钟 / 次）	强度（轻、中、高）
1. 在工作日把车停远一些	每周 5 天	5 分钟步行到工作地点	以轻度至中等强度的速度行走
2. 持续目标 1，并在午餐时步行	每周 3 天，持续 3 周	每次 10 分钟或更长时间	以中等强度的速度行走
3. 持续目标 1 和 2；包括在健身步道行走	每周 4 至 5 天，持续 3 周	每次 30 分钟或更长时间	以中等至高强度的速度行走；在健身步道以轻度至中等强度的速度行走

例子 2：身材和体态相当不错的希拉，一直在当地健身房参加尊巴课程，每周去两次，并在大多数工作日的午餐时间散步 30 分钟。医生对她的运动计划和她正常偏低的血压给予了赞许。当她迈入五十岁后，她开始对重力对身体的影响感到沮丧。她被告知有患骨质疏松症的风险，这加剧了她在本已繁忙的生活中的压力和焦虑。因此，她想增加强化、伸展和平衡锻炼，但对于如何研究和设计适合自己的锻炼计划感到不知所措。她决定请健身房的私人教练（PT）提供专业意见。以下是希拉的运动提升计划。

锻炼目标	频率（次数 / 周）	时长（分钟 / 次）	强度（轻、中、高）
1. 找私人教练设计自由重量训练计划	每周 3 次，为期 3 周	每次 60 分钟	中等强度
2. 继续进行私人教练的计划，并将尊巴替换为太极	私教每周 3 天，太极每周 2 天，持续进行	每次 60 分钟	中等强度以上
3. 继续目标 2，并加入萨尔萨舞课程	萨尔萨舞每周 1 或 2 个晚上进行，持续进行	每节 60 分钟，另外有 1 小时的自由舞蹈	中等强度到高强度

在接下来的八周内，记录下你的三个活动和锻炼的 SMART 目标（请扫二维码下载表格）。可以参考本章前面的小节，获取一些灵感。

障碍只有在你允许的情况下才有力量。若你能识别它们并将障碍视为借口，你就能够克服它们。意识到它是克服久坐生活方式的第一步。如果你需要改善你的锻炼计划并使现有的锻炼计划更具针对性和挑战性，不要害怕寻求帮助。你可以考虑参加相关课程或与当地健身房或社区中心的私人教练预约，或者在网上或去当地图书馆查询相关知识。如果管理压力和焦虑对你很重要，那么你会找到方法克服障碍，并为锻炼腾出时间。

对你的日常例行事项保持好奇并进行观察，留意可以进行锻炼的机会。例如，在等待拼车或等待公共交通工具时，利用这几分钟时间原地行走、转动肩膀，或者尝试单腿站立平衡。在进行这些动作时，不要害怕表现得很愚蠢，尽情享受这个过程。你也可以邀请其他等待的人一起加入你。

在你努力实现你的锻炼计划时，以下几点提示可能会有所帮助。

- 对于中年人、体重超标或活动相对较少的人来说，步行可能是最好的开始方式。
- 游泳适合体重较重或有骨骼或关节问题的人。
- 如果你整天都在与人打交道，你可能更喜欢可以独自进行的锻炼，比如步行、骑自行车或游泳。
- 如果你大部分时间都是独自忙于工作，你可能更喜欢和朋友一起锻炼或参加课程。
- 如果压力是你日常生活中的一部分，你可能会受益于一些可以释放压力的锻炼，比如拳击或武术，或者像篮球或网球这样的竞技运动。
- 如果你在工作结束时感到空虚或情绪低落，那么瑜伽或太极等静心的锻炼可能正是你需要的。

如果你因为对自己持负面观念而退缩，从而养成了久坐的生活习惯，要知道你并不孤独。这种想法会让我们中的任何人都很难独自开始一个锻炼计划。克服负面自我形象的一种方法是与一个已经定期锻炼的可信赖的朋友在一起。这位朋友可以成为你的盟友、你的助威者，鼓励你开始并坚持锻炼计划。另一个选择是加入一个锻炼团体或参加相关的课程，它们能给你提供持续的支持、指导和规律的日常训练。记住，锻炼对任何年龄、体形和身材的人都很重要且可行。

如果你担心会受伤，你在锻炼前请先获得你的主治医生的许可。一位经验丰富的专业人士也可以帮助你设计一个安全有效的锻炼计划。同样，许多书籍和课程可以提供关于如何安全锻炼，在进步过程中可以期待什么以及如何应对锻炼途中遇到的任何困难的信息。

特别注意事项

在你准备开始执行锻炼计划时，以下是一些实用的建议。

- 在白天的不同时间，有不同的温度和不同的干扰因素，各有利弊。

- 在寒冷的天气进行户外锻炼时，请确保穿上厚衣服，戴上手套或帽子，防止身体热量的流失。

- 寒冷多雨的天气可能增加患低温症的风险。要警惕相关的症状，比如剧烈颤抖、行动失调、口齿不清和极度疲劳。

- 在阳光下锻炼时多喝水很重要。保持水分摄取至关重要。脱水症状包括不出汗、皮肤干燥、肌肉抽筋、眼干或视力模糊、头痛、感到困惑或出现迷失感以及极度疲劳。

- 在炎热潮湿的天气里，你会大量出汗，需要大量饮水。如果停止出汗，你的体温可能会危险地升高。

- 了解中暑的症状，这些症状包括头晕、虚弱或肌肉抽筋、搏动性头痛、皮肤红热干燥、心跳加速和呼吸急促。

- 如果你必须在夜间在城市街道上锻炼，请穿反光衣物，选择在照明良好的街道上行走，并携带身份证明、声音响亮的口哨和手机。这也是与朋友一起锻炼的好时机。

- 请在餐前或餐后至少 2 小时以上进行锻炼。

- 告诉你的朋友、家人和同事你的锻炼计划，这样他们可以给你提供支持和鼓励，帮助你保持在正轨上。

- 多样化是生活的调味品，所以一定要选择不止一种类型的锻炼活动，甚至选择一些有趣的活动，以减少可能出现的无聊感。

热身并为锻炼做好准备

　　始终从轻柔的热身伸展开始，避免对身体和关节施加不必要的压力。热身运动可以提高新陈代谢和体温，加速血液流动和促进氧气供应到肌肉、心脏和肺部，有助于身体为更剧烈的锻炼做好准备。热身还可以减少身体受伤或抽筋的风险，并减轻整体肌肉酸痛。在开始锻炼之前进行 10 分钟的伸展。如果你的身体喜欢并且需要（有时间的话），可以做更多的伸展运动。温馨提醒：每个伸展动作保持 30 秒。

在目标心率区间进行有氧运动

　　在进行有氧锻炼时，你的大型骨骼肌会有规律地收缩和放松，促进血液流经动脉、静脉、心脏和肺部。你的心率尤为重要。就像车速里程表能帮助你监控行驶速度一样，你的心率可以告诉你你的运动强度，以及是否需要在有氧运动中加大运动强度。

　　正常静息脉搏可能在每分钟 40 至 100 次之间，这取决于你的身体健康水平。为了从有氧运动中获益，你的心率必须在被称为目标心率的区间内保持至少 20 分钟：这是你在锻炼时最安全的心率范围。在这个速度下，会刺激身体的放松反应，有助于你管理压力和焦虑。

　　很多运动器材都配备了心率监测器，能在你锻炼时显示你的心率。你也可以简单地测量脉搏来了解你的心率。如果你不熟悉如何监测心率，可以在静坐时开始练习。将右手掌心朝向身体。将左手食指和中指的指尖牢固地放在右手腕靠近拇指与手腕相接处的骨头上，你会感受到你的脉搏。为了计算 1 分钟的心率，你可以先统计 10 秒的脉搏次数，并将它乘以 6。

　　美国心脏协会（2018）建议在目标心率区间内进行有氧运动。

通过用 220 减去你的年龄来计算你的最大心率。然后将你的最大心率分别乘以 50% 和 85% 来确定你的目标心率区间。在这个范围内进行锻炼提供了一个安全的进步方式，这能对心脏施加适度压力。这种压力被认为是积极的，可以增强心肌，提高心脏效率。通过在锻炼过程中监测心率并与目标心率进行比较，你可以立即得到关于你的运动强度是否过大或过小的反馈。如果你的心率高于目标心率，就要放慢速度；如果低于目标心率，就要加快速度。

有氧运动后的放松

在锻炼结束后，让身体安全地回到正常状态。放松阶段有助于降低新陈代谢和体温，并减缓心率。同时，放松还有助于预防肌肉酸痛。当跑步结束时，始终用 5 分钟的缓慢步行来结束锻炼。迈大步，伸展双腿，让手臂自然下垂，并摇动双手——你在热身时用于伸展和塑形的练习同样可以用于放松。在锻炼结束后花 10 分钟左右的时间来进行伸展。

避免受伤

以下是减少受伤风险的几点建议。

- 进行身体检查。在开始常规锻炼计划之前，请医生确认你的身体状况。如果你年龄较大、身体状况不佳、肥胖、正在康复或刚做过大手术，或者正在服用需要定期检查的药物，这点尤为重要。
- 遵循医生或其他医疗服务人员建议的特殊预防措施。

- 缓慢开始，逐渐增加强度，稳步推进。
- 设定切实可行的目标并监控进度。
- 将锻炼时间分布到一周中，不要只在周末进行运动。
- 在目标心率区间内进行锻炼。通常来说，就是在进行中等强度运动时还能交谈。始终在中等强度及剧烈运动前热身，并在运动后进行放松。
- 在剧烈运动时喝足够的液体来补充流失的水分。
- 如果感觉身体不适，不要进行锻炼。你的身体需要通过休息来恢复。
- 饭后不要立即锻炼，因为此时血液流向大肌肉的流量有限。
- 如果你腰背疼痛、膝盖或踝关节有问题，不要让脚踝或手臂负重。负重会给你的背部和关节增加压力。
- 穿着能给脚和脚踝提供良好支撑的舒适的鞋子。通常建议每跑 400 至 600 英里⊖或每 6 个月更换一次跑步鞋。
- 多穿几件舒适、轻便、宽松的衣物，在热身和有氧运动阶段体温上升时脱去一些衣物，在放松时增加衣物。
- 倾听自己的身体。尽管在开始锻炼后身体可能会感到轻微酸痛，但不应该有剧痛或刺痛感。

一旦开始锻炼计划，如果出现以下任何症状，请立即联系医生。

- 你的心率变得不规律，开始漏跳。
- 你的心率在 15 分钟后仍未减缓至正常静息水平。你感到胸部、肩部、手臂或颈部有紧迫感、感到有压力或感到疼痛。
- 你感到头晕或恶心。

⊖　1 英里≈1.6 千米。

- 仅轻微运动后感到极度气短。
- 锻炼结束后感到非常疲惫。
- 在进行锻炼时，你的身体出现任何剧痛或刺痛感。

坚持不懈

在开始锻炼计划时有两大障碍需要克服。第一是开始，第二是坚持下去。如果你已经按照前面的说明开始行动，那么你已经跨过了第一个障碍。第二个障碍可能更难克服。选择自己喜欢的运动项目，并进行交叉训练，这样你就有多个可供选择的活动。请想象你成功的画面，并坚持你的锻炼计划，直到它成为你日常生活的一部分。

或许运动日记（请扫二维码下载表格）能给你带来些许帮助。连续几周坚持记录，你会更清晰地认识到将锻炼融入日常生活所带来的益处。请在每天锻炼时，填写锻炼内容、地点、持续时间，以及完成锻炼后的任何评论、想法或感受。

恭喜！你的生活充实而忙碌。更重要的是，你选择了运动！运动是释放日常压力的重要途径。缺少运动会降低我们应对日常压力的能力。运动不仅让我们的身体保持健康、灵活和强壮，还赋予我们能量，让我们的头脑保持清醒，给予我们平衡和适应压力的能力，让我们能够应对各种压力。

21

第 21 章

走出困境，化解僵局

本书介绍了许多减轻压力和紧张感的技巧，它们提供了替代方案来改变你旧的压力习惯。也许你已经发现，仅仅练习新技能并观察到积极效果就足以让你放弃旧习惯。例如，你可能发现，练习缓慢而深沉的呼吸，而不是短促、受限制的呼吸，能带来放松愉悦的感觉。身体的这种积极反馈可能已经充分激励你放弃旧的、引发焦虑的浅表呼吸习惯。然而，如果你和大多数人一样，在某些时候你可能会遇到难以放弃熟悉的旧习惯、养成新习惯的困难。本章探讨了为什么旧习惯很难改变，即使它们明显地增加了你的压力。同时，它也提供了一些建议，教你如何应对自己对改变的抵触情绪。

当你发现自己跳过了预定的锻炼，或者意识到自己只是在敷衍了事，那么现在是时候对自己进行干预了。问问自己以下问题：

（1）我为什么要进行这些锻炼？我希望达到什么样的结果？

（2）这些理由对我真的很重要吗？

（3）除了这些锻炼，我在做什么或者我想做什么？

（4）这个替代活动对我而言比进行锻炼更重要吗？

（5）我是否能安排好自己的生活，以便既能进行锻炼又能参与这个替代活动？

（6）如果我现在不想进行锻炼，那么我下一次会在何时何地锻炼？

（7）如果我成功地进行了锻炼，我将不得不放弃什么？

（8）如果我成功地进行了锻炼，我将不得不面对什么或者与谁交涉？

第 16 章 "目标设定与时间管理"涵盖了多个主题，有助于你重拾状态，其中包括：①明确你的价值观；②设定目标；③制订行动计划；④评估你如何花时间；⑤克服拖延症；⑥安排时间。

对自己的选择负责

在一开始尝试养成新习惯时，你的努力可能会收效甚微。当你分心时，你需要决定是继续你选择的路线还是选择绕道。如果你选择绕道，请在充分权衡利弊后有意识地做出这个决定。在选择绕道之前，跟自己约定好下一次锻炼的时间和地点。这样，你就能对自己的决定负责。此外，如果这是你有意识的选择，你就不太可能因为没有按原计划行事而感到内疚。

你跳过锻炼的理由是什么？常见的理由可能是"今天我太忙了""我太累了""少做一次不会有什么影响""有人需要我的帮助""这没效果""这太无聊了""今天我感到轻松无压力，所以不需要锻炼"，或者"今天我感觉太糟糕了，所以做不了锻炼"。这些借口有一定的吸引力，因为它们在某种程度上是真实的。也就是说，你可能真的很忙或感到很累，可能有人需要你的帮助，而且少做一次锻炼可能真的没什么大不了。不真实的地方在于这暗示着因为你忙或累或有人需要帮助，所以你无法进行锻炼。更真实的陈述应该是"我很累。我可以锻炼，但我选择不这么做"，或者"我可以锻炼，但我选择帮助朋友而不是锻炼"。重要的是你对选择某种活动而不是另一种的行为负责，而不是假装你是被动的受害者，比如你的疲劳、朋友的需求或其他忙碌的优先事项，你需要掌握自己的生活的平衡。

直面你的借口

当你找借口不去锻炼时，这些借口很可能与你多年来在陷入紧张局面时用过的借口相似。这些借口都建立在错误的前提之上。例如，一位忙碌的高管坚信在完成所有工作之前她没有放松的权利。她认为，如果她稍微给自己一点放松时间，她的部门将无法实现年度目标。多年来，她变得焦虑和沮丧，难以维系人际关系，并出现了许多身体上的不适。她过于完美主义，认为她必须亲自监督部门的所有工作，此后才能有时间放松，这导致她的能量逐渐耗尽。实际上，工作永远也不会完成。因此，她永远无法放松。

然而，她忽视了自己与生俱来的权利（有些人可能称之为"义务"）——去放松并补充自己宝贵的能量储备。这位女士将自己的优先顺序定为"工作居首，个人次之"，却未意识到放松与暂时摆脱紧张活动对于保持身心健康的重要性。如果你像这位女士一样，也会对自己说"我是不可或缺的。没有我，重要的事情将无法完成，甚至可能失败"，那么请考虑将你的身心健康放在首位。生产力和良好健康的关键在于在生活中创造平衡。

如果你是个充满活力、喜欢提前完成工作的人，在进行这些锻炼时，请放慢节奏。必须证明自己或让自己变得匆忙只会制造压力。热情可能会促使你一次性承担过多的锻炼，或者使锻炼持续的时间过长。当你做得太多、太快时，你很容易感到筋疲力尽，失去兴趣。此外，一旦最初的热情消退，你可能会为未能严格地坚持自己的计划而感到内疚。很快你会发现自己开始找借口不再进行锻炼（我已经在生活中有太多事情了，为什么还要增加负担）。此外，当你因放松和减压练习而感到更有活力时，你可能会感到困惑。请抵制住将这份额外的能量投入到工作中的诱惑。相反，用它来进一步休息和享受生活。

如果你发现自己每天都在说"今天我不想做了，或许明天会……"，那就给自己一个良好的心理激励或自我开导。其实并不是必须先有动力才能开始做某事。行动往往会激发动力。比如，如果你迅速走了 10 分钟，你可能会因为结果感觉良好并且想要继续。告诉自己你只需要进行一个 5 到 10 分钟的活动。在通常情况下，一旦你开始某项活动，完成它的势头会将你带向最终的完成。至少，即使没有一点动力，你也可以每天锻炼 5 到 10 分钟，直到完成你的计划。有时，缺乏动力可能是抑郁的症状。然而，当你变得更活跃时，抑郁通常会得到改善。告诉自己："我当然不想做，但又怎样呢？无论如何，还是要做！"

面对应对压力和放松方面的阻碍

如果你读了这本工作手册实际上却没有做任何练习，你很可能只是敷衍了事。虽然你在理智上理解这些练习的价值，但实际上，你很少超越思考的阶段；或者你可能确实做了一些练习，但从未将其应用到日常生活中。对于浅尝辄止的人来说，这本书可能只是一本包含了一些有趣想法的图书，而不是一个能够促进你通过新体验的学习来应对压力的工作手册。

有些人害怕尝试新事物，他们的恐惧成了他们成功的绊脚石。你可能会因为某种放松技巧的某些副作用，比如手臂和腿部的刺痛而感到不知所措。不幸的是，你可能会停止练习，而不是继续下去以发现刺痛并不是有害的，并且随着时间的推移会消失。你可能会因为练习中的某一个元素而失去兴趣，从而放弃整个练习，而不是调整练习以符合你的需求。也许你不理解"操作说明"中的某个步骤，但你选择放弃整个练习，而不是灵活变通。独自克服这些困难或寻找一个愿意为你解疑答惑并和你一起完成练习的朋友，可能会是一次宝贵的成长经历。

当症状持续存在时

有时尽管经常进行放松和减压，但压力症状仍然持续存在，对于一个努力的人来说，这可能令人沮丧。以下是一些可能发生在你身上的症状的原因。

你容易受外界影响吗

有些人对外界的影响很敏感，一旦了解到某些症状，就开始经历他们所听说的每一个症状。例如，一位非常紧张的警察加入了一个放松小组，以克服在压力下过度通气的倾向。他开始经历其他小组成员描述的所有身体症状：偏头痛、腰部疼痛、心跳加速等。通过进行深呼吸或进行应对技能训练帮助他应对了这些症状。

你的症状是否给你带来了某些好处

令人意外的是，有许多人对自己的症状有依赖，这些症状通常有着明确的目的。例如，你的头痛可能让你避开你不想面对的人际关系，而不必让他人失望。通过记录你的症状首次出现的时间以及周围的活动（或本应进行的活动），你可以发现你的症状是否在帮你逃避更为不愉快的经历。如果你怀疑你的症状以此方式给你带来了某种好处，可以参考第 17 章"自信训练"。它应该会给你提供动力和工具，让你学会更直接地说"不"，而不必依赖于压力症状带来的不适。

你的症状是否提醒你需要改变些什么

你身上的压力症状可能是信号，暗示着你未能有效处理生活中的某些事情，而且你可能在掩饰自己的情绪。例如，你可能对家人感到愤怒，但不与他们分享这个事实。也许你一直在推迟讨论某个特定冲突，因为你认为没有任何改善的方法。例如，有位护士每隔一个周末都要接待她非常宠溺的继女。她结婚时同意了这个安排，现在却感到被困住了。在三年的时间里，继女的来访总是导致她偏头痛。为了缓解这个症状，最后她与丈夫商议并达成了新的安排，让她可以独自一人在周日外出，远离家庭，而丈夫则与女儿共度一天。

身边的人很可能已经察觉到你在隐瞒压力感受，意识到有些不对劲。但他们无法读懂你的心思，也不太可能来解救你。你最清楚自己需要什么。让别人了解你的感受和期望会为你打开通过与他们合作来进行自我改变的大门。

你是否能找到其他照顾自己的方式

当你觉得自己无法直接寻求帮助或额外的关心时，你的症状可能会帮助你得到他人的照顾。比如，当你感到疲倦并且背痛时，其他人必须来做饭、打扫，并保持家里安静。问问自己，你的症状是从何时开始的？你生活中发生了什么事情可能导致这些症状？一位退休妇女回忆起，她从小就定期患结肠炎，而这种腹部痉挛始于她的双胞胎弟弟出生的时候。她记得，她忙碌的母亲唯一抱着她摇晃的时候，她正在遭受早期结肠炎的症状。作为成年人，她发现只有在丈夫外出让她独自一人的晚上，她才会出现结肠炎症状。

你处理压力的方式是否让你想起生活中其他人

有可能你习得了与你生活中某个重要人物相似的压力症状，作为你对那个人物的认同的一部分。例如，你可能不仅从父亲那里学到了勤奋和成功的道理，还学会了如何像他一样应对压力。例如，你可能像你父亲一样把压力表现在你的下巴上，可能最终像他一样磨牙。通常对压力的应对方式都是学来的，问问自己家庭中是否有人有和你相似的症状。通常看到亲人没有有效地应对生活中的压力比观察自己更容易。下一步就是观察并检查你是否也是这样。

如果你持续地难以减轻生活中的压力，可以考虑咨询专业人士。你可能对一对一的心理治疗或加入放松和减压小组感兴趣。你的医生、公司的健康计划、社区卫生组织、当地社区学院和成人教育项目都是寻找专业帮助的好地方。

坚持就能胜利

最终，不要轻言放弃。你学会放松、处理压力并获得自我疗愈的能力可以带来巨大的力量。改变可能并非易事——你可能会陷入旧有的压力习惯中——但你能够做到。所需的只是耐心、毅力、对自己的承诺……还有时间。

致　　谢

作者对本书第 7 版的以下贡献者表示感谢。他们的专业知识、经验和合作使这个版本更有价值。

卡里尔·费尔福尔（Caryl Fairfull）是一名注册营养师，并担任过美国营养学会的领导职务。她毕业于加利福尼亚大学圣巴巴拉分校，专攻营养学和膳食学，并在纽约的布朗克斯退伍军人事务医院完成了营养学实习；她还获得了圣克拉拉大学的工商管理硕士学位。费尔福尔女士曾管理凯泽永久医疗中心圣克拉拉分院的营养服务部门，在那里，她制订了营养护理指南，并提供个体和团体的营养咨询服务。后来她在加利福尼亚州格拉斯瓦利的内华达山纪念医院（Sierra Nevada Memorial Hospital）提供临床服务，目前她已退休。费尔福尔女士撰写了第 19 章 "营养与压力"。

谢里尔·D. 皮尔逊（Cheryl D. Pierson）女士在医疗保健领域拥有 40 年的经验，涉及临床工作、管理、教学、研究和咨询等方面。她是凯泽永久神经物理治疗住院医师计划的核心教员。社区服务是她作为导师和教育工作者持续工作的激情所在。她在失去疆界

（Lost Borders）学校的学习加强了她对社区服务具有治疗性质的信念。皮尔逊女士是桑瑞斯（SonRise）马术基金会的志愿者，为有特殊需求的儿童提供服务。她正在接受马术联结项目（Connected Horse Project）的培训，该项目为痴呆症患者及其照顾者们提供帮助。皮尔逊女士撰写了第 20 章"锻炼"。

帕特里克·范宁是心理健康领域的专业作家。他撰写或合著了八本书，其中包括《自尊》（*Self-Esteem*）、《情绪药箱》（*Thoughts and Feelings*）和《心智与情绪》（*Mind and Emotions*）。范宁先生撰写了第 11 章"自我关怀"。

作者们要感谢阿尔伯特·埃利斯（Albert Ellis）博士自愿审阅并提供对"反驳不合理观念"一章的反馈意见。该章是基于他创立的理性情绪行为疗法写作的。

积极人生

《大脑幸福密码：脑科学新知带给我们平静、自信、满足》

作者：[美] 里克·汉森 译者：杨宁 等

里克·汉森博士融合脑神经科学、积极心理学与进化生物学的跨界研究和实证表明：你所关注的东西便是你大脑的塑造者。如果你持续地让思维驻留于一些好的、积极的事件和体验，比如开心的感觉、身体上的愉悦、良好的品质等，那么久而久之，你的大脑就会被塑造成既坚定有力、复原力强，又积极乐观的大脑。

《理解人性》

作者：[奥] 阿尔弗雷德·阿德勒 译者：王俊兰

"自我启发之父"阿德勒逝世80周年焕新完整译本，名家导读。阿德勒给焦虑都市人的13堂人性课，不论你处在什么年龄，什么阶段，人性科学都是一门必修课，理解人性能使我们得到更好、更成熟的心理发展。

《盔甲骑士：为自己出征》

作者：[美] 罗伯特·费希尔 译者：温旻

从前有一位骑士，身披闪耀的盔甲，随时准备去铲除作恶多端的恶龙，拯救遇难的美丽少女……但久而久之，某天骑士蓦然惊觉生锈的盔甲已成为自我的累赘。从此，骑士开始了解脱盔甲，寻找自我的征程。

《成为更好的自己：许燕人格心理学30讲》

作者：许燕

北京师范大学心理学部许燕教授30年人格研究精华提炼，破译人格密码。心理学通识课，自我成长方法论。认识自我，了解自我，理解他人，塑造健康人格，展示人格力量，获得更佳成就。

《寻找内在的自我：马斯洛谈幸福》

作者：[美] 亚伯拉罕·马斯洛 等 译者：张登浩

豆瓣评分8.6，110个豆列推荐；人本主义心理学先驱马斯洛生前唯一未出版作品；重新认识幸福，支持儿童成长，促进亲密感，感受挚爱的存在。

更多>>>　　《抗逆力养成指南：如何突破逆境，成为更强大的自己》 作者：[美] 阿尔·西伯特
　　　　　　　《理解生活》 作者：[奥] 阿尔弗雷德·阿德勒
　　　　　　　《学会幸福：人生的10个基本问题》 作者：陈赛 主编